本书得到中国学位与研究生教育学会研究课题资助，项目名称为"基于自我主导理论视角的研究生发展质量实证研究"（编号：2015Y0705）。作为本书基础的博士论文获评 2019 年北京大学教育学院优秀学位论文。与本书内容相关的论文《自我主导：研究生个体发展质量观新取向》于 2023 年获评第八届《学位与研究生教育》期刊优秀论文奖。

熊慧 著

创新教育文库

主编／杨钋

『导』之道

解密研究生教育中
优质导生关系

SELF-AUTHORSHIP
AND GUIDANCE:
DECIPHERING THE HIGH-QUALITY INTERACTION
BETWEEN MENTOR AND POSTGRADUATE

社会科学文献出版社
SOCIAL SCIENCES ACADEMIC PRESS (CHINA)

"创新教育文库"编委会

为了教育的创新

周虽旧邦，其命维新。

——《诗经·大雅·文王》

创新是高质量教育发展的立足点和目标。党的二十大报告提出，必须坚持科技是第一生产力、人才是第一资源、创新是第一动力，深入实施科教兴国战略、人才强国战略、创新驱动发展战略。创新是社会发展的驱动力，教育领域的创新是全社会创新的新动能来源。

教育创新的社会价值高，形式多元。在我国当前的语境中，教育创新是教育供给侧改革的驱动力，可以不断开辟发展新领域、新赛道，不断塑造发展新动能、新优势。根据开放式创新理论，网络共生创新包含内部合作、消费者合作、价值网络合作、开放式合作和生态合作等五个层次，可以支持丰富、复杂和多元化的教育创新。教育创新的核心在于价值的创造——既可以采用持续创新的方式，以教育领域业界认可的方式来创新教育服务供给方式；又可以采用颠覆创新的方式，引入新的教育产品或服务以创造新的教育需求。

当前社会缺乏普遍认可的教育创新。过去数十年来，国际组织、政府和非政府组织积极支持教育领域创新，拉美国家的"新学校运动"、我国农村地区的"一村一幼"计划等获得了多项国际大奖。然而，为何具有巨大社会和公共价值的教育创新并不多见？这可能与教育创新的理念、策略和支持方式有关，这三者分别对应颠覆式创新理论缔造者克里斯坦森提出的创新三要素——理念、流程和资源。

首先，教育创新的理念需要获得社会认可。国家公共教育体系的目标是满足社会的基本公共教育服务需求。20世纪以来，学校教育承载了越来越多的社会职能，从提供公共教育，到提高国家和地区的竞争力，再到消除贫困、促进社会公平和实现可持续发展。教育创新只有帮助学校和其他教育组织有效地承担新社会职能的创新，才有机会获得社会层面的认知合法性。

其次，教育创新需要建立符合公认的具有规制合法性的教育流程。与其他组织不同，公共教育体系内部存在行业垄断，新的供给和消费模式很难在较高的行业壁垒下出现。在教育领域中，创新可以在产业链的各个环节以及在学校、教育系统和社会等层面出现，但多数创新出现在公共教育供给尚未全面覆盖的群体、地区和服务领域之中。

最后，教育创新需要各类资源的支持。创新需要新观点、新客户、新供给者和新资源的支持。除了采用新观点来思考公共教育服务需要解决的问题，教育创新还需要获得用于解决问题的资源，既包括教师、设备设施、经费等有形资源，也包括课程、信息、声誉等无形资源。成功的创新能够充分调动政府与社会资源。

更多教育创新的出现需要学术研究的支持。近年来，创新理论被广泛应用于指导教育领域的创新以及对教育创新的研究。教育经济学、教育管理学、教育学原理、教育技术等领域的博士研究生已经对我国丰富的教育创新实践进行了大量研究。"创新教育文库"所收录的优秀博士学位论文，敏锐地识别出教育领域的创新性组织、创新性学习方式和教育组织的创新性功能，并综合应用组织学、管理学、经济学和教育学等多学科理论，对教育创新的理念、流程和资源进行了分析。这些研究虽然来自教育研究领域，但它们不约而同地与开放式创新理论进行了对话，凸显了通过实践共同体进行创新的重要性和巨大潜力，拓展了教育创新研究的新方向。

　　教育创新研究的推进离不开学术共同体的发展，具有集合影响力的文库可以有效促进学术共同体的形成。我国不同历史时期出版了不少具有创新性的教育文库，如民国时期的"新中学文库"和"国民教育文库"。这些文库激发了社会对教育历史和实践创新的关注，形成了有价值的系列研究成果。"创新教育文库"旨在继承和发扬文库在知识创新和知识共享方面的优势，以发掘和推荐对教育领域的创新性组织、创新性学习方式和教育组织的创新性功能的研究为己任，致力于支持我国的教育创新研究和教育事业的高质量创新发展。

　　编委会倾力谋划，经学界通人擘画，终以此文库呈现于读者面前。文库草创，难免有不成熟之处，诚盼专家学者和广大读者共襄助之。

杨　钋

北京大学教育学院教育经济与管理系主任

2023 年 6 月于燕园

摘　要

在研究生教育质量保障体系中，研究生和导师之间的玄妙关系被比喻为"黑箱"，如何破解这个"黑箱"密码，构建优质导生互动关系，对促进研究生教育高质量发展，具有重要的理论和现实意义。

目前我国研究生教育质量保障体系中，对研究生的主体性观照不够，这是造成研究生质量困境的根源之一。为促进研究生个体质量的提升和研究生教育质量保障体系的完善，本书以学生发展理论为框架，引入自我主导理论和学习伙伴模型，深入探讨了在研究生和导师互动的情景中，研究生个体发展质量的内涵、过程和机制。本书以在校硕士生为主要研究对象，关注的问题主要聚焦三个方面：硕士生与导师互动的现状和影响因素、硕士生自我主导力发展状况和影响因素、自我主导力在研究生个体质量中的作用和地位。

本书运用混合方法研究，访谈了8名硕士生和6名导师，编制了《硕士生发展质量和导生互动调查问卷》，成功回收了来自北京市9所高校硕士生的2336份有效问卷，并研究了自我主导力量表和导生互动量表两个量表，建构了导生研究伙伴模型、导生互动影响自我主导力发展模型、导生互动—自我主导力—创新能力—职业成熟度关系模型三个模型。

本书得出以下主要结论：（1）自我主导理论适用于分析研究生个体发展质量，丰富了研究生个体发展质量的内涵。自我主导力是研究生个体发展的核心质量，标志着研究生个体发展的主动性、独立性、成熟性水平，与研究生的创新能力、职业成熟度等学业成果密切相关。（2）导生研究伙伴模型可以用来剖析自我主导力发展的机制，导生互动影响自我主导力发展模型和导生互动—自我主导力—创新能力—职业成熟度关系模型有可能作为提升研究生教育质量的理论依据和参照模型。为了提高导生互动质量，建议导师加强与研究生之间的助益性互动，并对自我主导力水平不同的研究生因材施教，对自我主导力水平低的研究生以自主支持为主，而对自我主导力水平高的研究生以自主挑战为主。同时，导师应谨慎对待控制性互动，包括任务挑战适应度，并辅以正向情感支持，特别要注意减少对研究生的行动控制。

本书主要创新点在于以下几点。研究拓展了自我主导理论的应用范畴，为沟通自我主导理论和研究生教育质量管理实践架起了桥梁，填补研究生培养过程中质量评价研究的空白。全书提出在高等教育普及化阶段，自我主导是研究生个体发展质量观新取向，即把自我主导力看作研究生个体发展中的核心质量，这是反映其真正成长的核心评价指标，并详细描述了自我主导力的4个维度特征。同时，提出从"是否以学生发展为中心"来描述导生互动特征的新视角，并提炼了导生互动的2类性质5个维度特征。此外，还编制和修订了适合测量中国学生的自我主导力量表和导生互动量表，使得自我主导力和导生互动的测量与分析具有可操作性。

全书揭示了导生互动对研究生个体发展质量的影响机制，为完善研究生评价体系和导师评价体系，以及建立研究生个体发展质量和导生互动质量动态监测机制，营造以学生为中心的导生互动质量文化，进一步完善研究生培养和管理制度提供了实证支持。在研究生教育高质量发展中，导生互动关系优化的关键在于导师对研究生提供的支持和挑战因人而异，即针对自我主导力发展水平不同的研究生应该提供相匹配的支持和挑战——这是破解导生关系"黑箱"的密码。这一发现对全面认识高等教育普及化进程中研究生教育高质量发展的微观基础，深入落实导师立德树人的根本任务，建立"以促进研究生发展为中心"的研究生教育质量文化，进一步推动中国高等教育强国建设具有重要参考价值。

目　录

序 ……………………………………………………… 杨　钋／001

第一章　绪论………………………………………………… 001
　第一节　选题背景………………………………………… 001
　第二节　研究问题及研究意义…………………………… 006
　第三节　研究设计………………………………………… 009

第二章　研究生教育高质量发展的关键：以学生为中心……… 036
　第一节　研究生个体质量研究…………………………… 036
　第二节　自我主导理论研究……………………………… 056
　第三节　归纳与评析……………………………………… 077

第三章　导生互动促进研究生自我主导力发展的密码………… 088
　第一节　理想模型：导生研究伙伴模型………………… 089
　第二节　修正模型：助益性互动和控制性互动………… 109
　第三节　研究生在导生互动中的发展…………………… 118
　第四节　本章小结………………………………………… 121

第四章　导生互动的特征和影响因素分析…………………… 125
　第一节　导生互动的特征………………………………… 125

第二节　导生互动量表的内容效度检验……………………………… 152

第三节　硕士生和导师互动水平的差异性分析……………………… 153

第四节　导生互动的影响因素………………………………………… 164

第五节　本章小结……………………………………………………… 171

第五章　自我主导力的特征和影响因素分析………………………… 177

第一节　自我主导力的特征…………………………………………… 178

第二节　自我主导力量表的内容效度检验…………………………… 200

第三节　硕士生自我主导力水平的差异性分析……………………… 204

第四节　自我主导力影响因素分析…………………………………… 212

第五节　导生互动对自我主导力及其四个维度预测………………… 219

第六节　导生互动对不同自我主导力水平硕士生影响分析………… 221

第七节　本章小结……………………………………………………… 223

第六章　自我主导力是研究生个体发展的核心质量………………… 228

第一节　研究生个体发展质量………………………………………… 229

第二节　导生互动对研究生个体发展质量的影响…………………… 236

第三节　自我主导力的中介效应分析………………………………… 241

第四节　自我主导力是研究生创新能力发展的核心………………… 251

第五节　自我主导力是研究生职业成熟发展的核心………………… 253

第六节　导生互动促进研究生个体发展的模型具有普适性
　　　　和有效性…………………………………………………… 255

第七节　本章小结……………………………………………………… 259

第七章　结论与反思…………………………………………………… 261

第一节　研究发现和结论……………………………………………… 261

第二节　研究创新和贡献……………………………………………… 278

第三节　研究不足和未来研究方向 ……………………………… 280

第四节　政策建议 ………………………………………………… 281

附　录 ……………………………………………………………… 289

附录 A　硕士生访谈提纲 ………………………………………… 289

附录 B　导师访谈提纲 …………………………………………… 290

附录 C　硕士生发展质量和导生互动调查问卷 ……………… 291

附录 D　导生互动量表信效度检验 …………………………… 299

附录 E　自我主导力量表信效度检验 ………………………… 307

参考文献 …………………………………………………………… 313

后　记 ……………………………………………………………… 338

序

学生发展是高等教育研究中重要的理论和实践问题之一，也是衡量研究生教育是否"有效"的标准之一。研究生个体发展质量观是以研究生教育满足个体发展需求的程度为尺度，来衡量研究生教育的质量。在此视角下，研究生教育对研究生的贡献不仅是知识和能力的增值，更为核心的是促进个体的自我发展。现有研究尚缺乏适宜的中层理论和分析工具来分析研究生个体发展的质量及其影响因素。熊慧博士的专著《"导"之道：解密研究生教育中优质导生关系》另辟蹊径，选择自我主导理论为分析滤镜，为探究研究生个体发展质量打开了新的视野。

读研过程中的导生关系是影响研究生教育质量的重要因素之一，良好的导生关系对双方都有价值。以"学"为中心是研究生教育质量评价的趋势，它强调在研究生教育中应以研究生的学习与发展为本。然而，如何在导生互动中体现以"学"为中心？研究生导师应该遵循怎样的规律，才能促进学生的发展？以往研究多从研究生或者导师的角度展开，而这本书独以成对的师生访谈入手，提炼出导生互动的机制，再以大规模的研究生问卷调查进行验证，师生访谈材料互相印证。这本书提出，研究生教育中优质导生关系培育的关键在于因材施教，即导生互动应该以促进研究生自我主导力发展为目标，对于不同自我主导力水平的研究生应提供适宜的导生互动特征。这本书的发现对指导研究生科研工作、培养高质量的研究生具有重要的启示意义。

这本书通过详实丰富的资料和数据，以及严谨和清晰的逻辑，论证了在高等教育追求内涵发展的新阶段，研究生教育高质量发展的关键是"以学生为中心"，以促进学生自我主导力的发展为目标。这不同于以往以资源投入为导向的研究生质量观视角，回归了从关注学生发展来评价教育质量的初心。我非常乐意向高等教育学科的研究人员，研究生教育者或管理者，导师和研究生推荐这本书。希望有更多的人关注研究生自我主导力的发展，关注优质导生关系的建设，真正落实立德树人的根本任务，切实提高研究生教育的内涵质量。

是为序。

杨　钋

2024 年 8 月

第一章 绪论

在研究生教育质量保障体系中，研究生和导师之间的玄妙关系被比喻为"黑箱"，如何破解这个"黑箱"密码，构建优质导生互动关系，对促进研究生教育高质量发展，具有重要的理论和现实意义。

第一节 选题背景

选择这个研究题目缘起于两个故事。

故事一。2012 年 11 月，程代展教授在博客发表《昨日无眠》引发社会热议，他痛陈"自己的一名优秀博士生放弃科研执教中学"。后又发表《我的反思》（程代展，2019），对自己与研究生之间的互动特征进行了剖析："我对他只有硬邦邦的控制却无视反馈。只关心他科研做得怎么样，对于他个人的思想、感情、生活、家庭情况等都知之甚少。"

故事二。笔者所在高校的一位硕士研究生导师门下每年都有硕士研究生获得国家奖学金或考上博士①，他的学生常常主动"泡"在实验室，并且感觉和导师在一起"很舒服"，他的指导理念是："我考虑的是自己的学生如何能幸福，重要的不是把他培养得多优秀，而是

---

① 本书研究生指硕士研究生和博士研究生。硕士研究生也称硕士生、硕士，博士研究生也称博士生、博士。

启发他，唤起他心理成长的动力，这才是最关键的。"

两个故事反映出两种不同的导师指导方式或导生互动特征，导致了两种不同的研究生培养结果，那么故事背后的教育理论、机制、模型，以及对于改进和完善研究生教育质量保障体系有哪些政策启发呢？这一问题引发了笔者强烈的研究兴趣。

中国作为世界上研究生教育大国之一，研究生教育的发展已进入一个战略转型期，对提升研究生教育质量的要求愈加强烈。当前研究生教育方式的调整滞后于研究生教育规模的扩大，使研究生教育数量与质量的矛盾日益凸显，教育质量遭到来自多方的质疑（张升堂、刘音，2010）。这主要表现为，高等教育大众化一方面提供了更多的就学机会，促进了研究生教育规模的扩大；另一方面，随着研究生的扩招，也引发了"学位贬值""质量滑坡""就业困难"等问题（杨颉，2004）。

虽然我国近代开展研究生教育的时间不长，但是在理论和实践研究中已经取得了丰富成果。以"研究生质量"为检索词，在国家图书馆进行文津搜索，发现相关结果 29804 个，其中著作 80 部、期刊论文 26077 篇、学位论文 1110 篇及其他 2537 个。以"研究生"和"质量"为关键词在中国知网检索到 11789 个结果，其中期刊 8668 篇、博士学位论文 48 篇、优秀硕士学位论文 1219 篇及其他 1854 篇。在现有的国内研究当中，学者主要关注宏观的外部质量保障体系建设，或中观的机构内部质量管理体系建设，研究的价值主体多指向教育机构或教师，对微观的研究生个体质量的关注较少（邵娟，2008）。然而，在后工业社会，研究生教育的价值取向不再以外在的功利性追求为目标，而是转向个体的生活体验和人格发展，即个人在研究生教育中实现自我发展（刘贵华、孟照海，2015）。研究生质量保障体系的发展也呈现更加关注研究生主体性的趋势，即从研究生发展的角度审视研究生教育的质量，建立相应的指标体系、评价方法、程序以及制度，形成独立的研究生评价体系，保障研究生教育质量的提升（郭艳利，2014）。由此可见，对研究生教育质量的评价观已发生了范式转换，即从传统的单一重视学位获得和创新成果情况，扩展到从研究生个体发展的视角来进行评价，将研究生教育视为一种以促进研究生的创造性、探究性、意义建构的敏锐性为本的教育结构（Lydell，2008）。当前，加强对研究生主体性的重视，针对研究生个体发展质量，建构适切的中层理论和开发相应的测量工具，对创新型人才培养以及提升我国研究生教育质量具有重要的理论和实践意义。

自我发展是世界观、方法论与青少年心理成长规律相结合的教育过程，自我发展教育模式不局限于学科学习或探究性学习，其意义在于它是一种教育的新世界观、新教育哲学（任洁、冯国文，2006）。2012 年，教育部发布的"高教 30 条"［全称为《教育部关于全面提高高等教育质量的若干意见》（教高〔2012〕4 号）］明确指出提高人才培养质量是高校的首要工作，并把促进人的全面发展和适应人的社会需求作为检验办学质量的主要标准，强调内涵发展的高等教育质量观。2014 年，我国第一次以质量为主题，召开了全国研究生教育质量工作会议，强调了研究生教育承担着"高端人才供给"和"科学技术创新"的双重使命，是建设高等教育强国的重要标志，具有空前重要的战略地位。研究生教育要遵循科学质量观，既要以人为本，关注研究生个体的全面发展，又要从社会、经济、文化的角度出发，兼顾学术发展和社会发展。

教育应促进人的发展，但不应控制人的发展，并在促进个人发展的同时推动社会和人类的发展。教育在生成社会的人的同时，又创造人的丰富多彩的个性（项贤明，2005）。教育即发展，是通过教与学的人际交流活动，来促进人格发展和自我建构（杜高明，2009）。研究生教育的基本功能仍然是育人功能，强调"通过探究进行教育可以培养出全面发展的人……学习知识的过程被认为和自我形成或自我实现紧密联系"（克拉克，2001b）。自我发展是影响研究生创新能力发展的关键，而目前硕士研究生的主动性不强在很大程度上影响了个体学习、研究的成果，不利于其创新能力的发展（孙钦娟，2013）。

研究生教育质量是一种价值判断和评价，国内研究生教育质量评价的专著最早是 1991 年梁桂芝主编的《学位与研究生教育评估的理论与实践》；2000 年王战军编著的《学位与研究生教育评估技术与实践》是我国第一部系统全面论述研究生教育评价的专著；2012 年王战军出版了专著《学位与研究生教育评价理论与方法》，研究进一步深化，在开展评价实践的同时重视理论提升，提出了监测评价、低碳评价等新思想，建构了分层、分类、分级的多样化评价体系。此外，还有《研究生教育学》（薛天祥，2001）、《博士质量：概念、评价与趋势》（陈洪捷等，2010）等，分别从研究生教育特征、研究生教育质量观、研究生质量概念、研究生质量评价、研究生教育质量存在的问题和影响因素等方面进行了研究和阐释。

我国学者还注重对研究生教育的国际比较研究，先后翻译了伯顿·克拉克 1991 年主编的西方第一部比较研究生教育专著《研究生教育的科学研究基础》（王承绪译，2001）和其续篇著作《探究的场所——现代大学的科研和研究生教育》（王承绪译，2001），这两本书比较了德、英、法、美、日五国研究生教育的异同，对我国研究生教育和实践都具有很高的借鉴价值。袁本涛等 2016 年翻译出版了《美国如何培养硕士研究生》（克利夫顿等，2016），该书原名为 *A Silent Success: Master's Education in the United States*（《不张扬的成功——美国硕士研究生教育》），作者克利夫顿·康拉德（Clifton F. Conrad）等基于 47 个硕士点案例、近 800 人次的访谈，总结了高质量硕士点的特征，对我国的硕士研究生教育极富启发意义。导师作为研究生培养的第一责任人，对研究生质量的影响至关重要，导生互动关系是研究生教育活动中最重要、最基本的关系之一，在研究生教育研究领域中对其关注度也非常高。

当今的研究生教育强国已形成以学为中心的教育质量评价与保障体系。发达国家的研究生教育体系以学生发展理论（Student Development Theory）为基础，将人的发展理论运用于高等教育，这一实践受到了 20 世纪心理学和社会学学科发展的深刻影响，其重点放在高等院校学生个体的成长和发展上，基本目标是解释大学生怎样发展成为具备复杂成熟的了解自我、他人及世界能力的个体的过程（ACPA，2005；克里斯汀·仁、李康，2008）。朱红和李雪凝（2011）把学生发展定义为学习性发展和社会性发展。学习性发展包括专业素质、认知思维和创新能力三个方面的发展，社会性发展包括道德情感和社会责任两个方面的发展。

当前，在学生发展理论中，以美国迈阿密大学的教授巴克斯特·玛格尔达（Baxter Magolda，2001）为代表提出的自我主导理论（Theory of Self-authorship），以及她提出的学习伙伴模型（Learning Partnership Model，LPM）为高等教育创新实践提供了很好的理论指导（Magolda 和 King，2004）。自我主导理论发端于自我心理学，自我心理学研究领域包括两大学说——精神分析学说和存在主义学说，前者的继承者以让·皮亚杰（J. Piaget）为代表，倡导发生认识论，即"结构"模式；后者的继承者以卡尔·罗杰斯（Carl Rogers）为代表，倡导个人形成论，即"发展"理论。罗伯特·凯根（Robert Kegan，1999）在吸纳了皮亚杰的"结构"模式和罗杰斯的"发展"理论基础上，创立了结构-发展理论（Constructive-developmental Theory）。玛格尔达（Magolda，2001）在凯根的结构-发展理论研究基础上发展起来的自我主导（Self-authorship）理论为最新理论代表，认为培养学生的自我主导力应被作为 21 世纪高等教育的目标，自我主导力[1]是取

---

[1]　本书中，自我主导、自我主导力表达相同的意思，在不同的语境中可以混用。

得学习成果的基础，这些学习成果包括：有效公民、批判性思维、复杂问题解决能力、与各种人交往共存的能力、成熟决策能力。促进自我主导的发展，实际上促进了学生学会学习（Learn how to learn），而不是只知道学习什么（What to learn）（Magolda，2007）。

第二节　研究问题及研究意义

一　研究问题

当前，我国硕士研究生作为一个独立的教育层次，其培养目标和类型日趋多样化发展，在以学为中心的教育质量评价和保障体系的背景下，硕士生的个体发展质量得到了越来越多的关注，体现在以学生为中心和以学生发展为目标两个方面。然而，现有研究生教育单方面把创新能力培养作为研究生教育的重要目标和质量评价指标，强调科研成果产出，研究生自我发展和自我构建的能力并未引起足够的重视。因此，有必要从自我发展的角度切入，深入分析自我发展在研究生创新能力构建中的作用。此外，研究生的职业发展质量不太被学校重视，却是研究生群体关注的重点。每一个研究生毕业后终将走上职场，读研的动机大多是更好地就业，因而从以学生为中心的角度考虑，研究生的职业成熟度应该得到更多的关注。研究生的自我主导力发展状况与其创新能力和职业成熟度密切相关，因此研究其自我主导力发展的相关理论对促进研究生全面发展具有重要意义，并在研究生个体发展质量评价方面的应用也有较高的实践价值。

有鉴于此，本书关注以下三个方面的核心研究问题。

第一，硕士生的导生互动状况如何？哪些因素影响导生互动状况？（详见第四章）

第二，硕士生的自我主导力发展状况如何？哪些因素影响个体自

我主导力的发展？（详见第五章）

第三，导生互动如何影响研究生自我主导力、创新能力和职业成熟度发展？自我主导力在导生互动对研究生的创新能力和职业成熟度影响中发挥何种作用？（详见第六章）

这三方面问题的研究前提是要有可量化的指标，目前研究文献尚未发现统一的测量导生互动和自我主导力的工具与指标，所以在探讨这三方面问题之前，首先运用质性研究方法，解析研究生和导师的互动影响研究生个体发展的机制；其次提炼导生互动维度特征和自我主导力维度特征，设计完善测量导生互动和自我主导力的工具与指标，为量化研究做好准备（详见第三章）。

二 研究意义

本书的研究目的是建构以自我主导力为核心的促进研究生发展的中层理论和参照模型，探索提高研究生个体发展质量的有效途径，从本质上促进研究生教育的内涵发展。成年人早期阶段是自我主导力发展的关键时期，对于研究生而言，自我主导力也是独立思考、科研创新的重要源头，因而本书的研究具有重要的理论意义。面对研究生主体建构乏力、创新能力低迷、职业准备不足、导生关系冲突等现实的研究生教育质量问题，本书对创新型人才培养以及提升我国研究生教育质量具有一定的现实意义。

（一）研究的理论意义

本书有助于推进研究生个体质量研究的发展。现有文献更多地关注研究生教育的系统质量，而对于研究生个体质量关注较少。研究生教育的系统质量聚焦研究生质量保障体系的建设、学科评估体系、学位点评估等；关注投入质量的较多，关注过程质量和结果质量的较少。随着高等教育发展历程的演进，学生个体发展质量作为教育的成果受到更多的关注，研究生个体发展质量也不例外。我国在这方面的研究有待推进。本书正是从研究生个体发展出发，形成了以自我主导理论为基础的学生发展质量评价观，填补了上述空白。

在研究生个体质量评价方面，目前多数研究采用客观评价，即把研究生当作教育对象，由教育者、管理者或学者对其进行客观评价，而真正倾听研究生个体自我报告的主观评价较少。美国、英国、澳大利亚等国借鉴学生参与理论，已经开发了具有代表性和全国影响力的调查问卷，开展了对研究生读研经验体会的调研。后者通过研究生的主观评价来反映研究生个体发展质量，从而促进研究生教育的改进。当前，国内尚未形成具有代表性和全国影响力的调查问卷。本书基于国内外现有学生发展调查和自我发展量表，发展出一套测量研究生个体发展质量的调查问卷，有助于开展大规模的研究生发展质量调查。

学生参与理论虽然强调了学生参与的质量与学生的学业成就密切相关，但只是从行为学理论视角描述了学生个体与环境之间互动的结果，没有从心理学理论视角进一步阐释质量变化的内因。对于研究生学业成就的形成机制和相互关系，特别是个体的心理特质变化发展与学业成果之间的关系等，还有待进一步深入研究。当前对研究生个体质量关注较多的是研究生创新能力，但文献研究显示国内研究生创新能力不足。这一悖论表明，实际上在研究生个体发展质量方面，我国尚缺少衡量学生真正成长的指标。本书希望通过引入国外学生发展理论的前沿——自我主导理论，探寻研究生成长的内在要素——自我主导力，及其与研究生外显质量要素（如创新能力和职业成熟度）的关系，从而推进研究生个体发展质量的研究。本书以自我主导理论为基础，探讨个体自我主导力发展与其创新能力和职业成熟度的关系，将研究生的自我发展与中长期学生发展联系起来，填补了相关理论的空白。

同时，本书也希望探索自我主导理论在国内的应用，特别是尝试对研究生自我主导力的发展进行量化研究，这有利于进一步丰富自我主导理论的应用范畴和研究模式。

（二）研究的现实意义

在面对研究生教育质量下滑、导生互动存在困境等现实问题方面，本书的研究成果有助于促进优质导生互动关系的建立，促进研究生培养质量提升，具有现实意义。导师作为研究生培养的第一责任人，对提高研究生个体发展质量具有重要作用。导生关系是研究生教育关注的重点之一，研究生和导师之间的玄妙关系被比喻为"黑箱"，意思是比较复杂多样，而且难以琢磨。自我主导理论为解密这个"黑箱"提供了分析工具。本书在自我主导理论的指导下，采取混合方法研究来探寻自我主导力的维度特征以及导生互动关系的特征，借鉴促进自我主导力发展的学习伙伴模型，建立适宜的模型，来阐释导生互动与自我主导力、创新能力和职业成熟度的关系，探索导生互动影响研究生个体发展质量的机制，为加强研究生导师队伍建设提供理论支持和参照模型。

此外，本书的研究发现也有助于完善研究生培养和管理制度，包括导师培训、导师绩效评价、优秀导师评选、研究生综合评价、研究生奖助、研究生质量监测报告等制度。通过这些制度，建立导生互评和反馈机制，引导和营造全员育人氛围，落实导师立德树人的职责，建立"以促进研究生发展为中心"的研究生教育质量文化。

第三节　研究设计

一　研究框架

研究生培养的目标定位即通过研究生教育，促进研究生学术发展和职业发展，注重对研究生创新能力、实践能力、分析问题和解决问题等能力的培养。本书基于自我主导理论，探讨导生互动对硕士生个体发展质量的影响，选择自我主导力、创新能力、职业成熟度作为硕士生个体发展质量的主要代表性维度，运用混合方法开展导生互动特征及其影响因素、硕士生自我主导力特征及其影响因素、导生互动对硕士生自我主导力的作用机制，以及导生互动、自我主导力、创新能力、职业成熟度的关系的研究。

（一）核心概念

依据学生发展理论，研究生个体发展质量可以定义为读研经历促进其个人发展的程度，包括心理发展、认知发展、能力发展和职业发展。本书选取了自我主导力、创新能力、职业成熟度三个核心概念来衡量研究生个体发展质量，并选取导生互动作为促进其提高的核心概念。

1. 自我主导力

Kegan（1994）认为自我主导力是一种新的思想体系和内部同一概念，可以协调、整合、影响甚至创造出价值观、信仰、信念、概括能力、理想、抽象力、人际关系忠诚、内省状态。Magolda（2008）认为自我主导力是存在于个人内部的能够定义自我信念、自我身份以及社交关系的能力，具备三个特征，即相信自己内心的声音（trusting the internal voice）、建立内部基础（building an internal foundation）、守卫内心承诺（securing internal commitments）。具备自我主导力的人相信自己，拥有相对稳固的人生信条，并会在坚持信念的同时，能够真正自如地与外界和谐相处。Deci和Ryan（2008）认为"自主"是人的三大基本需求之一，体现为主动和自我调节。Ryff（1989）把"自主性"作为衡量人是否幸福的指标之一。自我主导理论是在自我心理学的基础上发展起来的，是学生发展理论中的重要组成部分。以其为研究生发展质量定义和评价的理论基础，符合研究生教育培养独立性、创新性人才目标的要求。

结合已有文献研究，本书采用Magolda对自我主导力的定义，并结合Pizzolato的研究，把研究生自我主导力定义为研究生个体发展的核心质量，即经过研究生阶段的教育和学习后，研究生在定义自我信念、自我身份以及社交关系的能力三个方面得到较大的发展，具有比较清晰的价值观、信念、道德观念、处事原则、学习目标，并具有较强的意志力，善于自我调节、善于平衡权威和自己的意见等。自我主导力发展水平标志着研究生个体发展的主动性、独立性、成熟性水平，与研究生的创新能力、职业成熟度等学业成果密切相关。自我主导力水平较高的研究生表现出具备主动学习、独立科研、为自己做决定的能力。

2. 创新能力

本书采用了朱红等（2011）对创新能力的定义，即创新能力是一种提出或产生新颖的和具有适切性工作成果的能力，是各种智力因素和非智力因素的统一体。

3. 职业成熟度

本书采用的是 Super（1953）对职业成熟度的定义，即职业成熟度是青年在职业规划性、职业探索、职业信息、职业决策四方面的发展水平，发展水平愈高就表明职业成熟度愈高。

4. 导生互动

本书采用了张青（2015）对导生互动的定义，即研究生在导师的指导下，开展课程学习、参与课题研究、完成实验设计、撰写学位论文等学术实践活动，并在此过程中学做学问、学做人所形成的一种教学关系。师生以各自的角色参与到导生互动中，从而产生具有一定特质的教学效果——学生学习效果、学生发展以及导师指导的改进等。并基于自我主导理论，通过质性研究进一步发展和提炼导生互动概念，导生互动按照互动中心和互动情感的取向与强度，以及是否促进研究生自我主导力的发展，划分为 2 类性质 5 个维度，即以"学生发展需要"为互动中心，且互动情感为正向的助益性导生互动，包括自主支持、自主挑战、任务支持 3 个维度；以"任务需要"为互动中心，且互动情感为负向的控制性导生互动，包括任务挑战、行动控制 2 个维度。

（二）研究流程

在文献研究、访谈和数据探索分析的基础上，本书以自我主导理论和学习伙伴模型为指导，设计研究生个体发展质量研究流程（见图 1-1）。

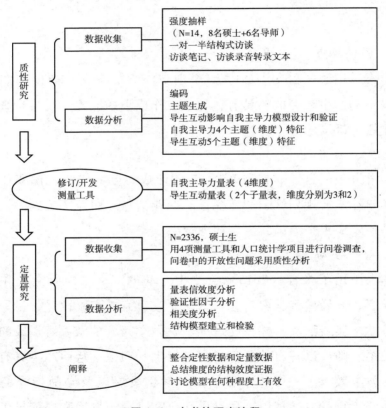

图 1-1　本书的研究流程

本书关注导生互动对硕士生个体发展质量的影响，基于自我主导理论，采用探索性时序设计，首先对小样本进行定性研究，然后判断定性探索的发现能否推广到更大的样本。研究第一个阶段，笔者从北京某市属高校抽取硕士研究生 8 人和导师 6 人共 14 名师生进行访谈，收集访谈录音进行文字转录和整理，分别对硕士研究生自我主导力的发展特征、导师与硕士研究生互动的特征、导生互动对硕士研究生自我主导力的影响，以及硕士研究生自我主导力与创新能力、职业成熟度、学业成果等其他个体发展质量之间的关系等进行定性研究。由于当前没有用于中国研究生的自我主导力评价工具，以及导生互动的评价工具，本书基于质性研究的发现构建了用于更大样本的测量工具——自我主导力量表和导生互动量表。通过预试初步确定定量研究阶段中的研究问题、变量和假设，然后选择定量研究抽样的样本框为院校背景（985高校3所、211高校3所、一般本科院校3所）和学科背景（工科、经管学科）两个层面，进行随机抽样。对回收的大样本数据进行整理和分析，验证自我主导力量表和导生互动量表的信效度，分别分析自我主导力和导生互动的现状与影响因素，验证导生互动—自我主导力—创新能力—职业成熟度关系模型。

（三）研究框架

本书以自我主导力为核心变量，采用混合方法研究，通过四个步骤研究构成了研究的整体框架，如图1-2所示。

第一步，运用质性研究方法，分析硕士研究生自我主导力和导生互动特征及其影响机制。选取代表性硕士研究生和相应导师进行访谈，对访谈材料进行分析，抽出关键性概念和类型。解析研究生和导师的互动影响研究生个体发展的机制，从以典型个案归纳理论模型，到扩大案例发展出现实模型，丰富自我主导理论在导生互动情景中的适用内涵，描述了自我主导力维度特征以及之间的联系，提炼导生互动两性五维特征，并进行验证。

第二步，在访谈的基础上，借鉴国外量表，汉化和修订自我主导力量表和导生互动量表，运用量表开展预研究，反复修订量表，致信效度满足研究需要。设计完善测量导生互动和自我主导力的工具与指标，为后面定量分析做好准备。

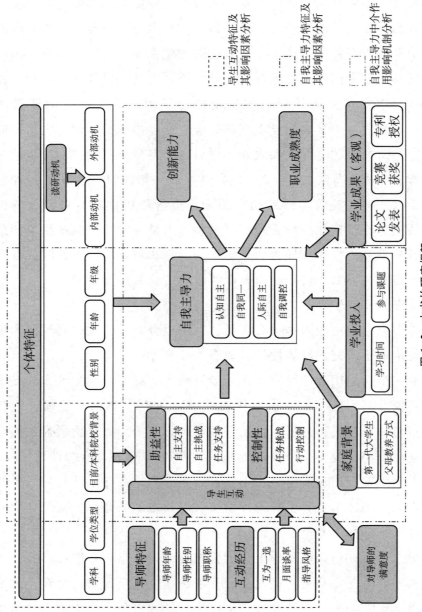

图 1-2 本书的研究框架

第三步，运用定量研究方法，编制和发放正式的"硕士生发展质量和导生互动调查问卷"，开展硕士研究生群体调查，收集数据以分析导生互动和自我主导力的特征，以及导生互动对研究生个体发展质量的影响机制。研究选取自我主导力、创新能力、职业成熟度、学业成果（客观）等多维度指标衡量研究生个体发展质量。选取研究生对导师的满意度衡量导生互动质量。

通过探索性因子分析和验证性因子分析，检验导生互动量表和自我主导力量表的信度和结构效度，进一步明晰研究生导生互动和自我主导力的特征。通过对导生互动和研究生对导师满意度的相关分析，检验导生互动量表的内容效度；通过对自我主导力、创新能力、职业成熟度、学业成果（客观）的相关分析，检验自我主导力量表的内容效度。通过多元回归分析分别检验硕士生个体特征、导师个体特征、导生互动经历等变量对导生互动的影响是否显著，检验硕士生个体特征、学业投入、家庭背景和导生互动对自我主导力的影响是否显著。构建导生互动—自我主导力—创新能力—职业成熟度关系模型，检验自我主导力在其中的中介作用是否显著，探索硕士生自我主导力在导生互动对硕士生创新能力和职业成熟度影响中的路径和机制，并对模型被应用于不同院校群组时的稳定性进行检验。

第四步，整合质性研究方法和定量研究方法得到的成果，分四个章节讨论硕士生导生互动和自我主导力特征及其影响机制，得出研究结论，并形成改进硕士生导生关系、促进和保障研究生个体发展质量的政策建议。

四个核心章节分别为：第三章"导生互动促进研究生自我主导力发展的密码"、第四章"导生互动的特征和影响因素分析"、第五章"自我主导力的特征和影响因素分析"、第六章"自我主导力是研究生个体发展的核心质量"。

（四）研究假设

假设一：导生互动受到硕士生个体特征、导师个体特征、导生互动经历的显著影响。

假设二：自我主导力水平受到硕士生个体特征、家庭背景、学业投入和导生互动的显著影响。

假设三：自我主导力在导生互动对硕士生创新能力和职业成熟度影响中具有显著中介作用。

二 研究方法

（一）混合方法研究

1. 混合方法研究的特征和优势

混合方法研究（Mixed Methods Research）是社会科学、行为科学和健康科学领域的一种研究取向，持有这种取向的研究者同时收集定量数据和定性数据，并对两种数据进行整合，然后在整合两种数据的基础上进行诠释，更好地理解研究问题。其核心特征包括同时收集和分析定量数据与定性数据、使用严格的质性研究方法和定量研究方法、整合定量数据和定性数据、明确设计方案和分析框架所秉持的哲学视角或理论（克雷斯威尔，2015）。混合方法研究中根据质性研究和定量研究的交互性、优先次序、时序等因素，主要包括六种方法设计，即：一致性平行设计、解释性时序设计、探索性时序设计、嵌入式设计、变革性设计、多阶段设计。

混合方法研究是在20世纪80年代后飞速发展起来的，是继量化研究、质性研究之后的第三种研究范式，并以实用主义（pragmatism）为哲学理论基础，以研究问题为核心的多元化交叉研究方法（尤莉，2010）。这种研究范式或方法论运动的基本特征是把经验视为宇宙的基础，把人的认识限定在经验领域之中，把确定信念作为出发点，把采取行动作为主要手段，把获得效果作为最终目的。

强调研究方法服务于研究目的，是美国教育研究方法论的新取向（唐涌，2015）。混合方法研究的优势是：提高研究结果的准确性；提供关于研究问题更为完整的描述，优化研究结果；能够取长补短，增强互补优势；能够用一种方法检验另一种方法，进而推动对研究问题的分析；能够辅助抽样（安黎黎，2010）。

2. 混合方法研究策略设计

本书的研究目的是围绕导生互动如何促进研究生自我主导力发展这一实际问题，探索自我主导理论在研究生个体发展质量中的本土化应用，因此研究者选择混合方法研究。本书的哲学基础为建构主义世界观，即以剖析导生互动中研究生个体发展的自我建构为研究出发点，通过成对师生访谈，从典型的案例分析推广至普遍的一般性调查，即通过定量研究来验证质性研究的发现，因此混合方法研究成为首选。

国外广泛采用自我主导理论来研究学生发展。跨文化研究、实证研究、评价研究是该领域的热点。然而，我国导师对研究生的影响尚属神秘"黑箱"。现有研究生个体质量研究大多只关注表面质量，重投入、轻过程、淡结果，未触及核心质量；已有的采用自我主导理论的学生发展研究的对象多为本科生，以研究生为研究对象的较少，且定性研究较多，定量研究较少，目前尚未见研究生自我主导力定量分析方面的研究；导生互动的研究中也以博士研究生为主要对象，数量庞大的硕士研究生并没有得到应有的关注；而且现有研究对导生互动类型尚无相对统一的划分，且往往把导生互动和研究生个体质量割裂开来进行研究，也缺乏适当的中层理论、研究模型和测量工具，需要通过同时收集定性数据和定量数据解决以上问题。

针对研究生个体发展质量概念模糊、影响机制复杂的现状，笔者在研究中拟借鉴自我主导理论，构建研究生个体发展质量的研究框架，并分析其影响因素和发展机制。研究生个体发展质量和导生互动的特征需要通过质性访谈获得，影响因素需要通过定量分析验证，影响机制和模型构建需要结合定性和定量两方面的数据探索与验证。因此，本书使用探索性序列设计混合方法研究策略，在文献研究的基础上，以自我主导理论为指导，收集定性和定量两方面的数据，探究"导生互动如何影响硕士生个体发展质量"，寻找合适的研究模型和测量工具。

探索性序列设计（exploratory sequential design）是混合方法研究中最核心的三种基础设计方案之一（克雷斯威尔，2015），设计意图在于先用定性研究探索研究问题，因为问题可能不那么明确，研究对象可能鲜被触及或者大家对研究对象知之不多，研究场域难以进入。在第一阶段的初始性探索后，研究者把定性研究的发现用于第二阶段的定量研究。这个阶段的定量研究可能涉及设计各种工具来测量变量，设计活动进行干预研究，或者设计出利用现有工具可测量出的类型学（typology）。在第三阶段，这些定量研究工具、干预或者各种研究变量都被用于定量数据收集和分析的过程。

研究者首先在现有理论的基础上，设计访谈提纲和抽样计划，选择典型的研究生代表及其导师进行半结构式访谈，将访谈录音转为文字并进行质性分析；然后编制问卷，进行大范围样本的调查；最后研究结合定性和定量研究数据，进行三角互证，分析导生互动对研究生个体发展质量的影响机制，并在此基础上提出对策和建议，策略示意如下：

理论构建──→访谈设计──→个案访谈──→质性分析──→设计问卷

模型检验←──定量分析←──数据收集←──问卷发放←──抽样设计

（二）质性研究

质性研究是以研究者本人为研究工具，在自然情景下采用多种资料收集方法，对社会现象进行整体性探究，使用归纳法分析资料和形成理论，通过与研究对象互动对其行为和意义建构获得解释性理解的一种活动（陈向明，2000）。质性研究中处理多种资料来源、多个个案的研究路径有修正的分析归纳法和连续比较法，对访谈资料进行逐级编码，即开放式编码、轴心式编码和核心式编码。在开放式编码阶段对资料内容进行逐字逐句编码，直至码号饱和；在轴心式编码阶段主要是发现和建立概念类属之间的联系，以表现资料中各部分的有机关联；在核心式编码阶段关键要考虑把整个资料的研究结果囊括进一个比较宽泛的理论范围之内（陈向明，2000）。

本书在质性研究阶段主要是通过访谈优秀硕士生和导师的典型个案，收集硕士生导生互动和自我主导力方面的资料并进行编码，提炼概念、维度特征，探索影响机制，进而形成相应的测量工具。

1. 访谈提纲

本书的访谈借鉴 Magolda 的纵向研究自我主导访谈策略和 Wabash 项目的通识教育国家研究访谈策略（Magolda，2007）。这两种策略均强调通过提示性的语言引导受访者思考自己在大学里最重要的经历，以及反思这些经历对他们的影响，包括他们如何看待自己、如何构建与他人的关系、如何塑造他们的信仰。这种访谈的自然对话形式可以在访谈者和受访者之间创设一个学习伙伴情景，还可以起到评估和发展介入的双重作用。研究者通过半结构化问卷和深度访谈，以及对访谈资料的连续比较进行分析（Schoper，2011）。

本书运用叙事探究分析方法研究硕士生的个体发展质量和导生互动情况。硕士生访谈提纲内容主要包括个人成长经历、与导师互动情况、列举读研期间对自己影响最大的人或事、自己的优点和缺点、未来的职业规划、读研取得的收获等，以及对信仰、信念、人生意义、价值观、处事原则的思考；导师访谈提纲内容主要包括指导硕士生的经历、指导理念、给予硕士生的支持与任

务等，以及对硕士生在读研期间变化的描述和思考。（访谈提纲详见本书附录 A 和附录 B）

2. 访谈抽样

为了使导生互动和自我主导力的测量能够适用于不同学科和具有不同个体特征的硕士生，基于自我主导理论中认为自我主导力高的学生的学业成果高的假设，以及优质导生互动关系促进硕士生自我主导力发展的假设，本书的抽样目标定为优秀硕士生及其导师，对他们进行成对访谈，从典型个案中剖析硕士生自我主导力和导生互动的特征与维度，形成可用于推广的测量工具。

按照目的抽样原则，采取强度抽样策略，即抽取具有较高信息密度和强度的个案进行研究（陈向明，2000）。本书的访谈对象选取北京市属高校中 7 名优秀硕士生（A 类），他们拥有高学业成果，包括获得国家奖学金（简称研国奖）、考取博士、学科竞赛获奖、有创业经历等，并选取欲退学的硕士生（B 类）作为 1 个反例，从其读研经历和收获（成功或失败）的角度均能够提供研究需要的较高密度和强度的信息。同时还对选中硕士生的导师也发出访谈邀约，共计访谈 14 人，其中包括 6 名导师和 8 名硕士生，受访者信息见表 1-1 和表 1-2。

表 1-1　质性访谈硕士生概况

序号	代号	性别	年级	学科	类型	备注
1	A01	男	硕三	材料科学与工程	学硕	获研国奖、读博，典型个案
2	A02	男	硕三	材料科学与工程	学硕	获研国奖、读博、创业
3	A03	男	硕二	控制工程	专硕	获研国奖、读博
4	A04	男	硕三	应用化学	学硕	获研国奖
5	A05	女	硕二	应用统计	专硕	获研国奖、竞赛获奖
6	A06	女	硕三	管理科学与工程	学硕	获研国奖
7	A07	女	硕三	生物化工	学硕	获研国奖
8	B01	女	硕二	生物化工	学硕	欲退学，电话访谈

表 1-2　质性访谈硕士生导师概况

序号	代号	性别	年龄	职称	备注
1	M01	男	42	教授	A01 和 A02 的导师，典型个案
2	M02	女	45	教授	A03 的导师
3	M03	女	50	教授	A04 的导师
4	M04	男	40	副教授	A05 的导师
5	M05	男	35	副教授	A06 的导师，电子邮件反馈
6	M06	男	43	教授	A07 和 B01 的导师

笔者向受访的研究生表明，研究目的是探究研究生读研期间的个人发展变化，以及他们和导师之间的互动情况，从而进一步完善研究生教育管理工作。笔者向受访的研究生导师表明，研究目的是分享他们指导研究生的理念和经验，以及他们感受到的研究生读研期间的发展变化，听取他们对进一步完善研究生教育管理工作的建议。受访者被要求仔细回忆印象深刻的经历，并描述体现其特征的故事或具体的细节。导师和研究生的访谈内容可以相互印证。所有受访者都是自愿接受访谈的，他们可以拒绝回答任何问题，并随时终止访谈，笔者向受访者保证谈话内容保密，只是用于研究，不会有任何其他用途，如果访谈中的内容需要在研究结果中进行引用，也会使用化名。访谈的时间和地点经过协商确定，典型个案访谈时间在 2014 年 12 月 3 日至 2016 年 3 月 25 日，集中访谈时间在 2017 年 6 月至 2018 年 3 月，补充访谈时间在 2019 年 6 月；地点大部分在会谈室，也有的在实验室或办公室。12 名受访者通过面谈，1 名通过电话访谈，1 名通过电子邮件反馈。面谈受访者同意访谈内容被录音，访谈通常进行到理论饱和点①为止。访谈的时间为 30 ~ 90 分钟，内容被转录为文稿以备分析。

---

①　理论饱和点指研究者已经不能再继续从访谈中发掘出新的表征理论和相关概念，而只是重复表征已有概念或属性，这时便可以停止访谈。

（三）量化研究

1. 编制问卷

在对师生访谈材料进行质性分析的基础上，经过预试和调试形成自我主导力量表和导生互动量表，再参考北京大学教育学院编制的《2014 年首都高校学生发展状况调查硕士生卷》、创新能力量表、硕士生职业成熟度量表，编制成正式"硕士生发展质量和导生互动调查问卷"。问卷变量还包括个体特征、家庭背景、学业投入、导师特征、互动经历等，问卷变量指标和指标定义说明见表 1-3，正式问卷见附录 C。

表 1-3 问卷变量指标和指标定义说明

变量	指标	指标定义	说明
个体特征	年龄 性别 读研动机 学科 学位类型 目前院校背景 本科院校背景	实际填写 男 = 1，女 = 0 内部动机 6 题项和外部动机 4 题项 文科 = 1，理工科 = 0 学硕 = 1，专硕 = 0 目前/本科就读学校为 985 高校、211 高校、一般本科院校（参照）	根据文献和预研究结论设计，作为控制变量
家庭背景	第一代大学生 父母教养方式	是家中第一代大学生 = 1，否 = 0 权威型、专制型（参照）、纵容型、忽视型	根据文献和预研究结论设计，作为自变量
学业投入	学习时间 参与课题	按实际填写整数 作为核心成员参与课题（1 = 是，0 = 否）	根据访谈设计，作为自变量
导师特征	导师年龄 导师性别 导师职称	实际填写 男 = 1，女 = 0 教授、副教授、讲师（参照）	
互动经历	导生互选 月面谈率 指导风格	互为第一选择（是 = 1，否 = 0） <1 次（参照）、1~2 次、3~4 次、5~6 次、7 次及以上 支持型、控制型、放任型（参照）	根据文献和预研究结论设计，作为自变量

续表

变量	指标	指标定义	说明
导生互动	IMP	研究生与导师之间互动 共 34 个题项 5 个维度	参考 Overall(2011)导师支持评价系列量表和自我决定理论学习氛围量表 AS-LCQ,以及 Oldham 和 Cummings 的支持型与控制型领导风格量表,并结合访谈材料编制
自我主导力	SA	自我主导力 共 28 个题项 4 个维度	根据 Pizzolato 编制的自我主导力量表和 Ryff 的心理幸福量表修订
创新能力	CA	创新能力 共 9 个题项 1 个维度	采用朱红等(2011)编制的研究生创新能力特征量表
职业成熟度	CM	职业成熟度 共 20 个题项 5 个维度	采用王丽萍等编制的硕士生职业成熟度量表
学业成果 (客观)	论文发表 竞赛获奖 专利授权	数量 1 = 0 项,2 = 1 项,3 = 2 项,4 = 3 项,5 = 4 项,6 = 5 项及以上	论文发表分三类:高水平国际期刊、国内核心、一般期刊,用于对自我主导力量表效度进行验证
读研体验 满意度	对导师满意度	均为百分制评价(0~100)	用于对导生互动量表效度进行验证

注：导生互动、自我主导力、创新能力、职业成熟度四个量表均采用 Likert 6 点计分,从 1——非常不符合到 6——非常符合。

个体特征变量包括年龄、性别、读研动机、学科、学位类型、目前院校背景、本科院校背景；导师特征变量包括导师年龄、导师性别、导师职称；互动经历变量包括导生互选、月面谈率、指导风格。其中，读研动机包括内部动机和外部动机；指导风格包括支持型、控制型、放任型三种类型，以放任型为参照组；月面谈率包括不到 1 次、1~2 次、3~4 次、5~6 次、7 次及以上，以不到 1 次为参照组。

家庭背景变量中选择"第一代大学生"和"父母教养方式"两个指标，因为预研究显示常规的家庭背景变量，如父母文化程度、父母职业、家庭/生源所在地、家庭经济状况等，都对自我主导力没有显著影响，而有研究认为"第一代大学生"与家庭的社会地位和经济状况、父母文化程度密切相关，也关系到教育的公平和质量，应该在高等教育研究中引起重视（张华峰、赵琳、郭菲，2016），并且已有研究发现"第一代大学生"在学习参与度、师生互动、同伴互动、学业发展方面存在显著差异（鲍威、陈亚晓，2015；陆根书、胡文静，2015；张华峰、郭菲、史静寰，2017），因此本书的研究选择"第一代大学生"作为家庭背景变量的指标，探讨"第一代大学生"的自我主导力发展的差异；有研究发现家庭中父母的教养方式对大学生的认知、人际、自我同一发展，以及学业成就动机等有显著影响（程涛，2004；滕兆玮，2005；王树青，2004；龚艺华，2006），因此选择"父母教养方式"作为家庭背景变量的指标，探讨其对研究生自我主导力的影响。并根据美国心理学家戴安娜·鲍姆林德（Diana Baumrind）对父母教养方式的研究（Baumrind，1971）中把父母教养方式分为权威型（Authoritative）、专制型（Authoritarian）、纵容型（Permissive）和忽视型（Neglectful）四种，并把专制型作为参照组。

创新能力测量选取朱红等编制的研究生创新性能力特征量表中的人格特征维度，包含 9 个题项，具有较高的信效度，Cronbach α 系数在 0.800 以上（朱红、李文利、左祖晶，2011）。

职业成熟度测量选取王丽萍等修编的量表，共 20 个题项 5 个维度，即职业倾向、职业自信、职业探索、职业目标、职业自主，该量表用于测试硕士生的职业成熟度，5 个维度的 Cronbach α 系数均高于 0.700，且总体的内部一致性系数为 0.808，5 个因子累计方差贡献率为 63.889%，量表信度较高（王丽萍、谢小凤、陈莹颖等，2015）。

自我主导力测量以 Pizzolato 编制的自我主导力量表（Pizzolato's Self-Authorship Survey，PSAS）和 Ryff 的心理幸福量表（Ryff's Scales of Psychological Well-Being，RSPWB）（Springer and Hauser，2006）为参考。PSAS 量表共有 4 个维度，分别为自主行动能力、意志力视角、

解决问题的取向、面对挑战时的自我调控，具有较好的信度。采用该量表的学者较多，如 Wawrzynski、Tetley、Strayhorn 等。RSPWB 量表主要参考了其中"自主性"子量表。在对该量表进行汉化、预试、访谈分析的基础上进一步修编，得到正式量表。

导生互动量表选取参考 Overall 的导师支持评价（Supervisor Support Assessment，SSA）系列量表（Overall，Deane 和 Peterson，2011），和自我决定理论学习氛围量表（Perceived Autonomy Support-The Learning Climate Questionnaires，PAS－LCQ）（Williams 和 Deci，1996），量表信度较高，Cronbach α 系数均在 0.900 以上，并参考了 Oldham 和 Cummings 的支持型与控制型领导风格量表，并结合访谈材料编制得到正式量表。

2. 自我主导力量表修编

以 Pizzolato 的自我主导力量表和 Ryff 的心理幸福量表为参考量表，由熟悉理论背景的心理学研究者翻译原版问卷，然后由一位心理学博士对翻译稿做出讨论和修改，之后请一位在国外留学的博士评阅。最后请三位英语翻译专业的研究生对中文翻译版的问卷题目进行倒译，再次讨论和修改中文版本，形成量表的初测版本。

笔者在北京某市属高校硕士中进行调研，对参加预试问卷填写的研究生进行面谈，了解填写的情况和感受。访谈的结果表明，部分直译的题项不符合中国文化的习惯，理解起来容易出现偏差。笔者重新调整了问卷，对个别题项进行了意译，使之符合中国学生的理解思维逻辑和习惯。经过心理测量学程序的检验后，本书修改了初测版本的问卷，然后形成再测问卷。笔者再次选取被试者进行量表的心理测量学质量检验，最后形成正式量表。调整后量表成 Likert 6 点自评式量表，采用从"非常不符合"到"非常符合"六等级记分制，分值越高则自我主导力越强。

通过汉化量表和预研究分析，得到了硕士生自我主导力初始量表，量表存在明显的文化背景差异，在保持原量表的结构下，有效题项减少为 18 个，分量表的信效度下降，但是整体上量表的信效度良好，KMO 值为 0.868，总量表的 Cronbach α 系数为 0.843，4 个维度的 Cronbach α 系数分别为 0.632、0.692、0.703、0.832，因子累计解释变异量为 52.848%。预研究还发现心理、学科、院校背景、导生互动等因素对自我主导力具有显著影响，而个人背景和家庭背景对自我主导力影响不显著。由于篇幅有限，预研究的内容没有在本书呈现。结合预研究的结论和质性访谈材料的分析，重新修编自我主导力量表，得到 28 题项的正式量表，包含认知自主、自我同一、人际自主、自我调控 4 个维度。

3. 导生互动量表修编

导生互动量表参考来源较多，这些量表为成熟量表，且汉化后的量表被国内研究者使用较多，如王茜、古继宝、侯志军等，经整合修编得到导生互动量表，得到 34 题项的正式量表，包含自主支持、自主挑战、任务支持、任务挑战、行动控制 5 个维度。

4. 调查实施

（1）问卷发放。

本书采用网络调查法，因为与传统通过纸笔测验收集数据相比，采用网络收集数据有下列优势：容易获取非常大的样本数据；可以运用计算机自动计分并方便进行数据转换；适合对比较敏感的问题进行调查，因为网络调查可以隐藏被调查者的身份，使其更容易表达真实想法；能减少很多无关因素的影响，比如期望效应（demand characteristic）、观察偏差（observer bias）和反应偏差（response bias）等。有研究认为网络测验和纸笔测验具有相当程度的测量不变性，因此网络测验更为可靠（蔡华俭、林永佳、伍秋萍等，2008；刘得格、黄晓治、张梦华，2014）。

2018 年 6 月 7～14 日，研究通过问卷星发放问卷，按照目的抽样的原则进行分层整群抽样，先按院校层次（985 高校、211 高校、一般本科院校）分层，再在相应高校中选取目标学科（工科、经管学科）进行整群抽样。选取 9 所高校发放问卷，其中有 3 所 985 高校、3 所211 高校、3 所一般本科院校。研究者通过各个高校研工部通知学院辅导员，学院辅导员通知硕士生，在手机微信客户端填写问卷。

（2）问卷回收。

通知答卷群体共计 13813 人，实际目标高校和学科共回收问卷3226 份，回收率 23.35%，通过预设测谎题筛选后，得到有效问卷共计 2336 份，有效率 72.41%，问卷调查有效样本回收情况详见表 1-4。其中一般本科院校回收有效问卷 1216 份，占有效问卷总数的52.05%；985/211 高校回收有效问卷 1120 份，占有效问卷总数的47.95%。从样本回收率来看，由高到低分别为一般本科院校、211高校、985 高校；从样本有效率来看，由高到低分别为 985 高校、211 高校、一般本科院校。问卷调查样本基本情况见表 1-5。

表 1-4 问卷调查样本回收情况统计

院校		通知人数（人）	回收数（份）	回收率（%）	有效数（份）	有效率（%）	有效数合计（份）	比例（%）
一般本科院校	北京工商大学	1603	710	44.29	516	72.68	1216	52.05
	首都经贸大学	1710	272	15.91	204	75.00		
	北方工业大学	1200	767	63.92	496	64.67		
	小计	4513	1749	38.75	1216	69.53		
985 高校	北京师范大学	800	56	7.00	50	89.29	1120	47.95
	中国农业大学	925	152	16.43	120	78.95		
	中央民族大学	1607	141	8.77	105	74.47		
	小计	3332	349	10.47	275	78.80		
211 高校	华北电力大学	4234	367	8.67	273	74.39		
	中央财经大学	1031	170	16.49	144	84.71		
	北京工业大学	703	591	84.07	428	72.42		
	小计	5968	1128	18.90	845	74.91		
合计		13813	3226	23.35	2336	72.41	2336	100.00

有效样本中男生占比 42.08%，女生占比 57.92%；工科占比 53.13%，经管学科占比 46.88%；学硕占比 53.90%，专硕占比 46.10%；硕一占比 53.51%，硕二占比 34.20%，硕三占比 12.29%；985 高校硕士占比 11.77%，211 高校硕士占比 36.17%，一般本科院校硕士占比 52.05%（见表 1-5）。参考 2016～2017 学年度北京教育事业统计资料，发现本调查有效样本的构成，在硕士的性别、学科、学位类型比例上基本与北京市的在读硕士生人口学分布特点一致，具有区域代表性。

表 1-5 问卷调查有效样本基本情况统计

目前院校类别		985 高校		211 高校		一般本科院校		总计		有效样本（份）
		人数（人）	比例（%）	人数（人）	比例（%）	人数（人）	比例（%）	人数（人）	比例（%）	
硕士		275	11.77	845	36.17	1216	52.05	2336	100	2336
性别	男	103	37.45	414	48.99	466	38.32	983	42.08	2336
	女	172	62.55	431	51.01	750	61.68	1353	57.92	
学科	工科	73	26.55	554	65.56	614	50.49	1241	53.13	2336
	经管学科	202	73.45	291	34.44	602	49.51	1095	46.88	
学位类型	学硕	194	70.55	430	50.89	635	52.22	1259	53.90	2336
	专硕	81	29.45	415	49.11	581	47.78	1077	46.10	
年级	硕一	141	51.27	556	65.80	553	45.48	1250	53.51	2336
	硕二	96	34.91	251	29.70	452	37.17	799	34.20	
	硕三	38	13.82	38	4.50	211	17.35	287	12.29	

三 数据整合与分析

（一）质性材料整理

质性研究材料包括两个部分，第一部分是 8 名硕士生和 6 名导师的访谈材料，第二部分是对参加"硕士生发展质量和导生互动调查问卷"中开放式问题填写的内容，共计 17 万字。

将访谈录音转录为文稿，并整理访谈笔记，最终形成原始材料 14 份，共 14.5 万字。运用 Nvivo 软件对访谈材料进行整理、编码和分析。资料分析过程主要包括在初级阶段对资料进行微分析，在微分析形成的初步框架上对资料进行深入分析。

首先，阅读所有访谈录音文稿，对受访者的回答有了整体的把握，接下来进行初始编码，建构一份关于受访者回答的一般性分类方案。其次，对于初始方案进行具体类别以及子类别的划分，以便确定相关主题。分类反映了回答的相似性和频率。再次，再次阅读访谈录音文稿和访谈笔记，寻找那些频繁出现的表述以及意料之外的信息。最后，对这些主题进行回顾，看它们是否与现有的自我主导理论契合，或者如何更好地阐释研究生的自我主导力发展情况，以及不同导生互动类别对研究生自我主导力各维度的影响。将初始主题进行整合，重新命名为自我主导力的 4 个维度、导生互动的 5 个维度。再重新阅读受访者的回答，将其分别归入相应维度，以保证拟合度，使得各维度能比较充分地反映受访者的回答内容。

访谈硕士生基本情况，以及他们的学业成果（客观）（论文只统计第一作者或导师第一学生本人第二发表的、学科竞赛统计省部级及以上获奖、发明专利授权统计排名前 3 的）、职业目标及对导师的指导风格评价、目前状况（跟踪了解）。

1. A01：男生，工科，学硕，发表论文 4 篇，均被 SCI 收录，获得 1 项发明专利授权，计划读博后去高校当老师。评价导师指导风格是支持型的。目前在北京理工大学读博。

2. A02：男生，工科，学硕，发表论文 4 篇，均被 SCI 收录，获得 2 项发明专利授权，计划读博后去高校当老师。评价导师指导风格是支持型的。目前在北京工业大学读博，读博的同时创业，是一家咨询公司法人。

3. A03：男生，工科，专硕，发表论文 6 篇，其中 1 篇被 SCI 收录，5 篇被 EI 收录，参加 4 次国际会议，其中 1 篇论文被评为会议优秀论文；获得 3 项发明专利授权；获学科竞赛三等奖。计划读博后去高校当老师。评价导师指导风格是支持型的。目前在北京理工大学读博。

4. A04：男生，工科，学硕，发表论文 5 篇，其中 1 篇被 SCI 收录，3 篇中文 EI，1 篇中文核心，不考虑读博，计划做仪器工程师类工作。评价导师指导风格是控制型的。目前在一家外资科学仪器公司工作。

5. A05：女生，经管学科，专硕，获第九届"挑战杯"首都大学生课外学术科技作品竞赛特等奖、第五届数学中国数学建模国际赛二等奖、全国市场调查分析大赛北京市一等奖。计划成为高级数据分析师。评价导师指导风格是支持型的。目前在一家互联网公司从事数据分析工作。

6. A06：女生，经管学科，学硕，发表论文 4 篇，其中 2 篇被 SCI 收录，1 篇被 CSSCI 收录。暂时没有读博打算，计划从事物流管理、营销策划、数据分析等方面的工作。评价导师指导风格是支持型的。目前在一家公司工作。

7. A07：女生，工科，学硕，发表论文 7 篇，其中 1 篇被 SCI 收录，3 篇被 EI 收录，核心期刊 3 篇。计划先工作半年，再考虑读博或创业，谈话时还在做微商代理。评价导师指导风格是控制型的。目前已被南开大学录取为博士。

8. B01：女生，工科，学硕，硕二，硕一下半年因为不适应研究生学习，办理休学，休学期满后欲办理退学。与 A07 同一个导师，评价导师指导风格是控制型的。

笔者对参加"硕士生发展质量和导生互动调查问卷"中开放式问题填写的内容进行整理，运用 Nvivo 软件对填答内容进行词频分析，合计 2.5 万字。分别按自我主导力的 4 个维度、创新能力、职业成熟度以及导生互动的 5 个维度等方面进行分类统计。有 1470 名硕士生回答了问题"您读研期间最大的收获是什么？"，共计 1.3 万字；1423 名硕士生回答了问题"记得导师对您说过的印象最深的话是什么？"，共计 1.2 万字。

（二）定量数据分析

运用 SPSS 21.0 软件进行项目分析、探索性因子分析、相关分析、均值分析、多元回归分析。运用 AMOS 21.0 软件进行验证性因子分析，建构并检验结构方程模型及其适配度（吴明隆，2010）。

1. 项目分析

项目分析主要用于预研究阶段，分析自我主导力量表、导生互动量表题项的适切或可靠程度。选取了两个极端组比较、题项与总分相关、同质性检验中的信度检验以及同质性检验中的共同性与因素负荷量检验的方法等指标。两个极端组比较，是以量表总得分前 27% 和后 27% 的差异比较，其比较结果的差异值即称为决断临界值或临界值比（CR）。如果题项的 $CR < 3.0$，可考虑删除。题项与总分相关，是指个别题项与总分的相关系数越大，表示题项与整体量表的同质性越高，所要测试的心理特质或潜在行为越接近；个别题项与总分的相关系数 < 0.4，则表示题项与整体量表的同质性不高，可考虑删除。同质性检验是指对所纳入的研究资料结果的合并分析统计的合理性进行检验，可以采用信度检验、共同性与因素负荷量检验。其中，信度检验表示题项删除后的量表整体信度系数远高于原先的信度系数，说明此题项与其他题项的同质性不高，可考虑删除；共同性表示题项能解释共同特性或属性的变异量，如果题项的共同性系数 < 0.2，可考虑删除；因素负荷量表示题项与因素相关的程度，如果题项在共同因素的因素负荷量 < 0.45，可以考虑删除。由于篇幅有限，项目分析部分未在本书呈现。

2. 探索性因子分析和信效度检验

用于探索自我主导力量表、导生互动量表、创新能力量表、职业成熟度量表的建构效度。因子分析采用因素抽取主成分分析，转轴法采用最大变异法，因素成分看旋转后的成分矩阵。

效度（Validity）是指测量的有效程度或测量的正确性，即一个测验能够测量出被测特征的程度。通常调查问卷效度值 KMO 越高（接近 1.0 时），表明变量间的共同因子越多，研究数据适合采用因子分析。通常按以下标准解释该指标值的大小：KMO 值达到 0.90 以上为非常好，0.80~0.90 为好，0.70~0.80 为一般，0.60~0.70 为差，0.50~0.60 为很差。如果 KMO 测度的值低于 0.50，表明样本偏小，需要扩大样本。Bartlett 球体检验的虚无假设为相关矩阵是单位阵，如果不能拒绝该假设，就表明数据不适用于因子分析。一般说来，显著性水平值越小（$p < 0.05$）表明原始变量之间越可能存在有意义的关系，如果显著性水平值很大（如 $p \geqslant 0.10$），可能表明数据不适用于因子分析。

信度是指根据测验工具所得到的结果的一致性或稳定性，衡量被测特征真实程度的指标。采用内部一致性信度测量法，通过 Cronbach α 系数法对问卷的信度进行检验。问卷的信度值 α 系数达到 0.90 以上为非常好，0.80~0.90 为好，0.70~0.80 为一般，0.60~0.70 为勉强接受，0.50~0.60 为很差。

3. 验证性因子分析和信效度检验

用于验证自我主导力量表、导生互动量表的建构效度。效度系数（R）即标准化回归系数（Standardized Regression Weights），在验证性分析中也称因素加权值（factor weights）或因素负荷量（factor loading），反映了测量变量在各潜在因素中的相对重要性，其值为 0.50~0.95，表示模型的基本适配度良好，其值越大表示指标变量能被解释的变异越大，指标变量能有效反映其要测得的构念特质。

信度系数（R^2）即多元相关的平方（Squared Multiple Correlations），表示个别观察变量（测量指标）被其潜在变量解释的变异量，其值高于 0.50 则表示模型的内在质量检验良好。

组合信度（composite reliability）或称构念信度，可以作为检验潜在变量的信度指标，也称构建信度（construct reliability），为模型内在质量的判别标准之一。

平均变异量抽取值（average variance extracted）直接显示被潜在构念所解释的变异量有多少是来自测量误差（$1-R^2$），该值越大表示指标量被潜在变量构念解释的变异百分比越大，相对的测量误差越小，一般判别标准为大于 0.50。

4. 相关分析

相关分析用于分析导生互动量表和研究生对导师的满意度之间，自我主导力量表和创新能力、职业成熟度、学业成果（客观）之间的关联程度，以检验导生互动量表和自我主导力量表的内容效度。相关系数表明变量之间的关联强度，0.90 以上表明强烈关联，0.70~0.90 表明高度关联，0.40~0.70 表明中度关联，0.20~0.40 表明低度关联，0.20 以下表明微弱关联。

5. 均值分析

用于检验导师个体特征、硕士个体特征、导生互动经历等不同的硕士生导生互动各维度的差异；检验硕士个体特征、家庭背景、学业投入等不同的硕士生自我主导力及各维度的差异。

独立样本 t 检验法，自变量均为二分类变量，采用 Levene 检验法来检验两组的方差是否相等，然后选取相应的 t 值和 p 值来判断两个群体平均数的差异是否显著。

方差分析，自变量为三分类及以上变量，采用单因子方差分析，先通过整体检验 F 值达到显著来进行初步判断，表明至少两组的差异达到显著水平，然后通过多重比较摘要表中的详细情况进行进一步判断。

6. 多元回归分析

多元回归分析旨在找出自变量与因变量的关系，并说明自变量间的线性组合与因变量间的关系强度有多大，整体解释变异量是否达到统计上的显著水平，在回归模型中哪些自变量对因变量的预测力较强。为了从多个自变量中找出对因变量最具预测力的自变量，以建构最佳回归分析模型，通常采用逐步多元回归分析，即预测力显著的自变量（$p<0.05$）才会进入模型。

多元回归分析分别用于检验导生互动、自我主导力的影响因素，以及分析导生互动与硕士生自我主导力的预测关系，导生互动对不同自我主导力水平硕士生的影响（异质性分析）。

7. 结构方程建构和适配度检验

因为卡方值的大小易随样本数多寡而波动，因而在 SEM 假设模型的适配度评估中，分析的样本数如果较多，整体模型适配度应参考 AMOS 软件提供的各类模型适配度指标进行综合判断，而不应只以 CMIN 值为唯一的判断依据。模型适配度指标和标准为 RMSEA < 0.05、GFI>0.90、AGFI>0.90、SRMR<0.05、TLI>0.90、CFI>0.90、NFI>0.90、RFI>0.90、IFI>0.90、CN>200 等。

8. 多群组分析

通过多群组分析验证模型在不同层级高校的稳定性，把高校分为两个层次，即 985/211 高校组和一般本科院校组。多群组的分析检验在于评估研究者所提供的理论模型在不同样本群体间是否相等（equivalent）或参数具有不变性（invariant），又称模型的跨群组效应，即多群体不变性检验或模型稳定性检验。检验步骤为：首先绘制理论模型图，其次读入数据文件与各对应的变量，最后增列群组并设定群组名称，设定群组的数据文件名义变量和群组的水平数值，选择适宜的限制模型。检验模型适配度，对嵌套模型进行比较（吴明隆，

2010），并选择最优模型。

检验的参数组必须有其逻辑次序，从基线模型逐渐到严格限制模型，本书的限制模型包括测量模型和结构模型，关注的是测量模型系数（Measurement weights）、结构模型系数（Structural weights）、结构模型的协方差（Structural covariance）、结构模型的残差（Structural residuals）、测量模型的残差（Measurement residuals）（荣泰生，2010）。

第二章　研究生教育高质量发展的关键：
以学生为中心

第一节　研究生个体质量研究

克拉克（2001b）认为，一门学科的大学学位既是假定毕业生能从事科研的学术资格，也是实际应用的职业活动所要求的专业资格。可见研究生学位既与高深的学术有关，也与应用的职业有关。在大众化教育时代，随着进入研究生教育阶段的人数增加，学生攻读学位的兴趣和动机也趋于多样化，攻读研究生学位不再仅仅是为了进入学术职业，越来越多的人是为了增加职业发展的机会。

研究生学术职业社会化的过程实际是个体接受、吸收学术部落文化的动态过程，包括学习、内化学术职业这一领域的知识技能、价值观、行为规范，并胜任该领域相应角色的过程（黄雪梅、王占军，2017；马子悦、张力玮，2017）。研究生作为学术界的初入者，通过"合法的边缘性参与"学术实践的过程，如参与导师的课题或自己设计申请课题，或参加学术会议，或参与交流研讨，包括课程论文的写作等，逐渐融入学术部落，并在学术情景中学会其中的语言和规则，并表达自己的意见，学习就这样发生了。作为"边缘性"向心的学术权威既可以是某个权威人物，如导师或学术共同体中的其他学者，也可以是某些理论或知识本身（朱光明，2011）。

国务院学位委员会办公室和教育部研究生工作办公室组织编写的《中国学位与研究生教育发展战略报告》（2002~2010）界定了我国研究生教育质量是指研究生教育系统提供的服务能够满足社会需要的程度。《中华人民共和国高等教育法》（2015 年修订版）第 16 条规定：硕士研究生教育应当使学生掌握本学科坚实的基础理论、系统的专业知识，掌握相应的技能、方法和相关知识，具有从事本专业实际工作和科学研究工作的能力。博士研究生教育应当使学生掌握本学科坚实宽广的基础理论、系统深入的专业知识、相应的技能和方法，具有独立从事本学科创造性科学研究工作和实际工作的能力。

一　质量概念、质量观、质量评价和保障

（一）研究生教育功能和质量概念

薛天祥（2001）认为研究生教育是本科后以研究为主要特征的高层次的专业教育，通过开展各种研究活动促进研究生身心全面和谐地发展，塑造其个性和完美人格。

刘贵华和孟照海（2015）认为研究生教育是创造和应用高深专门知识的教与学的活动。研究生教育的发展受到知识逻辑、学科逻辑、社会逻辑和创造逻辑的支配，它们分别决定了研究生教育的内容、结构、模式和动力。

赵军和周玉清（2011）认为研究生教育质量是一个多维概念，是政府、高校、社会、研究生等主体根据自身的需求对研究生教育系统、单元及其从事各项活动过程与结果的价值判断。

孔祥沛（2011）认为研究生教育质量是其本身固有的满足社会、个体需求及知识发展规定或隐含需求的特性或特征的总和，包含学术质量、人才质量、服务质量三个方面。

石磊（2010）认为研究生教育质量不仅包括研究生教育产品或服务质量，而且包括影响教育质量的关键因素的质量。例如教师的质量、

课程的质量、科研的质量、基础设施及学术环境的质量。从培养过程的角度来划分，研究生教育质量可以分为输入资源的质量、培养过程的质量、产出成果的质量（如学位授予质量、毕业研究生质量）。

（二）质量观和质量保障

研究生教育质量观是研究生教育思想的基本范畴之一，科学的质量观为提升研究生教育质量提供了思想认识上的保证。研究生教育质量观与高等教育质量观有很强的共性，呈现多元化、发展性、特色性、多样性、适应性等特点。

质量保障是对高等教育体系、院校或专业/项目进行的持续评估（评价、控制、保障、保持和改进）进程（吴岩，2014）。对照美国学者马丁·特罗的研究，可以把高等教育发展历程相应划分为质量内隐时代（精英阶段）、质量保障时代（大众化阶段）、质量革新时代（普及化阶段）（黄海涛，2014）。中国正在形成以高校为主体、以学生为根本、以常态化监测为手段的高等教育质量保障新理念，包含资格准入、自我保障和外部评价三个主要方面的较为完整的高等教育质量保障制度体系（王战军、乔伟峰，2014）。

质量观与质量保障体系的建立密切相关，根据已有文献研究，整理了高等教育发展历程演变中的质量观和质量保障特征，在不同阶段，质量观和质量保障体系特征不同，质量概念、质量评价标准、质量评价主客体重要性、个体发展质量的评价重心也都在发生变化，如图 2-1 和表 2-1 所示。随着高等教育进入普及化阶段，质量观呈现"合发展性"的特征，质量保障的时代特征为"质量革新时代"，质量概念为"个体价值实现"，质量评价标准为"发展性""个性化"，并强调多维评价，个体发展质量评价重心为"主体性构建、自我发展、潜力"。

胡弼成（2006）认为高等教育质量观的发展大致经历了合规定性质量观、合需要性质量观、合发展性质量观三个阶段。并从高等教育质量观在发展过程中经历的"两个转变"进行了分析，即在主客体层面，从满足某种"质量的原有规定性"到满足"主体需要程度"的转变；在时间维度，从为"已知的社会"培养人才到为"未知的社会"培养人才的转变。

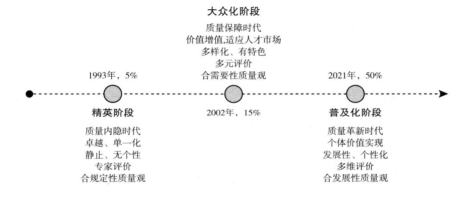

图 2-1　高等教育发展历程演变中的质量观和质量保障特征

表 2-1　高等教育发展历程演变中的个体发展质量的评价重心迁移

比较要素	精英阶段	大众化阶段	普及化阶段
质量保障的时代特征	质量内隐时代	质量保障时代	质量革新时代
质量概念	卓越、单一化	价值增值,适应人才市场	个体价值实现
质量评价标准	静止、无个性	多样化、有特色	发展性、个性化
质量评价主客体重要性	专家评价	多元评价	多维评价
质量观特征	合规定性	合需要性	合发展性
个体发展质量的评价重心	科研绩效、学术发展、知识	学用匹配、职业发展、能力	主体性构建、自我发展、潜力

章兢和廖湘阳（2014）认为应该建立以学生发展为导向的高等教育质量评价与监控体系，并包括 4 个维度，即满意度、进步度、适应度、发展度。其中，发展度指的是学生所受教育对其未来职业发展前景、职业生涯发展质量的贡献度。

陶西平（2014）认为，随着国家和社会对高等教育质量问题关注的不断深入，受国际人才培养质量评估范式转变的影响，我国高等教育质量评估的主体与手段发生了转变，开始强调高校人才培养要最大限度地促进学生的个性成长和主体性构建。

袁振国（2016）认为，教育活动的根本目的是促进学生最大限度地发展，是发现学生的价值、挖掘学生的潜力、发展学生的个性；培养的学生越主动，越富有创造性；学生越是多种多样，就越能满足社会需要，越能引领社会发展。随着高校之间、学生之间差异的扩大，如果不能建立差别化的、指向学生发展的质量评价和质量促进体系，不能由此推进教育教学的改革，就不能够真正适应大众化高等教育的到来。

史秋衡和王爱萍（2010）认为，高等教育质量观不是永恒不变的，而是随着哲学视野的转换而变迁的。在认识论思维方式影响下，强调对高深学问的追求，而在哲学范式由认识论向价值论转型时，高等教育质量观也开始由以关注高深学问为目的转向以实践理性为主导，关注高等教育质量利益相关者的价值诉求，从而彰显高等教育的公共价值。

史静寰（2016）以清华大学主持的"中国大学生学习与发展追踪研究"（CCSS）为例，分析了以学生学习性投入调查为聚焦点的学情调查纳入质量治理的整体框架。认为学情调查将成为高等教育质量治理体系的重要组成部分，即通过采集有关学生、学习、学校的丰富信息，并揭示其复杂的影响因素，可促进院校教育教学改革，完善高校质量治理体系，提高教育质量。

刘虹（2008）研究了大众化教育背景下研究生教育质量观的变迁，不同国家对研究生教育质量有着不同的价值取向，如英国等国家强调的是个体质量；美国强调的则是整体质量，发展战略的主旋律是竞争与多样化；德国强调的是学术质量，研究生教育发展战略的价值取向是学术的内部发展，与社会需求相对脱节。研究生教育质量观的特征论述各异，但对其整体性、适应性、多元化、发展性等特征的看法趋于一致。

程永波和廖晓玲（2003）认为只有确立发展、多样化、整体性、特色化的研究生教育质量观，才能促进研究生教育持续、协调、高效发展。

黎军和李璧强（2009）认为研究生教育质量观是一个复杂的概念，它所反映的价值取向代表着不同需求主体的利益。研究生教育质量观的价值取向主要集中在学术发展需求取向、社会发展需求取向和个体发展需求取向。

国外研究生教育质量保障模式一般可以分为四类：一是以社会机构组织为主导的美国模式；二是以高校自主管理为主，社会与政府协调的英国模式；三是以政府主导为特征的法国模式；四是政府、社会中介机构、协会组织、高校所构成的多元混合型的日本模式（梅红、宋晓平，2012）。

国内学者在分析国外研究生教育质量保障体系特点后，提出我国应加快建设以学位授予单位内部质量保证为主体，以教育行政部门监督为引导，学术组织、行业部门和社会团体合理参与的"三位一体"的学位与研究生教育质量保障与监督体系（黄宝印等，2014）。

（三）研究生个体质量概念

当前，对于研究生个体质量的研究较少且尚无统一概念表述，大体上可分为两类，一类是按毕业时间节点来划分和界定，另一类则是按个体发展质量的维度来划分。

沈文钦（2009）把博士质量界定为博士培养质量和博士发展质量两部分，前者是博士学位获得者在授予学位证书这个时点上所具备的素质与能力，体现的是博士在攻读学位期间的质量；而后者是博士学位获得者毕业后的发展质量，是博士培养质量的重要参照。

赵军和周玉清（2011）从主体维度和活动维度来分析，认为研究生质量是一个状态质量，它表示在研究生教育人才培养活动的过程始终，研究生表现出的质量状态。研究生培养质量是研究生质量的函数，它随着研究生质量的变动而变动；而研究生发展质量则是指研究生毕业后的质量，它表现为研究生人才培养结果质量在研究生毕业后的变化值。

冯斌等（2013）把研究生个体质量划分为两个阶段，即毕业时的能力增值和毕业后的个人发展，毕业时的能力增值包括个人诚信度、伦理道德、吃苦耐劳与克服困难的能力、分析与解决问题的能力、团队意识与合作能力、科研能力、知识视野、专业知识、获取与应用信息的能力、实践经验、学习能力以及计算机水平；毕业后的个人发展包括个人收入、个人职位、个人毕业后对社会贡献度。

王战军和李明磊（2012）认为，研究生质量是微观质量或个体、人才质量，指研究生的知识、能力和素质达到授予学位以及满足人才发展的程度。并通过深入剖析中国、欧盟和英国的学位授予标准，抽象出了研究生质量三角模型，包括知识、能力和潜力3个维度；提出了研究生质量评估的框架，包含了4个一级指标和16个二级指标，一级指标为个体能力（科研能力、创新能力、学习能力、学术实践能力、工作实践能力）、学术绩效、学位论文、学位后发展。

刘小瑜和张保林（2009）把研究生质量定义为研究生综合素质，通过科研创新能力、自主持续学习能力、知识结构完备性、理论热点的追踪能力、实践操作能力5个角度进行测度。

郑中华等（2011）认为高素质研究生个体的造就是研究生整体培养质量的微观基础，研究生个体培养质量是在承认研究生个人主体地位的前提下，培养过程作用于研究生个体所促成个人身心发展的水平。他们提出研究生个体培养质量三角锥形结构，包括长期发展要素、创造力、实践能力和分析能力4个维度，并建构了研究生个体培养质量的评估模型。其中，长期发展要素包括元认知能力和责任感、自信、毅力、冒险性、独立性等非认知性因素，在大的时间尺度内对研究生个体发展起调控作用，而创造力、实践能力和分析能力则对研究生个体具体问题的解决起决定作用。

从研究生个体读研期间的发展阶段来看，可以把研究生个体质量划分为入学质量、在学质量（含毕业时质量）、毕业后发展质量，其中在学质量（含毕业时质量）又被称为培养质量，意即研究生教育培养给学生带来的认知发展和能力增值；毕业后发展质量体现为职业发展质量。从研究生人生发展来看，研究生个体发展质量可以定义为读研经历促进其个人发展的程度，包括心理发展、认知发展、能力发展和职业发展的程度。

（四）研究生个体质量评价

研究生个体质量的评价标准与培养目标密切相关，并随着知识生产模式的变化以及研究生培养类型的丰富，而更加细化并更具针对性。

王战军（2012）认为，研究生质量特征为微观质量，质量类型属于个体或人才质量，评价方法多采用主观评价和文献计量法。

刘春惠和王战军（2012）认为，不同类型的研究生教育的培养目标和质量标准不同，并提出了新的三元学位类型体系（学术型学位、非职业应用型学位、专业学位）和质量评价标准（科研创新能力、应用和开发能力、解决实际问题能力和适应能力）。

陈洪捷（2010）认为，在知识生产模式转型的背景下，随着知识生产主体的多元化以及知识生产条件的变化，对博士生教育的目标和博士质量的认识也发生了变化，博士质量评价标准由传统的科研创新能力向适应未来工作环境的可迁移能力和解决实际问题的能力扩展。

康拉德（Clifton F. Conrad）教授将硕士教育作为一个独立的而非依附于本科教育或博士教育的体系展开研究，采用了开放式多案例研究设计，对涵盖 11 个学科领域 47 个学位点的 781 名受访者的观点进行整理、比较、归纳，对美国硕士教育进行了有意义的类型划分。依据各种硕士研究生培养的特点，研究者将美国现有的硕士学位点归纳为 4 种不同的类型，包括附属型、职业发展型、学徒型、社区中心型，并对每一种学位类型的培养目标和评价标准、师生关系、教育特征进行了比较，如表 2-2 所示。附属型学位点采用"迷你博士学位"的标准，导师强调学生对基本理论和技能的掌握，重视学术研究，对硕士训练与就业市场脱节。从促进学生发展的角度来看，职业发展型、学徒型、社区中心型学位点的培养目标和评价标准更加关注学生的能力发展、认知发展、思维发展、价值观发展，比附属型学位点具有更加明显的优势（Conrad，Haworth，Millar，2016）。

表 2-2　美国 4 种硕士学位点比较

学位点类型/代表性大学	涉及专业	培养目标和评价标准	师生关系	教育特征
附属型/梅杰州立大学	全国性大学和致力于赢得全国声誉的地方大学的大多数专业	培养硕士生具备高度专业化的理论知识和技能。作为博士教育的"垫脚石"，授予"迷你博士学位"，或"安慰奖"性质的终结性学位	筛选关系，即教师为学生提供学术基础和学术训练，从而观察和选拔博士生	通过教师主导的学术训练强调学生掌握基本理论和技能；将大学外的专业工作场所所需的知识和经验"边缘化"；对硕士生培养的行政支持和教师投入不足。重视学术研究，轻视实践，硕士训练与就业市场脱节
职业发展型/彼得森大学商学院	商业、工程和教育领域	培养硕士生具备实际工作需要的理论知识和专业技能，包括分析问题和解决问题的能力。以客户为中心，以职业为导向，以培养专家为目标	教师以学生-客户为中心提供专业技能培训	"客户友好"的服务模式，积极回应和满足外部市场需求，培养有能力和文凭的专业人才。理论和实践并重

续表

学位点类型/ 代表性大学	涉及专业	培养目标和评价标准	师生关系	教育特征
学徒型/普里斯蒂吉州立大学	艺术、理科类专业	传授给学生特定技艺领域中的高级知识与技术，帮助学生探索个人兴趣、培养专业归属感，将学生培育成为行业协会中的有用之才	专业归属感联系下的"师傅"与"学徒"关系	教师高度重视"以实践为中心"的教学模式，学位点参与者之间是友好共事关系
社区中心型/朗蒙特学院	教育、环境、社会相关的专业	培养硕士生具有把知识和信息传递给他人的能力，包括批判性、反思性、整体性的思维方式，以及自信心和奉献精神，服务所在的社区	师生作为一个学习社区中平等的参与者	将专业活动视为一种"实践智慧"，通过跨学科和体验式学习活动，将理论和实践相结合的课程模式

资料来源：根据 Conrad、Haworth、Millar（2016）整理。

在 2016 年教育部学位与研究生教育发展中心组织开展的全国第四轮学科评估中，更加关注质量，将"人才培养质量"作为四项一级指标之一，并放在首位，建立了培养过程质量、在校生质量、毕业生质量三维度评价模式，全方位评价人才培养质量，并建议专家适当提高此部分指标的权重。全国第四轮学科评估中人才培养质量评价指标整理如表 2-3 所示。全国第四轮学科评估首次尝试引入在校生质量指标和用人单位评价指标，更全面地考查学生在学质量与毕业后职业发展质量，体现高校所培养学生的社会认可度和契合度，将学生质量评价的话语权扩展到"系统外"。但在实施过程中发现了参与国际交流的研究生比例较低、参加全国性学科竞赛且获奖的研究生少、发表高水平论文的研究生少、毕业生联络信息不全等问题，这都会影响评价效果。而且在列举优秀在校生和优秀毕业生时没有统一标准，所以可比性较差。

表 2-3　全国第四轮学科评估中人才培养质量评价指标

二级指标	三级指标	指标说明	数据来源
培养过程质量	课程教学质量	研究生教育成果奖等	公共数据
	导师指导质量	对在校生开展问卷调查	问卷调查
	学生国际交流	境外学习研究生或来华学习留学生学习期限连续且超过 90 天	学校填报
在校生质量	学位论文质量	学位论文抽查情况	公共数据
	优秀在校生	主观评价指标，列举 15 名优秀在校学生并简要介绍其主要在学成果（如参加竞赛获奖、参加重要科研项目、取得重要科研成果、创新创业成功、获得科研奖励或其他荣誉称号等），由专家进行评价	学校填报
	授予学位数		公共数据
毕业生质量	优秀毕业生	提供近四年毕业生的总体就业情况（就业率、就业去向、就业质量等），并列举 20 名近 15 年优秀博士、硕士毕业生，考察其职业发展情况，由专家进行评价	学校填报
	用人单位评价	学校提供一定比例的毕业生及其工作单位联系方式，学位中心直接联系毕业生所在工作部门进行网上问卷调查，对毕业生的职业胜任力、职业道德、满意度等进行评价	问卷调查

资料来源：根据 2016 年《全国第四轮学科评估指标体系》（内部文件）整理。

　　研究生质量的客观评价主要是指把研究生作为被评价对象，依据一些可以量化的客观指标来评价。生源个体质量作为研究生教育的"入口质量"，是研究生教育质量评价的重要组成部分，评价指标包括知识结构、能力结构、综合素质等，通过初试和复试成绩进行评价（郭丛斌、闵维方、刘钊，2015）。依据研究生的学习成绩（朱爱红、聂爱民、张继红，2011）、发表的论文数量与质量（陈洪捷，2010）、完成学位论文水平（张乐平、温馨、陈小平，2014）等客观指标来衡量研究生个体质量是否达到了毕业和授予学位的标准，作为"学术质量"。以毕业初薪来衡量研究生在劳动力市场入口处的职业发展质量，也即研究生毕业时的"出口质量"和"职业质量"（郭丛斌、闵维方、刘钊，2015）。

研究生质量的主观评价主要是指把研究生作为评价主体，通过自陈式报告的形式评价其读研的体验、认知的发展、心理的发展、能力的增长等，体现为一些主观指标。主观评价重视和体现了学生在评价中的主体地位，成为当前国内外研究生教育质量研究的热点和趋势之一，如英国的"研究生体验调查"就是以研究生为主体的教育质量评价方式，已经形成了全国性调查，调查结果被广泛应用于社会对研究生教育质量的问责与监督、政府关于研究生教育的宏观决策、研究生教育问题诊断，以及研究生教育项目优化等（蒋家琼，2014）。又如冰岛、丹麦、芬兰、挪威与瑞典等北欧五国，在高等教育质量评价中注重学生参与，评价机构与被评高校采用各种办法推动学生参与评价计划制定、外部评价小组、院校自我评价、现场考察与评价报告发布，让学生全程参与高等教育质量评价，发挥学生参与的主体性，产生了良好效果（方展画、薛二勇，2007）。

二 研究生个体质量及影响因素

（一）读研体验和个人发展

研究生教育强国已形成了以学为中心的教育质量评价与保障理念，并在研究生教育质量评价与保障中积极实践和推广，坚持在读培养质量与职业发展质量并重，强调以学生的学习与发展为本，并在关注研究生教育过程质量的同时兼顾其结果质量（赵琳、王传毅，2015）。具有代表性的有美国的研究型大学研究生经历调查（Graduate Student Experience in the Research University，GSERU）、澳大利亚的研究生学习投入调查（Postgraduate Survey of Study Engagement，POSSE）、英国的授课型研究生体验调查（Postgraduate Taught Experience Survey，PTES）和研究型研究生体验调查（Postgraduate Research Experience Survey，PRES）。

美国高等教育研究中心（Center for the Study of Higher Education，CSHE）和明尼苏达大学的院校研究办公室（University of Minnesota's Office of Institutional Research）联合开发设计了研究型大学研究生经历调查（GSERU）问卷，用以调查研究生经历对学生发展的影响，包括智力、情感、伦理、职业、心理的发展。学习经历主要包括9个方面：专业社会化发展、学术氛围、教学经历、导师指导、环境支持、职业规划、学位论文、科研经历、经济资助。学术产出是通过测度学位完成情况、能力发展以及整体满意度加以衡量的。

澳大利亚教育研究委员会（Australian Council for Education Research，ACER）和毕业生职业生涯协会（GCA）1999年发起的研究型研究生体验调查，旨在系统调查研究生对其科研经历、教学体验的感受、认知和满意度。这项调查主要关注导师提供的科研指导，培养单位提供的科研环境与氛围、基础设施等科研资源，论文要求与学术标准，个体的科研经历与技能发展，以及整体满意度等内容。2010年针对课程型研究生推出POSSE，从研究生的学习参与情况，即学业挑战度、主动学习、生师互动水平、教育经历丰富度、学习环境支持度、整合学习6个维度开展调查，以高阶思维、知识收获、技能发展、职业准备、放弃学位的倾向、整体满意度6个指标衡量研究生的学业成果（ANU，2010）。

英国引入澳大利亚的研究型研究生体验调查方法，首次开展调查为2007年，而后进行了完善，开发并开展了PTES和PRES，最终由英国高等教育研究院负责作为全国性调查加以推广。首次PTES于2009年开展，该调查作为研究型研究生体验调查的有益补充，特别针对课程型研究生围绕课程教学的经历开展调查。教学体验调查的核心部分由教与学、评估与反馈、论文写作与指导、组织与管理、学习资源、技能发展、职业和专业发展、整体满意度8个模块构成。2013年对调查方法进行了重新设计，更关注研究生的能力发展，明确提出研究生应具备研究技能、研究环境感知、研究管理、个人效能、有效沟通、团队合作、职业生涯管理 7 项专业技能。2017 年参加 PTES 的答卷者有 84500 人（Bradley，2017），参加 PRES 的答卷者有 57689 人（Slight，2017）。

在国际研究生教育质量保障先进经验的启发下，国内学者也开始了研究生学习体验和学习成果评价方面的研究探索，包括课堂体验、导师指导体验、就读体验、学习体验、学习投入、学业成就等。较有影响的是北京大学项目组开展的"首都高校研究生发展状况调查"，清华大学教育研究院王孙禹等（2007）开展的"高等教育大众化背景下的中国研究生教育质量研究"，以及华东师范大学高等教育研究所韩映雄和西安交通大学高等教育研究所陆根书等开展的研究生学习体验调查。

北京大学项目组从 2008 年开始"首都高校研究生发展状况调查"，2012 年前硕士研究生和博士研究生使用统一调查问卷，2012 年开始分别设计调查问卷（鲍威，2014）。2011 年，从学业满意度、科研满意度、科研成果状况、创新能力、社会性成长 5 个方面分析了研究生个体质量。2012 年，细化了博士生质量评价指标，包括满意度（学业满意度、科研满意度、学校满意度、社会满意度）、学业发展（学业成就、科研成果、创新能力）、社会性发展（社会认知、心理素质）、职业生涯发展（就业意愿与就业实际情况、创业教育）（北京大学项目组，2012）。

刘朔等（2006）编制了"硕士研究生学习经验调查问卷"，对中国 27 所高校的 2781 名硕士生开展调查和分析。从导师指导、研究条件、研究氛围、论文评审、能力发展、导师魅力、学校管理 7 个维度的满意度，反映了硕士生的学习经验和对研究生教育质量的评价，结果显示 7 个维度的满意度都不高。研究生对自己所处的研究氛围最不满意。"985 工程"一期重点建设高校研究生对研究条件、研究氛围、论文评审、导师魅力的满意度显著高于普通高校的研究生。

仲雪梅（2011）对"全国研究生学习体验调查问卷"（NSGE）数据进行分析，该问卷是由华东师范大学高等教育研究所韩映雄副教授负责编制和发放的，覆盖全国57所研究生院2007级的硕士和博士研究生，采用分层随机取样方法，共回收45个研究生院有效问卷2092份。调查发现我国研究生学习投入整体处于中上水平；男女生学习投入没有很大差异；不同学科研究生在学习投入上的差异比较大；学习内部动机、学习态度、学习环境、学习满意度都对学习投入有显著的影响。

朱艳春（2014）编制了课堂体验调查问卷，包含课堂环境、课堂教学过程、课堂参与、课堂教学效果4个维度，并对湖南省3所211高校的700多名学术硕士生进行了调查。发现学术硕士生课堂体验4个层面的均值不高；课程教学内容缺乏吸引力，前沿性、应用性不强；课堂内外的导生交往和沟通都有待提高；硕士生课堂学习主动性不够；课堂教学效果与培养目标有一定的差距。性别、年级、学科、读研前工作年限不同的硕士生以及跨专业硕士生在课堂体验上有显著差异。

刘映婷（2014）自行编制导师指导体验问卷，包含学术科研指导体验、思想道德指导体验、生活服务指导体验和职业发展指导体验4个维度，对800多名学术硕士生进行了调查。发现硕士生对导师指导体验最不理想的是职业发展指导体验，其次是生活服务指导体验，最理想的是思想道德指导体验。硕士生的性别、年级、学科以及硕士生导师的性别、年龄、专职与否对研究生的导师指导体验构成了显著性差异的影响。

李莉（2014）借鉴英国"授课型研究生体验调查问卷"、"研究型研究生体验调查问卷"以及上海某高校2013年"关于本校研究生就读体验调查问卷"制作了调查问卷，并对上海市6所高校的319名教育学硕士研究生发放，结果显示教育学硕士研究生的就读体验存在学习参与不足、导师指导力度不足、课程设置不合理等问题。

李旭（2014）研究了"三助"群体的学习性投入情况，问卷包含学业挑战度、主动合作学习水平、生师互动程度、教育经验丰富度、校园环境支持度五大指标。调查结果显示，在五大指标上，学业挑战度不足，特别是阅读量不够，写作量处于常规水平；生师互动较少，学生与教师在职业规划和发展上缺乏交流；教育经验丰富度方面，就业导向的拓展性学习行为参与度较高；校园环境支持度较高。

何佳（2015）借鉴了"全美大学生投入调查问卷"（NSSE）、清华大学 NSSE-China 和"全国研究生学习体验调查问卷"（NSGE），以学术挑战级别、学习积极性和主动性、师生互动、校园支持程度、学习体验丰富程度 5 个维度为研究生的学习投入指标，对 450 名硕士生进行调研。发现硕士生学习投入总体水平偏低，性别、年龄、生源、是否跨专业对硕士生学习投入水平不存在显著差异，而年级、专业、培养形式则存在显著差异。

虽然研究者们做出了积极的努力，但是由于样本量偏小，问卷的科学性和适用性还需要继续研究，尚未形成全国性的问卷。

（二）研究生个体质量存在的问题

袁本涛和延建林（2009）通过三次大规模的研究生质量调查，对研究生创新能力进行了多层面——研究生导师、管理人员、社会用人单位等——的客观评价，发现我国研究生教育质量方面存在的首要问题是创新能力尤其是原创能力较差，表现为创新意识差、参与创新研究机会少、有影响的创新成果少。影响因素包括体制和机制的原因、研究生微观教育基础的原因、研究生个体原因等，具体分别表现为政府管理错位、学校内部培养制度问题、导师队伍素质较低、研究生教育支撑体系差等。

李艳等（2015）对某 985 高校近三年来 1716 篇博士学位论文评

阅结果进行统计分析，发现博士学位论文质量的评价中创新性成果得分最低。

燕京晶（2010）从现代创造力理论和主体与环境的角度分析，认为研究生创造力系统包含 3 个子系统，即认知子系统、人格子系统和社会文化子系统。研究生的人格特性、认知风格、研究生导师及其所在科研团队的文化都是促成研究生创造力的基本要素。我国研究生创造力的拓展在知识结构、思维方式、创新性人格、创新动机与制度环境等方面仍存在诸多缺陷。

英爽等（2016）认为，在构建研究生教育质量客观评价体系的过程中，应更加清晰地认识影响研究生教育质量的内部问题，如研究生主体建构自身能力的被动性、导师及学术组织在育人方面的作用发挥不力等，应更加关注研究生的主体性，更加关注质量的形成过程和个性发展。

三　导生互动对研究生个体质量的影响

教育哲学家马丁·贝布尔认为，教育过程中师生双方的互动关系是一种"我—你"关系，这种"我—你"关系是一种互相对话、包容和共享的互动关系（李瑾瑜，1997）。叶子和庞丽娟（2001）认为，师生互动是指在师生之间发生的各种形式、性质和各种程度的相互作用与影响，应将师生参与程度和交往的情感质量作为理解师生互动的主要方面，如 Lynch 和 Cicchetti 将情感质量（emotional quality）和心理接近渴求程度（psychological proximity seeking）看作师生互动的主要内容。

导师作为研究生培养的第一责任人，导生互动关系是研究生教育活动中最重要、最基本的关系之一，目前对研究生导生关系研究的关注度也非常高，不少研究分别从研究生视角、导师视角来研究导师和研究生之间的指导与学习关系，常见的研究主题包括师生关系、导学关系、导生互动、导生关系、师生互动、导师指导风格等。研究主要集中在导生互动的关系类型、风格特征、存在问题等，以及导生互动对研究生创新能力、知识产出、知识共享和创新、学习适应性、自我同一性建构、幸福感等的影响。导生互动关系质量受导师的指导理念、指导方式、导生的价值取向、学科文化特点、导生情感质量等因素的影响。

（一）导生互动关系特征

导生互动是指研究生在导师的指导下，开展课程学习、参与课题研究、完成实验设计、撰写学位论文等学术实践活动，并在此过程中学做学问、学做人所形成的一种教学关系。师生以各自的角色参与到导生互动中，从而产生具有一定特质的教学效果，生成的是学生学习效果、学生发展以及导师指导的改进等（张青，2015）。导学关系是导师和研究生在学术逻辑基础上建立起来的一种教育关系，其本质也是一种社会关系，它不仅体现教师与学生之间基于知识传授的学术交往关系，而且涵盖精神交往和道德教化关系（王燕华，2018）。导生关系是研究生导师与研究生关系的简称，是导师与研究生为完成研究生培养任务，在教育教学、科研指导和日常交往等活动中形成的稳定社会关系，是导师和研究生相互作用的结果（刘志，2018）。Burns（1999）把导师对研究生的指导倾向分为专业导向、论文导向、人际导向3类。

Lechuga（2011）认为，读研经历中的导生关系（Faculty-graduate student mentoring relationships）是研究生衡量研究生教育质量的重要因素之一，良好的导生关系对指导者或被指导者（mentor and mentee）都是有益的。Lechuga访谈了15名导师，从导师的视角探讨了导师的角色定位和责任，即盟友（Allies）、大使（Ambassadors）、教育大师（Master-Teachers）。

傅维利和张恬恬（2007）以师生互动中权威的主导地位为划分

标准，将师生互动划分为师权型师生互动、生权型师生互动和平等型师生互动，并认为从学生身心发展的规律来看，随着学生年龄的逐渐增大，其自我判断和控制的能力会逐渐增强，教师应与学生建立平等型师生互动关系或生权型师生互动关系，这有利于学生身心和社会化过程的健康发展。

张静（2007）把导师和研究生之间的关系划分为权威型、松散型、功利型、和谐型等类型。

蔡翔和吕芬芬（2010）根据研究生导师对学生与学术关注程度的不同，将导师分为贫乏型、关怀型、团队型、任务型、大众/中庸型5个类型，并以"情感交流"与"学术交流"为主要分类标准，将导师-研究生（Tutor-Postgraduate，T-P）互动模式分为全面互动、家庭互动、放羊互动、目标互动4个类型。

钟贞山和孙梦遥（2013）认为研究生学术共同体的团队归属感很重要，不再局限于狭隘的"师徒"关系，形成良好的交流沟通和团队协作意识，提高研究生的综合素质，促进研究生的创新能力和协作科研能力培养，为研究生日后走上工作岗位，独立从事创造性工作打下扎实的根基。

朱克曼（Harriet Zuckerman）通过对90多位诺贝尔奖获得者的访问研究发现，他们从导师那里获得知识并不是最重要的，他们所得到的是一些难以捉摸的东西，是通过接触、观察、思考来学习导师的思想风格，还有规范、标准、价值观和态度的缄默传递（克拉克，2001a）。

江涛和杨兆山（2014）认为，文科研究生应建构以导师为核心的师生学术共同体，并建立学科与个人发展并重的统一价值取向，这有助于促进研究生产生强烈的学术研究价值认同，促进研究生个体素质发展和培养质量的提高。

李毅弘（2008）认为，导师既是研究生学业的指导者，又是研究生为人处世的示范者，更是研究生日常生活的帮助者，所以互动对话关系是研究生德育中导生关系的理想模式。该模式以平等对话为基本途径，以相互理解为前提，以共同体验为基础和方式，以共同发展为目标。

王东芳（2015）认为博士教育中的师生关系受到学科文化的影响，并呈现学科差异。学科知识生产活动的社会条件是反映学科文化的一个重要指标，在一定程度上决定了师生关系的结构和紧密程度。不同学科师生关系的结构也对博士教育实践提出了不同挑战。

（二）导生互动存在的问题

管岭（2009）认为当前研究生师生关系出现了冷漠化、功利化及庸俗化等不良倾向，应当坚持以人为本的价值取向，研究与借鉴国际上先进的教育培养理念，构建民主平等、互尊互爱、合作互动、共同创新的新型师生关系。

王晓辉（2010）认为师生关系对研究生创新能力有重要的影响，研究生创新能力不强的原因主要在于导师教育理念不当、学生功利动机太强、师生交往质量不高。

刘映婷（2014）根据学术硕士生导师指导体验调查，分析指出我国硕士生导师指导存在的问题主要有：师生比矛盾突出、师生交流较少，导师对学生在学术科研方面的指导不力，以及忽视对学生生活服务和职业发展方面的指导等。

于晓敏等（2017）通过实证分析得出我国高校研究生师生关系质量普遍不高，且存在显著的性别与学科差异，博士研究生的师生关系质量显著高于硕士研究生，师生关系对研究生科研绩效存在显著影响。

张青（2015）通过混合研究方法，借鉴主体间性理论和互动理论，建立硕士导生关系的原则体系，分析导生关系内涵，结果发现存在导生互选忽视匹配性、导生目标不一致、导生互动内容错位、导生分离、导生互动效率低等问题，并认为导师的指导方法、指导观等是影响导生互动的重要因素。

刘平（2013）通过混合研究方法，发现师生关系存在的最突出的问题为师生之间缺乏有效的沟通与交流、导师指导不足、师生之间权利不平等和管理制度不完善。并发现导师指导的有效性、学生参与课题的收获和导师的指导风格会对硕士生学术指导满意度产生显著的影响，导师在学生遇到困难和压力与取得成绩时的表现、交流中导师的态度对导生之间的日常交往方面会产生显著的影响。

王国红（2016）认为专业学位研究生和人文社会科学类研究生的导师指导中，存在指导规模大、频率低、时间短、课题参与少、内容趋同等问题，并且容易忽视学生的想法，对师生关系与学生的创造力培养产生不良影响，严重影响研究生个体质量。

刘志（2018）认为当前影响研究生教育质量提升的关键是需要处理好三个方面的平衡困境，包括充分培养与过度使用之间、有力影响与过度控制之间、师生有情与师生有别之间的平衡困境。

第二节　自我主导理论研究

一　自我的概念与学生发展理论

自我发展是世界观、方法论与青少年心理成长规律相结合的教育过程。自我发展教育不同于吉本斯的自我指导学习，更多地关注学生探究社会问题、生活问题、学科问题，以培养他们的创新精神和实践能力，而自我发展教育模式不局限于学科学习或探究性学习，其意义在于它是世界观、方法论的教育，是一种教育的新世界观、新的教育哲学（任洁、冯国文，2006）。学生发展理论（Student Development Theories）是将人的发展理论运用在高等教育中，这一实践受到了20

世纪心理学和社会学学科发展的深刻影响，其重点放在高等院校学生个体的成长和发展上，基本目标是解释大学生怎样发展成为具备复杂成熟的了解自我、他人及世界能力的个体的过程（ACPA，2005；克里斯汀·仁、李康，2008）。

（一）自我的概念

美国心理学之父威廉·詹姆斯（William James，1842~1910）将自我称作心理学中"最难解之谜"（most puzzling puzzle）。自我是人格的核心，也是人的心理素质和整体素质的核心，它是人与自我、人与社会、人与自然关系的调节者，它影响着人自身的和谐以及人对自然和社会的适应力、人的创造性的发挥，进而影响整个人类社会的和谐发展。关于自我，ego 和 self 是两个容易混淆的概念。ego 由弗洛伊德最早提出，认为人格由本我、自我和超我构成。其中的自我是现实化了的本能，是从本我中分化而来的，是保证个体适应环境、健康成长以及取得个人自我意识同一的根源。self 最早由詹姆斯提出，指认识、行动着的主体，主要受后天和社会环境影响，是由生物性、社会性以及自我意识诸因素结合的有机统一体。可将 self 分为两大类：一类是主体自我，即个体行为和心理活动的主体；另一类是客体自我，即个体对自身的认识和态度，亦称自我概念（郭金山、车文博，2004）。自我心理学不研究介于本我与超我之间的自我（ego），他们研究的是自我（self）与对象关系对人的心理发展的影响，故称为 self 心理学。self 心理学认为 self 是发展的心理生活的中心，自我的组织和发展自出生起就具有中心轴的作用，自我组织的目的是尽可能地维护连续内聚的、牢固的远离分裂衰竭经验的自我。自我的发展至少包括两个交叉的过程：一是自我的强化，即使内聚连贯的、健康的自我核心感得到强化，个体感受自我的活力和价值；二是自我的分化。自我发展的这种不断强化和分化的过程是通过自我与对象（self-object）之间的关系来实现的（李晓文，1996）。

（二）学生发展理论

Knefelkamp 等系统整理了学生发展理论文献并分成了 5 类，包括社会心理理论、认知发展理论、成熟度模式、类型学模式、个人环境互动模式。其中代表性的理论有阿斯汀的 I-E-O 概念框架和学生参与理论（Astin，1991）、奇克林和的七变量理论（Chickering 和 Reisser，1993）、帕斯卡雷拉和特莱赞尼的学生变化因果解释模型（Pascarella 和 Terenzini，2005）、库恩的学生成功概念和分析框架（Kuh et al.，2008）、佩里的大学生认知发展理论（Evans，2010；Nolan-Arañez 和 Ludvik，2018）等。克里斯汀·仁、李康（2008）则把美国学生发展理论概括为个体与环境、社会心理、认知和价值观与整合型理论 4 个基本类型，分别从社会学、心理学、生态学等角度来解释学生成长和发展规律。

学生发展理论中以阿斯汀（Astin，1991）的 I-E-O 概念框架和学生参与理论影响最大，成为高等教育质量评价中基于学习成果评价的重要基础理论之一。学生参与理论强调学生只有积极参与高校的各项活动才能学得更好，学生学习就是学生参与的整个过程，学生在有意义的活动中所投入时间越长，付出的努力和经历越多，收获就越大。I-E-O 模型中把高等教育机构理解为三大要素的集合，即投入（Input）要素——学生进入高等教育机构前所具备的个人特征，包括人口统计学特征、家庭背景、学习意愿、教育期望、入学前学术资质等；环境（Environment）要素——学生在高校就读期间所经历的多种体验和经历，包括院校特征、学生同伴特征、师资队伍、教学课程、学生资助、学生参与等；学生成就（Outcome）要素——学生通过高等教育所获得的认知性和情感性能力，包括价值观、技能、态度、信念、行为等。衡量高校教育质量和成效的重要尺度在于能否有效促进学生参与，最终提升学生成就（鲍威，2014）。

学生发展理论中，研究的前沿为整合型理论，即将学生发展的不同维度，包括认知和非认知、思维方式和内容等不同方面整合到理论模型中，以美国迈阿密大学巴克斯特·玛格尔达（Baxter Magolda）教授的自我主导理论（theory of self-authorship）为代表，并在前期研究基础上，建立了学习伙伴模型（Learning Partnership Model，LPM），创设了一个促进大学生发展的研究框架，丰富了高等教育人才质量观的内涵，即基于自我主导发展的人才质量观。岑逾豪（2016）基于对我国大学生学习和发展的实证研究，整合了以学生为中心的核心教育理念，提出了大学生成长的金字塔模型，即包括学生参与、学生投入、学生学习和学生发展4个层级的关系及其内在元素。认为自我发展处于大学生发展的顶层境界，是衡量大学生是否成长的关键。

二　自我发展理论

自我发展一直以来是心理学界学者关注的一个重要主题，各学者从不同角度对自我发展进行阐释，并提出了丰富的见解，西格蒙德·弗洛伊德（Sigmund Freud，1856~1939）从生物本能的角度提出了本我、自我和超我的人格理论，让·皮亚杰（Jean Piaget，1896~1980）提出了发生认识论，爱利克·埃里克森（Erik H. Erikson，1902~1994）从个体成长危机和社会文化因素的角度提出了心理社会性发展的自我同一理论和八阶段模型，亚伯拉罕·哈罗德·马斯洛（Abraham Harold Maslow，1908~1970）从人的潜能和需要的角度提出了层次需要论和自我实现理论，卡尔·兰塞姆·罗杰斯（Carl Ransom Rogers，1902~1987）提出以当事人为中心的个人形成论，阿尔伯特·班杜拉（Albert Bandura）从行为动因和控制的角度提出了个体、行为和环境的交互论和自我效能理论，德西和瑞安基于自主需要和社会情境关系提出了自我决定理论，简·卢文格（Jane Loveinger）从自我意识和社会化的角度提出了自我的八阶段理论，罗伯特·凯根（Robert Kegan）从人际的角度提出了结构-发展理论并将自我发展划分为六阶段等。我国对自我的研究开始于 20 世纪 80 年代，虽然起步较晚，但是研究突飞猛进，内容涉及自尊、自我价值感、主观幸福感、自我效能感、自我调控、元认知、自我意识等 20 多个方面（郑和钧、郑卫东，2007）。下面主要介绍与自我主导理论密切相关的自我发展理论。

（一）皮亚杰"发生认识论"（genetic epistemology）

皮亚杰特别强调认识主体的结构特征，他把结构定义为"一个由种种转换规律组成的体系"，并认为一个结构包括了三个特性：整体性、转换性和自身调整性（皮亚杰，1984）。皮亚杰在发生认识论中所运用的结构概念，具有鲜明的主体性和个体性，他认为心理学就是"关于主体和主体行动的科学"，在对认识过程的分析中，他处处突出主体能动性和个体活动的作用，认为智力发展是主体自我调节下的思维建构过程。他通过"建构"概念把"结构"的客观实在性、主体—个体性和发展历史性三个基本特征有机地联结起来。所谓建构，就是认识主体在与客体相互作用的社会性活动中，逐步建立起来的思维结构，其功能就是认识和把握独立存在的客体结构。建构是一个心理发展过程（王至元、陈晓希，1983）。然而，也有学者认为他在对人的认识发生机制考察中，过于强调生物机体根源，忽视了对社会机制的考察（夏甄陶、李景源、刘奔，1985）。

虽然皮亚杰的发生认识论存在一定的局限性，但他的建构主义观点对于教育者研究学习的机制和过程有积极的影响，这也正是自我主导理论的哲学思想基础。建构主义观点的核心在于：认为认识是一种以主体已有的知识和经验为基础的主动建构，学习不仅受外界因素的影响，更主要的是受学生本身的认知方式、学习动机、情感、价值观等的影响。强调教育过程中"受教育者的自主建构"，重视主体在认识中的作用，即强调要以学生为中心，重视学生对知识的主动探索、主动发现和对所学知识意义的主动建构（刘妍、罗宝丽，2007）。

（二）埃里克森"自我同一理论"（self-identity theory）

自我的精神分析理论是埃里克森（Erikson）自我同一性概念的起源，埃里克森强调人在发展过程中自我、社会、文化环境的相互作用，人的发展是兼具生物、心理、社会三方面因素的统一体。但他对同一性的定义是不明确和不严密的，造成理解上的困难（郭金山，2003）。埃里克森提出了心理社会性发展的八阶段模型，是生理欲望和作用在个体身上的文化力量的一种结合，他认为人的发展经历八个阶段，每个阶段有相应的核心任务，当任务得到恰当的解决，就会获得较为完整的同一性，这八个阶段的顺序是由遗传决定的，但每个阶段能否顺利度过是由环境决定的，所以这个理论可称为"心理社会"阶段理论，该理论为不同年龄段的教育提供了理论依据和教育内容。

玛西亚（Marcia，1966）等心理学家界定了同一性的概念。同一性是指个体将自身动力、能力、信仰和历史进行组织，纳入一个连贯一致的自我形象中。它包括对各种选择和最后决定的深思熟虑，特别是关于工作、价值观、意识形态和承诺等方面的内容。玛西亚（Marcia，1966）以探索和承诺为变量，对自我同一性进行操作定义，使同一性的实证研究成为可能。乔塞尔森（Josselson）将联系作为第三个同一性操作定义的变量增加到探索和承诺的维度中（Adams，1992）。从建构主义的观点看，同一性是个体与世界互动的结构或框架，同一性结构在遇到新的经历和信息时不断地同化与顺应，自我同一性才能得以发展。自我同一性是内在自我之间以及自我与环境之间的平衡，是现实自我、真实自我和理想自我三结构之间一致性关系的体现（郭金山，2003）。

张日昇和陈香（2001）把自我同一性定义为个体在寻求自我的发展中，对自我的确认和对有关自我发展的一些重大问题，诸如理想、职业、价值观、人生观等的思考和选择。弓思源和胥兴春（2011）认为始成年期（成人早期，18~25 岁）是自我同一性发展与形成的关键时期。阿内特（Arnett）分析美国社会始成年期现状，认为始成年期自我同一性研究主要关注情感（love）、职业（work）、世界观（worldviews）三个方面的同一性探索（identity exploration）问题。始成年期在情感、职业、世界观方面的同一性探索比青少年期更广泛和深入。

（三）罗杰斯"个人形成论"（on becoming a person）

罗杰斯（2004）的个人形成论建立在其"当事人中心"的治疗观基础之上，描述了个人形成的方向和过程，以及该理论在学校教育中的应用。罗杰斯认为个人形成的过程包括两个方面，一方面是个体会丢弃一个又一个其面对生活时的"防御面具"，在体验中发现那个一直生活在"防御面具"背后的陌生人——其自己；另一方面是决策选择的发源，或者说评价性判断的源头，即个人越来越感到这种评价源（locus of evaluation）存在于其内部，其不再依赖别人的标准生活，做出选择取决于自己，对富有创造力的个人来说，这个问题意义最为重要。个人形成的过程中，情感的体验是探究未知的自我要素的重要途径。罗杰斯认为人生的目标就是"成为真实的自我"。如何"成为真实的自我"？罗杰斯提出如下变化模式：远离人格面具；远离"应该"；不再迎合他人的期待；不再取悦他人；向着自我导向转变；向着生成的过程转变；转向生存的复杂性；转向经验的开放；转向接纳他人；转向自我信任。

罗杰斯（2004）提出了以学生为中心的非指导性教学模式，即师生间应建立助益性的人际关系。助益性人际关系的特征是真诚透明、接纳、共情理解。具体来说，真诚透明，在这种关系中我的真实感受可以得到透明的表现；接纳，即把对方作为具有不可替代的内在价值的、独一无二的独特当事人来接纳；共情理解，能使"我"透过他人的眼睛看到他人的世界。教师所能做的，就是做到自身的真实性，做到真诚透明，公开坦率地面对自己的态度；接纳和理解，接纳自己的真实情感，对学生无条件地积极关注；提供资源，让学生自己获得资源，而不是将资源强加于学生。罗杰斯的非指导性教学，即是以学生为中心的教学，特点是自由、流动、开放、包容。罗杰斯深信学习成败的关键在于人际关系、情感态度。他认为教师和学生之间的人际关系质量或"某种独特的心理氛围"是决定教育工作效果的最重要因素，"感情态度"是造成这种气氛的条件（齐放，1999）。1954 年罗杰斯发表了《走向创造性的理论》一文，在文中系统地阐述了创造性的本质、条件和培养创造性的方式。罗杰斯的创造观认为，人的创造潜能可以通过后天的环境教育获得发展，因此要注意营造富有创造性的教育环境。创造潜能的发挥不仅受文化教育和环境因素的影响，而且需要心理安全与心理自由（周天梅、杨小玲，2003）。

（四）德西和瑞安"自我决定理论"（self-determination theory）

自我决定理论是美国学者德西和瑞安在 20 世纪 70 年代末提出的关于人类行为的动机理论，该理论从有机辩证的角度阐述了外部环境促进内部动机及外部动机内化的过程，揭示了外在干预影响个体动机的有效路径（张剑、张建兵、李跃等，2010）。德西和瑞安运用自我决定理论分析了动机和教育的关系，认为该理论应用于教育领域，可以从基本上调动学生的学习兴趣、重视教育，以及对自己的能力和秉性更加自信。自我决定理论聚焦人与生俱来的三个基本需求，即胜任（competence）、关系（relatedness）、自主（autonomy）。胜任包括了解如何获得各种外部和内部结果，在执行必要的行动时有效；关系包括在社会环境中与他人建立安全、令人满意的联系；自主指主动和自我调节自己的行动。自我决定的潜能可以引导人们从事感兴趣的、有益于能力发展的行为（Deci et al.，1991）。

自我决定理论包括 5 个子理论和相应的 17 套测评量表（问卷），即认知评价理论（内部动机量表、自主支持感问卷、父母感知量表）、有机整合理论（自我调节问卷、宗教自主调节问卷、治疗动机问卷、体育活动动机量表）、因果定向理论（总体因果定向量表、激励者取向问卷①、学校问题调查问卷）、基本心理需求理论（胜任感量表、基本心理需求量表、自主决定量表）、目标内容理论（追求指数量表），以及主观生命力量表和专注意识量表（张剑、张微、宋亚辉，2011）。基于对外部规则内化程度上的差异，有机整合理论首先将动机类型分为去动机（amotivation）、外部动机（extrinsic motivation）、内部动机（intrinsic motivation）3种。认知评价理论认为，内部动机的产生是因为个体有内部心理需求，而满足3种内在基本心理需要产生的便是内部动机，只有满足了3种内在基本心理需求的外部奖励会提高内部动机，而危害3种基本心理需求的外部奖励则会削弱内部动机。自我决定理论将工作有趣性作为调节因素纳入理论建构中，解释外部环境对内部动机影响的矛盾效应，即对于有趣工作，外部动机倾向于削弱内部动机；对于乏味工作，外部动机倾向于增强内部动机（赵燕梅、张正堂、刘宁等，2016）。

自我决定理论强调人类行为的自我决定程度，将动机按自我决定程度的高低视作一个连续体，其基础是有机辩证元理论，认为社会环境可以通过支持自主、胜任、关系3种基本心理需求的满足来增强人类的内部动机、促进外部动机的内化、保证人类健康成长。经过几十年的研究，自我决定理论已逐渐形成了一套较完善的关于人类动机和人格的理论体系，具有较强的适应性，并广泛被应用于工作、人际、养育、教育、虚拟环境、体育、可持续性、卫生保健和心理治疗等各实践领域（Deci和Ryan，2008）。Oldham和Cummings（1996）基于自我决定理论提出了管理中支持型和控制型领导风格，认为支持型领

---

① 激励者取向问卷包括企业的管理者对员工问卷和学校的教师对学生问卷两个问卷。

导风格的管理者关心个体的感受与需求，通过有效的信息反馈和指导帮助个体提升自身技能；而控制型领导风格的管理者采用命令式的管理方式，强调个体遵循固定的行为。并通过实证研究表明在复杂的且具有挑战性的工作中，支持型领导风格更易促进员工产生创造性的工作成果。Soenens 和 Vansteenkiste（2005）把自我决定理论应用于青年的成长研究，发现父母的自主性支持主要影响青年在生活领域的自主性，而教师的自主性支持主要影响青年在学习和择业领域的自主性。Jang 等（2009）基于自我决定理论，运用定量分析方法，研究了支持型教学风格和控制型教学风格对韩国高中生的自主需求、能力需求、人际需求的影响，并建立了教师指导风格、自主需求、能力需求、人际需求、学业成果、学业参与、内部动机、消极情绪的影响模型，研究表明教师的自主支持对高中生的学业投入、积极情感、心理健康、学业成就、学业坚持有正向影响。在教育学领域，应用较广泛的是自主支持感问卷中的学习氛围量表（Learning Climate Questionnaire，LCQ），该量表仅 1 个维度共 15 个题项，信度很高，α 值在 0.90 左右（Williams 和 Deci，1996；Black 和 Deci，2000）。

（五）凯根"结构-发展理论"（constructive-developmental theory）

凯根的结构-发展理论的核心思想是"意义采择"（meaning-making），即自我是在个人采择社会意义和生活意义的过程中得到发展的。所谓的意义既包括个人对自己的认识，也包括个人对他人的认识，以及对自己和他人关系的认识。采择意义即个人通过梳理这些意义，决定接受哪些意义和否定哪些意义。当一个人在一定的空间和时间范围内，对主体和客体的关系或者自己与他人的关系感到平衡，其就会按照这一意义去理解生活和处理生活中的问题。然而，平衡是相对的，只要一个人不停止意义采择，平衡总会走向失衡，失衡也总会导致平衡。平衡—失衡—再平衡—再失衡是意义采择的必然过程，也是自我发展的必由之路。一个平衡是一个阶段，阶段的连续则形成一种结构；一个失衡是指两个阶段之间的过渡，过渡的连续则表明自我在发展。影响平衡—失衡的关键因素是文化和个体的认知水平。凯根认为自我发展经历了 6 个阶段：一体化自我、冲动性自我、唯我性自我、人际性自我、法规性自我、个人间自我。每个阶段都有相应的文化"植入"，每个阶段的平衡都面临着控制和放手两大挑战，每个阶段都有相应的危机。所有这些都有可能导致个体的失衡，导致一个阶段向另一个阶段的过渡，导致自我的发展。

凯根（Kegan，1994）认为自我主导（self-authorship）是一种新的思想体系（ideology）和内部同一概念（internal identity），并认为自我主导具有可以协调（coordinate）、整合（integrate）、影响（act upon），甚至创造（invent）价值观（values）、信仰（beliefs）、信念（convictions）、概括能力（generalizations）、理想（ideals）、抽象力（abstractions）、人际关系忠诚（interpersonal loyalties）、内省状态（intrapersonal states）等作用。自我主导的能力是指"为自己做决定"（decide for myself），而不是简单地指"靠自己决定"（decide by myself）。

总体来看，自我发展理论内容非常丰富，可以归纳为理论脉络图 2-2，其中皮亚杰的"发生认识论"和建构主义思想，以及埃里克森的"自我同一理论"是自我发展的核心内容；罗杰斯"个人形成论"强调自我发展的目标是达到"自我实现"和自我发展的过程，"以学生为中心"的非指导性教学模式可以促进自我发展；凯根"结构-发展"理论就理论渊源来说，派生于皮亚杰的"结构"和罗杰斯的"发展"，被心理学界称为"新皮亚杰——罗杰斯主义"（罗伯特·凯根，1999），强调了自我发展具有"平衡——失衡——再平衡——再失衡"的特点，并划分了自我发展的阶段；德西和瑞安"自我决定理论"从满足人的基本心理需求角度，研究了自我发展的动力来源。

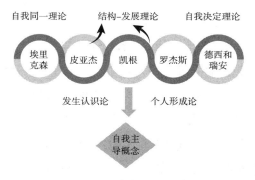

图 2-2　自我发展理论脉络

三　玛格尔达"自我主导理论"

美国迈阿密大学巴克斯特·玛格尔达教授在凯根的研究基础上，正式提出自我主导理论，研究了自我主导的维度、特征、发展阶段，以及自我主导和大学生学业成果之间的关系，建立了学习伙伴模型。

（一）自我主导特征和发展阶段

玛格尔达（Magolda，2008）从 1986 年开始跟踪研究 101 名大学新生，把自我主导定义为存在于个人内部的定义自我信念、自我身份以及社交关系的能力，具备 3 个特征，即相信自己内心的声音（trusting the internal voice）、建立内部基础（building an internal foundation）、守卫内心承诺（securing internal commitments）。具备自我主导力的人相信自己，拥有相对稳固的人生信条，并会在坚持信念的同时，能够真正自如地与外界和谐相处。

自我主导包含了 3 个维度（Magolda，2001）。

认知维度（epistemological dimension）——How do I know?

内我维度（intrapersonal dimension）——Who am I?

人际维度（interpersonal dimension）——What relationships do I want?

自我主导力就是建构自己观点的能力，即增强自信和自我同一性，不片面迎合权威观点，而是学会平衡权威的意见和自己的经验，强化自我本体感，形成自我观点。自我主导不只是一种技能，而且是一种在经历中进行意义采择的方式。玛格尔达调研了 16 个研究生的读研经历，了解他们认知和教学的过程，帮助他们学着主导他们的认知，帮助他们成为当代社会期望的成年人。她认为硕士研究生处于研究生的早期阶段，他们还不能完全运用反省式思维来创造知识。自我主导力在研究生早期阶段很少完全发展起来。她的研究发现对教育者们进一步理清促进自我主导力发展方面研究生教育的概念有帮助（Magolda，1998）。

玛格尔达认为培养有效公民是 21 世纪高等教育的共同目标。现代大学学习成果应该是培养认知成熟、自我同一、具有成熟人际关系的有效公民，这些学习成果的基础是自我主导，如图 2-3 所示。

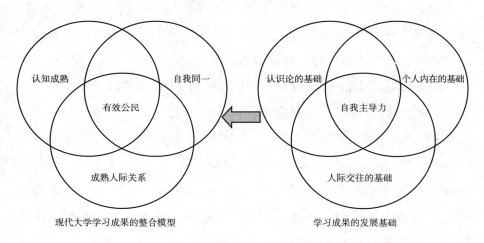

现代大学学习成果的整合模型　　　　　　学习成果的发展基础

图 2-3　现代大学学习成果关系

资料来源：笔者根据 Magolda 和 King（2004）整理。

自我主导力是大学生取得学习成果的基础，因为大学生的学习成果，如批判性思维和跨文化成熟等需要转化性学习（transformative learning），而自我主导力是转化性学习的必要基础（Magolda，2009）。

玛格尔达（Magolda，2001）最初把自我主导的发展划分为循规蹈矩（Following Formulas）、徘徊犹豫（Crossroads）、初步主导（Becoming the Author of One's Life）、自主内化（Internal Foundation）4 个阶段，后来又凝练为服从外部规则（Following external Formulas）、十字路口（Crossroads）、自我主导（Self-Authorship）3 个主要阶段（Magolda and King，2004），此后又细分为相信外部权威（Ea）、因相信外部权威而紧张（Eb）、认识到相信外部权威的缺点（Ec）、质疑外部权威［E（I）］、建构内部声音（E-I）、倾听内部声音（I-E）、培育内部声音［I-（E）］、相信内部声音（Ia）、建立内在根基（Ib）、守卫内部承诺（Ic）10 个阶段，详见表 2-4（AEHE，2012）。

表 2-4　自我主导的发展阶段

只是外部性意义采择	十字路口彷徨	只是内部性意义采择
相信外部权威（Ea）：持续无怀疑地依赖外部权威，对该方法的缺点毫无认识。 **因相信外部权威而紧张（Eb）**：持续依赖外部权威，但是这样做会经历紧张，特别是在与外部权威冲突时，求助于权威去解决冲突。 **认识到相信外部权威的缺点（Ec）**：继续依赖外部权威但认识到相信外部权威的缺点。	**质疑外部权威［E（I）］**：内部声音开始萌芽，意识到实现外部意义的困境，而"后退"到早期的外部位置。 **建构内部声音（E-I）**：建构内部声音，开始积极建构一种新的意义采择方法，而不是依靠早期的外部设置。 离开十字路口彷徨的状态 **倾听内部声音（I-E）**：开始仔细地倾听内部声音，现在处于外部控制的权威的边缘。外部的权威很强势，使得连续维持内部声音很难。 **培育内部声音［I-（E）］**：以大多数外部权威为媒介积极培育内部声音，意识到不再紧张，允许别人的观点，同时归纳自己的观点。	**相信内部声音（Ia）**：相信内部声音足以凝练为信仰、价值观、自我和人际关系。运用内部声音来设计活动与控制外部权威源。 **建立内在根基（Ib）**：建立内部基础，相信内部声音是以描绘承诺为人生哲理，引导自己与外部权威互动。 **守卫内部承诺（Ic）**：保卫内部承诺，巩固人生的哲理，就像自己的核心价值观，以之来指导生活，就像自己的第二性格。

资料来源：引自 AEHE，2012。

（二）学习伙伴模型

玛格尔达和金（Magolda 和 King，2004）认为处于成年早期（18~25 岁）的大学生的学习经历对其自我主导的发展有重要影响，并通过长期的自我主导研究，提出了学习伙伴模型，该模型是一个以自我主导理论为基础的人才培养模式理论，可以提供灵活的方法促进学习目标的实现，包括认知成熟、自我同一、成熟人际关系、有效公民，从而指导具体的高等教育和实践创新。多年的跟踪研究表明，根据该模式设计的教育环境可以促进大学生自我主导的发展。

玛格尔达强调通过教育者好的陪伴可以促进学习者自我主导的发展，这是以教育者对学习者的信任、尊重、包容为基础而建立起来的一种学习伙伴模型。好的陪伴需要教育者创造条件以促进学习者自我主导的发展，教育者的观念和角色也需要转换，即由控制者和管理者转换为指导者和支持者。创造条件方面包括三个假设和三个原则，三个假设是教育理论基础，三个原则是教育实践方法。三个假设包括：知识被看作复杂的和社会性建构的；自我被看作建构知识的中心；学习伙伴们在互动过程中分享权威和专家意见，并构建属于自己的知识。三原则包括：确认学生有认知能力；使学生在具体经历中学习；学习在师生互动中共同建构意义。教育者在理解学习者经历的基础上，通过三原则促进学习者的自我主导成形，并为学习者提供各种需要的支持，促使他们从外部决策转变为内部的自我决策。三个假设对个人发起挑战，使其迈向自我主导性。而三个原则则帮助个人在目前和发展阶段之间架起桥梁，支持个人管理自我信念、自我身份以及自我人际关系的能力不断增强，详见表2-5和图2-4所示。

玛格尔达（Magolda，2007）的理论建立在对100名学生长达20年（20~40岁）的跟踪采访和分析上，理论基础扎实，分析方法成熟，应用性强。她提出的学习伙伴模型具有开放性的特点，可以结合具体情景设计，为促进大学生自我主导力的发展提供了灵活多样的方法，给教育改革带来很多创新机会，包括课程和教学法、学术指导、辅助课程、研究生教育、专门人员和教师的发展等多方面的教育实践创新。并把设计学习伙伴模型的步骤归纳如下。

表 2-5 学习伙伴模型的假设和原则

支持(三个原则)	挑战(三个假设)	自我主导力维度(三个维度)
确认学习者具备认知能力	把知识描绘为复杂的且为社会性建构的	内部信仰体系(认知维度)
使学习者在具体经历中学习	自我是知识建构的中心	内部同一性(内我维度)
把学习定义为建构意义	分享权威和专家意见	互动关系(人际维度)

资料来源：根据 Magolda 和 King（2004）整理。

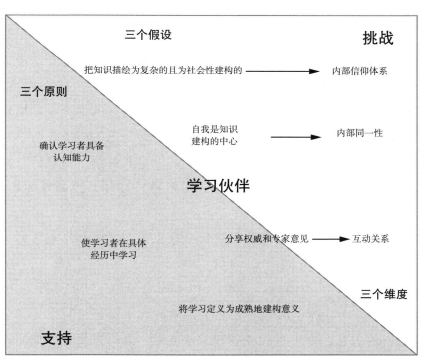

图 2-4 学习伙伴模型

资料来源：根据 Magolda 和 King（2004）整理。

1. 在设计模型之前的准备

首先选择一个情景，并在这个情景下确认学习目标，分析学习者实现该学习目标需要具备哪些自我主导力？关于认知、内我和人际维度学习者持有哪些假设？识别学习目标和学习者能力之间的一致性和差异。

2. 设计学习伙伴模型的步骤

规划发展"课程"——学习和发展目标如何按时间段分步落实；确认学习伙伴模型中的三个假设；确认学习伙伴模型中的三个原则；在评估中注明这个计划如何影响一致性和差异性；规划评估有效性。

玛格尔达（Magolda，2002）对学习伙伴模型中教师和学生的角色进行了重新定位，教师的角色为介绍学习或工作的复杂性，调动学习者带入自我意识进行学习和工作，教导学习者怎样在复杂情况下工作，给予学习者自主权，尊重学习者，把他们当作成年人，通过适当的引导、建议、干预，在学习者经历中给予其更多的主导权和培育责任感，减少外部控制，增强内部主导；学生的角色为积极参与学习和工作，并在其中发挥主动性和责任感，反思自我意识，参与到共同意义建构中，包括建构价值观和信仰，探索理性选择，控制外部影响，做出自己的抉择。

不少学者运用该理论对大学生的自我主导力发展和影响因素进行研究，在促进自我发展方面的研究进步令人兴奋（Torres，2003；Abes，2003；Abes 和 Jones，2004；Pizzolato，2003；Pizzolato，2004；Sandars 和 Jackson，2015）。目前重要的研究在于提炼自我主导和学业成就之间的关系、评价自我主导和学业成就、分析自我主导如何随着时间的推移而整体进化（AEHE，2012）。

3. 国内外自我主导理论应用研究

大多数学者认为自我主导的评价应采取自然访谈的方式（Magolda，2001；Wood et al.，2002），也有一些学者在自我主导的定量研究方面做出了重要的努力（Pizzolato，2005；Pizzolato，2007；Tetley，2010；Creamer et al.，2010）。已有的研究中，影响自我主导的因素包括文化背景（Ignelzi，2011；Abel，2011）、种族（Torres 和 Hernandez，2007；Wawrzynski 和 Pizzolato，2006）、家 庭 背 景（Wawrzynski 和 Pizzolato，2006；Carpenter 和 Peña，2017）、入学成绩（Wawrzynski 和 Pizzolato，2006）、性 别（Wawrzynski 和 Pizzolato，2006；Creamer 和 Laughlin，2005）、教育背景（Creamer 和 Laughlin，2005）、教育经历（Magolda et al.，2012）、住宿情况（Strayhorn，2014）等。而分析自我主导对学生发展的影响主要集中在学业成就（Wawrzynski 和 Pizzolato，2006）、职业认同（Johnson 和 Chauvin，2016）、职业选择（Creamer et al.，2010；Creamer 和 Laughlin，2005）等，以及自我主导与学习自我效能（Strayhorn，2014）、自我期望（Roskies，2012）、生命意义（Roskies，2012）等的关系方面。

玛格尔达（Magolda，2007）认为自我主导力是大学生获得学业成就的基础，她介绍了两个评价大学生自我主导力发展的访谈策略，即 Magolda 纵向研究自我主导访谈和 Wabash 通识教育国家研究访谈（The Wabash National Study of Liberal Arts Education interview，简称 WNS interview）。两个访谈的共同点在于：通过提示性语言，引导受访者思考自己在大学里最重要的经历，以及反思这些经历对他们的影响，包括他们如何看待自己、如何构建与他人的关系、如何塑造他们的信仰。这种访谈的自然对话形式在访谈者和受访者之间创设了一个学习伙伴情景，还可以起到评估和发展介入的双重作用。

Schoper（2011）运用叙事探究分析方法研究了 6 名学生事务专业硕士研究生的自我主导力发展情况。通过半结构化问卷和深度访谈，以及对访谈资料运用连续比较法进行分析，研究发现虽然研究生在读研期间自我主导力有所发展，但是并没有达到完全的自我主导阶段，促进自我主导力发展的条件包括自我反思和经历多样化的观念冲击。

玛格尔达等（Magolda et al.，2012）通过对 WNS interview 追踪

访谈的 6 所高校的 228 名大学生的研究数据分析，发现 123 人经历了 1 年大学生活后，自我主导力发生了明显变化，影响因素包括学术活动、辅助课程、个人学习经历等。

Carpenter 和 Peña（2017）采用质性研究的方法研究了 14 个家庭第一代本科生的自我主导力情况。他认为学生的自我主导力状况是支持他们学业和发展的关键因素。并且语境因素和环境因素与学生的发展密切相关，学生的经历就好像催化剂一样促进了家庭第一代本科生自我主导行为。

Pizzolato（2005）编制了自我主导力量表（Self-Authorship Survey）来定量评价大学生的自我主导力发展水平。她对 35 名大学生进行了访谈，研究自我主导力在大学生身上是如何体现的，她在访谈的基础上借鉴了认知量表和发展量表，编制了自我主导力量表，并在 991 名大学生中施测，得出了 4 个维度 29 个题项的量表。4 个维度分别为自主行动能力（Capacity for Autonomous Action，CAA）、意志力视角（Perceptions of Volitional Competence，PVC）、解决问题的取向（Problem Solving Orientation，PSO）、面对挑战时的自我调控（Self-Regulation in Challenging Situations，SRCS），4 个因子的累计方差贡献率为 46.92%。经过检验，量表的总体 Cronbach α 系数为 0.88，分量表的 α 值分别为 0.81、0.80、0.81、0.73，证明该量表具有较好的信度，故该量表陆续被其他学者采用（Tetley，2010；Wawrzynski 和 Pizzolato，2006）。但是该量表也存在争议，即量表结构中的 4 个维度只是测量的玛格尔达自我主导理论中的认知维度和内我维度两个维度，并不含人际维度，因为 Pizzolato 认为人际维度对发展和展示自我主导力非常重要，但并不是自我主导力本身。

Tetley（2010）借鉴 Pizzolato 的自我主导力量表、成人特性期望量表（Adult Trait Hope Scale）、生命意义问卷（Meaning in Life Questionnaire）编制问卷对 171 名大二学生进行了为期 1 年的追踪评测，研究从大一末到大二末这 1 年内，学生在自我发展方面的变化和相关性，包括自我主导、生命意义、自我期望。并研究参加了学习伙伴学术建议项目的学生和未参加的学生自我发展的差异。数据表明，经过一年的学习经历，学生的自我发展变化显著表现为自我主导中的意志力视角维度和期望感知，学生的期望感知呈现下降趋势，自我意识减弱，目标迷失，从自我发展的角度解释了大二低潮（sophomore slump）现象；参加了学习伙伴学术建议项目的学生和未参加的学生自我发展的差异不显著。

Strayhorn（2014）采用定量研究方法，分析了某大学的非籍大学生的自我主导力和学业成就发展情况。问卷通过电子邮件发放给 300 名参与奖学金项目的学生，回收有效问卷 140 份。相关性分析结果显示，年龄、高中成绩、每周学习时间投入、学习自我效能感与学业成就显著正相关。另外，7 个自我主导力测量值中有 3 个与学业成就显著正相关，分别是目标设定、遇到失败时的信念、处置意外事件的信心。分层回归分析结果显示，包括控制年龄、高中成绩、入学成绩、住宿情况、每周学习时间投入、第一代大学生、学习自我效能感等变量，以自我主导力（选取 Pizzolato 设计的量表中 7 个题项）为自变量，以学业成就（大学一年后的成绩 GPA）为因变量的模型在统计学上具有显著性意义。模型中具有显著预测意义的变量包括年龄、高中成绩、住宿情况、学习自我效能感以及自我主导力。入学成绩和第一代大学生对学业成就的预测不显著，每周学习时间投入在模型没有纳入自我主导力时，能显著预测学业成就，但是模型纳入自我主导力因素后，不能显著预测学业成就。

McGowan（2016）运用单群组前测后测准实验设计方法，研究了加拿大安大略湖公立中学 10~12 年级 26 名中学生在 1 个学期的综合课程项目（Integrated Curriculum Programs，ICPs）中自我主导力的发展情况。采用了 Ferencevych 设计的用于户外教育的自我主导力问卷

（Self-authorship Questionnaire，SAQ），为自陈式 5 分量表，包含了 27 个题项，Cronbach α 系数为 0.85，信度较好，分为 4 个子量表/维度，即情景应对（situational coping）、人际关系领导（interpersonal leadership）、自我效能（self-efficacy）、知识创新（knowledge creation）。通过配对样本 t 检验分析学生参加项目训练前后自我主导力的总得分，结果显示除了知识创新维度，其他 3 个维度和总表的得分显著性强。

国内对于自我主导理论的研究和应用刚起步，最早的是北京大学朱红申请教育部 2010 年人文社科青年项目"我国大学生自主性发展的理论建构与实证研究"，并从自我主导理论的视角研究了大学生学业参与模式对其职业成熟度的影响。北京工业大学高等教育研究所苏林琴指导硕士孙钦娟和孙佳琪分别从自我发展理论和自我主导理论角度，研究了研究生创新能力的发展和大一新生适应性。上海交通大学高等教育研究院的岑逾豪（2016）基于对我国大学生学习和发展的实证研究，整合了以学生为中心的核心教育理念，提出了大学生发展的金字塔模型，即包括学生参与、学生投入、学生学习和学生发展四个层级的关系及其内在元素。认为自我发展处于大学生发展的顶层境界，是衡量大学生是否成长的关键。

岑逾豪和孙晓凤（2014）介绍了学习伙伴模型在硕士研究生"教育研究方法"课程中的应用，提出了简化的"3C"模式，即Complexity（复杂性）、Construction（建构）、Communication（分享）。强调教师在教学过程中注入"挑战并支持学习者"的意识和行动，在把提高学生科研能力、培育学术素养作为课程目标的同时，还追求学生个体发展的更高目标。质性分析结果显示该课程对学生个体发展影响包括以下 7 个方面：包容并探索多元观点、减少对权威的依赖心理、从绝对认知转向情境认知、从外部要求转向内部驱动、从"让老师满意"转向"对自己负责"、以友为师启发认知、建立与学术界的关系。

孙佳琪（2015）借鉴自我主导理论，研究了大一新生学习适应情况，建构了"调整—吸收—整合"三维度的学生发展适应问卷，并进行了实证分析，发现除了个别题项外，学科差异、性别差异对三个维度的影响并不显著，学生学习主动性缺失、与外部环境关系不良是影响学生学习适应性的最重要因素。

解启健（2017）对自我主导理论在高等教育领域的应用与发展进行了综述，认为其具有四个特点：集中于高等教育领域并且研究不断深入、逐步从高等教育领域向外拓展、自我主导力发展的评价测评日益受到关注、从文化的视角对自我主导理论的研究逐步开展，并采用质性研究方法分析了学业困难学生自我主导力与压力应对的关系，认为自我主导力水平高的学生能更好地应对压力。

第三节　归纳与评析

一　已有研究的贡献

通过以上对研究生质量概念的解析，以及评价方式和内容的比较，发现无论是政府还是学者都非常重视研究生教育质量理论和实践的研究，并在研究生教育质量观、研究生教育质量评价、研究生质量内涵等方面取得了很大进展。通过对自我主导理论源起、内涵、特征和应用的解读，研究生个体发展质量与自我主导有着非常密切的联系。自我主导是自我发展的目标，应该是教育者关心的研究生个体发展质量的基础和核心，自我主导的发展状况影响研究生的创新能力和职业成熟度。

（一）研究生个体质量与导生互动研究方面

研究生教育质量是一个多维概念，是政府、高校、社会、研究生等主体根据自身的需求对研究生教育系统、单元及其从事各项活动过程与结果的价值判断。基于研究生教育功能来定义研究生教育质量，则研究生教育质量包括了学术质量、人才质量、服务质量；基于研究生教育过程来定义研究生教育质量，则研究生教育质量包括了投入质量、过程质量、结果质量。育人是研究生教育的基本功能，则人才质量就是研究生教育的基础或核心质量。从培养过程来看，可以将人才质量划分为生源质量、培养质量（学习参与质量）、产出质量（学位授予质量、毕业研究生掌握的知识和技能，以及适应实际工作的能力）。

研究生教育质量观的价值取向主要集中在学术发展需求取向、社会发展需求取向和个体发展需求取向。随着社会经济的发展，以及高等教育发展历程由精英阶段、大众化阶段到普及阶段的演进，个体发展需求越来越受到关注，在普及阶段"价值增值"成为评价的依据。研究生教育质量观在质量概念、质量评价标准、主体、特征等方面发生转变，由原来精英型教育背景下的卓越、无个性、专家单一评价的质量观，转向大众化教育背景下的适应性、多样化、有特色、多元评价的质量观。由仅关注"合规定性质量"转向"合规定性质量"和"合需要性质量"并重，从为"已知的社会"培养人才到为"未知的社会"培养人才的转变。研究生的主体地位将得到越来越多的重视，研究生教育质量评价的主体与手段也将发生转变，倡导建立以学生发展为导向的评价与监控体系，最大限度地促进学生的个性成长和主体性构建。

研究生教育质量是具有多层次属性的概念，需要从质量层次、质量对象、质量类型、质量特征、评价方法等方面，建立比较清晰的分析框架。研究生教育质量评价方面，研究聚焦研究生教育质量中的系统质量，包括体系的宏观质量、机构的中观质量、个体的微观质量3个层次，评价范式包括合格评估、水平评估、监测评估等。对于具有微观质量特征的研究生个体质量，主要采用主观评价和文献计量法进行评价。现有文献统计显示研究对象方面更为关注博士质量。

研究生质量内涵方面，既有包含知识、能力、潜力的质量三角模型（王战军、李明磊，2012），也有关注长期发展要素、创造力、实践能力和分析能力的研究生个体培养质量三角锥形结构（郑中华、王战军、翟亚军，2011），共同点在于潜力和长期发展要素都属于隐性质量，与自我发展密切相关，但无法直接测量。在研究生个体质量的研究中最受关注的是创新能力和学术成果，随着应用型学位研究生规模的扩大，越来越重视研究生的应用和开发能力、解决实际问题能力和适应能力。可见在知识生产模式转型的背景下，研究生培养目标呈现多样化的趋势，学位类型进一步细分，评价标准相应细化，即由传统的科研创新能力，向适应未来工作环境的可迁移能力和解决实际问题的能力扩展。对于硕士的个体质量从客观评价来看往往按照"迷你"博士的要求来评价，缺乏相对独立的评价指标，或者说缺乏跨越学科和培养层次的最核心的评价指标，即学生真正成长的指标。

以学为中心的教育质量评价与保障理念已经逐渐深入研究生教育领域，由传统的单纯重视资源投入（包括师资、科研经费、学位点等）和学术产出（包括授予学位数量、科研成果等），转向强调以学生为中心、以学习和发展为中心，突出教育过程对学生的成长和发展带来的积极成果和变化，强调研究生教育给学生带来的增值（赵琳、王传毅，2015）。美国、英国、澳大利亚等国借鉴学生参与理论，开发了具有代表性和全国影响力的调查问卷，开展研究型研究生体验调研，反映研究生教育对个体质量的影响，从而促进研究生教育改进。研究生创新人格、学术兴趣、研究生核心自我评价、专业满意度等影响研究生个体质量的心理因素被越来越多的研究者考虑。

导师作为研究生培养的第一责任人，导生互动关系是研究生教育活动中最重要、最基本的关系之一，目前对于国内对研究生导生关系研究的关注度也非常高，不少研究分别从研究生视角、导师视角来研究导师和研究生之间的指导与学习关系，常见的研究主题包括师生关系、导学关系、导生互动、导生关系、师生互动、导师指导风格等。研究主要集中在导生互动的关系类型、风格特征、存在问题等，以及导生互动对研究生创新能力、知识产出、知识共享和创新、学习适应性、自我同一性建构、幸福感等的影响。导生互动关系质量受导师的指导理念、指导方式、师生的价值取向、学科文化特点、师生情感质量等因素的影响。为了深入研究导生互动对研究生个体发展质量的影响，研究者从研究生个体和导师的不同视角，借鉴了自我决定理论、情境理论、互动仪式链理论等，采用了质性研究、定量研究、混合研究等多种方法。研究对象以博士研究生为主，考察导师对博士研究生的指导效能，对博士研究生创新能力、专业认同、自我效能、知识产出、研究成果、职业认同等的影响。在导生互动对硕士生个体发展质量影响的定量研究方面，选择的变量包括性别、学科、学位类型、学习动机、专业基础、家庭经济状况、家庭教养方式、学习气氛、导师对学生的指导频率、管理风格、交流内容、指导方式等，其中关于导师指导风格的研究相对较丰富，已有一些量表可供参考借鉴（Overall et al.，2011；侯志军、何文军、王正元，2016；王茜，2013；檀成华，2016）。

（二）自我主导理论研究方面

自我主导理论是在自我心理学的基础上发展起来的，是学生发展理论的重要组成部分，也是当前学生发展理论的研究热点和前沿，按照其特点被归纳为"整合型"学生发展理论。从自我心理学的角度来看，自我是人格的核心，也是人的心理素质和整体素质的核心，它影响人自身的和谐以及人对自然和社会的适应力、人的创造性的发挥。自我心理学研究的是自我与对象的关系对人的心理发展的影响。对自我发展理论的梳理，可以加深对自我主导理论的认识。重点梳理了与自我主导理论联系密切的一系列自我发展理论，皮亚杰的发生认识论和建构主义思想，以及埃里克森的自我同一理论是自我发展的核心内容；罗杰斯的个人形成论描述了自我发展的目标是达到"自我实现"和自我发展的过程，以学生为中心的非指导性教学模式可以促进自我发展；凯根的结构-发展理论是结合了皮亚杰的"结构"模式和罗杰斯的"发展"过程创立的，强调了自我发展具有"平衡—失衡—再平衡—再失衡"的特点，并划分了自我发展的阶段；德西和瑞安的自我决定理论从满足人的基本心理需求角度，研究了自我发展的动力来源。

凯根最先提出自我主导的概念，认为自我主导是一种新的思想体系和内部同一概念，并认为自我主导具有可以协调、整合、影响，甚至创造出价值观、信仰、信念、概括能力、理想、抽象力、人际关系忠诚、内省状态等作用。自我主导的能力是指"为自己做决定"，而不是简单地指"靠自己决定"。玛格尔达在凯根的研究基础之上，把自我主导定义为存在于个人内部的定义自我信念、自我身份以及社交关系的能力，具备 3 个特征，即相信自己内心的声音、建立内部基础、守卫内心承诺。具备自我主导力的人相信自己，拥有相对稳固的人生信条，并会在坚持信念的同时，能够真正自如地与外界和谐相处。自我主导包含了 3 个维度，即认知维度、内我维度、人际维度，以及主要的 3 个发展阶段，即服从外部规则、十字路口、自我主导。自我主导力就是建构自己观点的能力，即增强自信和自我同一性，不片面迎合权威观点，而是学会平衡权威的意见和自己的经验，强化自我本体感，形成自我观点。自我主导不只是一种技能，还是一种在经历中进行意义采择的方式。同时，自我主导力还是大学生取得学习成果的基础，因为大学生的学习成果，如批判性思维和跨文化成熟等需要转化性学习，而自我主导能力是转化性学习的必要基础。

Magolda 和 King（2004）认为处于成年早期（18~25 岁）的大学生的学习经历对其自我主导的发展有重要的影响，通过长期的自我主导研究，提出了学习伙伴模型。她强调通过教育者好的陪伴可以促进学习者自我主导的发展，这是以教育者对学习者的信任、尊重、包容为基础而建立起来的一种模型。该模型包括三个假设和三个原则，三个假设对个人发起挑战使其迈向自我主导性，而三个原则则帮助个人在目前和发展阶段之间架起桥梁，支持个人管理自我信念、自我身份以及自我人际关系的能力不断增强。该模型具有开放性的特点，可以结合具体情景设计，有利于促进学生自我主导的发展。

当前，对于自我主导理论的研究集中在提炼自我主导和学业成就之间的关系、评价自我主导和学业成就、自我主导如何随着时间推移而整体进化。研究方法以质性研究为主，但也有学者对自我主导的定量评价方面的研究做出了重要的努力。已有的研究中，影响自我主导的因素包括文化背景、种族、家庭背景、入学成绩、性别、教育背景、教育经历、住宿情况等。而分析自我主导对学生发展的影响主要集中在学业成就、职业认同、职业选择等。在量化研究方面 Pizzolato（2005）编制的自我主导力量表具有较好的参考价值。

（三）研究生个体发展质量与自我主导理论的联系

教育必须关注完整的人的发展，不能只重视眼前的现实需要，而忽视了长远的人的发展需要，不能停留于培养"经济人"或"政治人"等工具目的，要把人的发展放在首位（肖川，2001）。从学位点的层次比较来看，《中华人民共和国高等教育法》（2015 修正）第 16 条规定：硕士研究生教育应当使学生掌握本学科坚实的基础理论、系统的专业知识，掌握相应的技能、方法和相关知识，具有从事本专业实际工作和科学研究工作的能力。博士研究生教育应当使学生掌握本学科坚实宽广的基础理论、系统深入的专业知识、相应的技能和方法，具有独立从事本学科创造性科学研究工作和实际工作的能力。从法规表述上来看二者的培养目标非常相似，但是博士研究生教育更强调理论宽广、知识深入和独立工作能力等。研究生培养的目标定位即通过研究生教育，促进研究生学术发展和职业发展，注重对研究生创新能力、实践能力、分析问题和解决问题能力等的培养。无论是强调知识、能力、潜力的质量三角模型，还是关注长期发展要素、创造力、实践能力和分析能力的研究生个体培养质量三角锥形结构，都暗示了隐性质量的重要性。

自我同一理论研究表明成年早期（18～25岁）是自我同一性发展的关键时期，自我决定理论认为自主是人与生俱来的三大基本需求之一，所以自主是研究生个体内在发展的强烈需求之一。大多数研究生正处于成年早期，对于未来满怀希冀，有强烈的学习愿望和独立成才动机。按照"合需要性"和"合发展性"的质量观，研究生教育应该满足研究生个体的自主需求，为他们适应未来未知社会提供支持和保障，这里的"发展"是动态的含义，既包含读研期间的发展，更重要的是毕业后的发展。

读研阶段虽然短暂，但是研究生培养的个性化模式和探究式特点，促进了研究生对自我的探索和自我的形成，加速了研究生个体社会化的过程，丰富的学习经历对学生个体发展影响会非常显著，包括认知性发展和社会性发展等方面，而自我发展作为发展的核心，自我主导力作为转换性学习的基础，对于研究研究生个体自我主导的发展具有重要意义。研究生个体发展质量的核心是自我主导发展水平高，体现为认知成熟、自我同一、具有成熟人际关系，即其独立性的充分体现，对待权威意见不盲从，对待多样化的观点不受影响，倾听自己内心的声音，坚守自己内心的承诺，具备成年人应有的独立人格和成熟人际关系，成为全面发展的人。

二　已有研究的不足

现有文献关注更多的是研究生教育系统的质量，而对于研究生个体质量研究较少。研究生教育系统的质量关注点主要集中在研究生质量保障体系的建设、学科评估体系、学位点评估等，并且关注投入质量的多，关心过程质量和结果质量的少。在研究生个体质量评价方面，通常还是采用客观评价，即把研究生当作教育对象，由教育者、管理者或学者对其进行客观评价，而真正倾听研究生个体自我报告的主观评价较少。相比之下，美国、英国、澳大利亚等国已经借鉴学生参与理论，开发了具有代表性和全国影响力的调查问卷，开展了研究生读研体验的调研，通过研究生主观评价来反映研究生个体发展质量，从而促进了研究生教育的改进。遗憾的是，国内尚未形成具有代表性和全国影响力的调查问卷。

学生参与理论虽然强调了学生参与的质量与学生的学业成就密切相关，但只是从行为学理论视角描述了学生个人与环境之间互动的结果，没有从心理学理论视角进一步阐释质量变化的内因。对于研究生学业成就的形成机制和相互关系，特别是个体的心理特质变化发展与学习成就或科研成果之间的关系等，还有待进一步深入研究。

虽然知识、能力、潜力和长期发展要素已被有的学者列入研究生个体质量的重要组成部分，与自我发展密切相关，但是它们都属于隐性质量，也无法直接测量，尚未见有关研究。研究生个体质量关注较多的是研究生创新能力，特别是博士研究生的创新能力得到较为广泛的关注，而对于硕士研究生的个体质量往往按照"迷你"博士的要求来评价，缺乏相对独立的评价指标，或者说缺乏跨越学科和培养层次、对最核心质量的评价指标，即学生真正成长的指标。不少博士、硕士学位论文研究选题聚焦研究生读研体验与个人发展、创新能力与导生关系、职业成熟度与自我核心评价等，反映出研究生群体对于自我发展这一研究主题的关注度较高。

自我主导理论已是国外学生发展理论研究的前沿和热点，但国内还处于刚刚起步的探索期。国外关于自我主导理论的研究对象主要是美国的大学生群体，考虑中美文化背景的差异，比如，西方个体的自我更多地与他人相对独立，而东方个体的自我更多地和他人相互依存（Markus 和 Kitayama，1991）；西方个体追求自我的一致性（Festiger，1957），东方个体则更注重自我的灵活性（Kanagawa et al.，2001）；西方个体通常努力改变环境适应自我（Su et al.，1999），东方个体则更多地改变自我适应环境（Chiu et al.，1997），因而将自我主导理论应用于中国学生的适切性还有待进一步研究。

在自我主导理论的研究和实践方面还有很大发展空间，比如目前玛格尔达虽然把自我主导力划分为认知、内我、人际 3 个维度，认为其包含相信自己内心的声音、建立内部基础、守卫内心承诺 3 个特征，包括服从外部规则、十字路口、自我主导 3 个主要发展阶段，但还没有对 3 个维度明确的概念定义。Pizzolato 通过质性分析和量化研究得出了自我主导力的四维度量表，但是并未理清其与玛格尔达对自我主导力三个维度划分的联系和区别，而且该量表是否能引入国内进行推广使用，还需要进一步研究。此处，国内外自我主导理论应用的研究对象主要是本科生，以研究生为对象的较少。可见自我主导理论研究的本土化、定量研究、应用于研究生质量评价等方面的研究尚属空白，亟待得到更多的研究关注。

导生互动关系研究关注通过改进导师和研究生的互动，提高指导质量，从而提升研究生教育质量。然而，文献中对于导生互动关系并没有相对一致的表述，包括 Faculty-graduate student mentoring relationships（导生关系）（Lechuga，2011）、The mentor-mentee relationship（导生关系）（Berk et al.，2005）、Supervisor-doctoral student interaction（导师和博士生互动）（Mainhard et al.，2009）、导

生学术交往（Mentor-student academic community）（王小敏，2013）、师生互动（Teacher-student interaction）（杜芳芳，2013）、硕士生师生关系（Mentor-master relationship）（刘平，2013）、导师-研究生互动（Tutor-postgraduate Interaction）（蔡翔、吕芬芬，2010）、导生互动关系（The interactive relationship between instruction and learning）（张青，2015）等。由于借鉴的理论不同，文献中对于导生互动关系类型也没有相对一致的划分。有的研究相互之间还存在矛盾，比如有的研究把制定目标、监督研究任务完成作为控制型导师风格（王茜，2013），而有的研究却把其作为导师对研究生的任务支持（Deane 和 Peterson，2011）。已有研究的视角较为单一，多从研究生或导师单一方面开展研究，没有成对师生的研究，也没有导师互动对研究生个体多维度质量的研究，在这方面，也尚缺乏适切的中层理论和研究模型。自我主导理论中的学习伙伴模型从教育者和学习者互动关系的角度提出，认为教育者好的陪伴可以促进学习者自我主导力的提高，这为进一步深入研究导生互动对研究生个体发展质量的影响提供了新的理论支持和借鉴模型。

综上所述，研究生教育的最终目的是促进研究生的发展。目前对研究生的主体性观照不够是造成研究生质量困境的根源之一。在高等教育质量评价与保障倾向于以学生为中心、以学习与发展为中心的背景下，研究生教育质量评价范式亦将发生转换，即从传统的单一重视学位获得和创新成果情况，扩展到从研究生个体发展的视角来进行评估。为促进研究生发展质量的提升和研究生教育质量保障体系的完善，本书把自我主导理论引入研究生教育质量研究领域。该理论作为本书的理论基础，应用研究主要从三个方面展开，一是引入自我主导力来评价研究生的主体性发展情况，探讨研究生自我主导力的特征及其影响因素；二是借鉴自我主导理论中的学习伙伴模型，探讨导生互动的特征及其影响因素，建构导生互动影响自我主导力发展的模型，探索提高导生互动质量的途径；三是探讨自我主导力在研究生个体发展质量中的核心性和基础地位，即在导生互动对研究生个体发展质量的影响过程中，自我主导力与创新能力、职业成熟度、学业成果（客观）之间的关系。运用混合方法研究破解研究生质量困境，探索完善研究生教育质量保障体系、提高研究生培养质量的有效途径。

第三章　导生互动促进研究生自我
主导力发展的密码

　　教育部《关于全面落实研究生导师立德树人职责的意见》指出，研究生导师是我国研究生培养的关键力量，肩负着培养国家高层次创新人才的使命与重任，要努力造就一支有理想信念、道德情操、扎实学识、仁爱之心的研究生导师队伍。研究生教育是社会主义强国建设各领域专门人才的重要来源，是建设创新型国家的核心要素。研究生导师必须把立德树人作为首要职责，做研究生成长成才的指导者和引路人，为实现"两个一百年"奋斗目标、实现中华民族伟大复兴的中国梦，着力培养德才兼备的高层次专门人才。然而，导师和研究生的互动如何才能促进其成长和发展呢？是按照导师自己成长的经历和标准来要求研究生吗？是如父如母般地悉心照顾吗？是严师出高徒般地监督苛责吗？带着这些问题进入本章，试图探究导生互动促进研究生自我主导力发展的密码。

　　本章以玛格尔达的自我主导理论中的学习伙伴模型为指导，设计了导生研究伙伴理想模型，并首先根据目标抽样原则和强度抽样策略，抽取最优秀的硕士研究生进行访谈，同时邀请他们的导师进行访谈，对硕士研究生访谈获得的材料进行补充和验证，并通过典型个案分析导生互动对研究生个体发展的影响。笔者向受访的研究生表明，研究目的是探究研究生读研期间的个人发展变化，以及他们和导师之间的互动情况，从而进一步完善研究生教育管理工作。笔者向受访的研究生导师表明，本研究的目的是分享他们指导研究生的理念和经验，以及他们感受到的研究生读研期间的发展变化，听取他们对进一步完善研究生教育管理工作的建议。受访者被要求仔细回忆印象深刻的经历，并描述体现其特征的故事或具体的细节。访谈采取半结构化方式，设计了硕士生访谈提纲（附录 A）和导师访谈提纲（附录 B），内容围绕研究生教育的各个环节展开，但是不局限于提纲内容和顺序。

然后，根据学科、性别、培养类型的差异，继续挑选优秀的硕士研究生及其导师进行访谈，对访谈资料进行连续比较，完善模型设计；再抽取欲退学硕士研究生作为反例，对模型进行修正。模型的修正过程中，借鉴 Deci 和 Ryan 的自我决定理论，以及 Oldham 和 Cummings 的支持型和控制型领导风格研究等，使得模型接近实际，具有可操作性，便于形成具有测量工具价值的量表，希望对现实中提高导生互动质量、规范研究生教育管理工作具有指导性意义。修正后得到导生互动影响自我主导力发展模型，以便后续深入分析模型中导生互动和自我主导力的维度特征。

研究中运用 Nvivo 软件对访谈材料进行了整理和编码。用于本章分析的质性材料包括某市属一般院校的 8 名硕士生访谈材料、6 位导师访谈材料。

第一节　理想模型：导生研究伙伴模型

一　导生研究伙伴模型设计

玛格尔达根据自我主导理论设计的学习伙伴模型，是以教育者对学习者的信任、尊重、包容为基础而建立起来的，以学生为中心的一种学习伙伴模型，即通过教育者好的陪伴可以促进学习者自我主导的发展，是一种理想模型。好的陪伴需要教育者创造条件以促进学习者自我主导的发展，教育者的观念和角色也需要转换，即由控制者和管理者转换为指导者和支持者。学习伙伴模型提出创造条件方面包括三个假设和三个原则，三个假设是教育理论基础，三个原则是教育实践方法。三个假设对个人发起挑战，使其迈向自我主导性，而三个原则则帮助个人在目前和发展阶段之间架起桥梁，支持个人管理自我信念、自我身份以及自我人际关系的能力不断增强。

导生研究伙伴模型中导师和研究生的人际关系符合罗杰斯提出的助益性人际关系，其特征是真诚透明、接纳、共情理解（罗杰斯，2004）。因此，本书把导生研究伙伴模型中导师和研究生的互动定性为助益性互动（熊慧、杨钋，2020）。导生研究伙伴模型如图 3-1 所示。

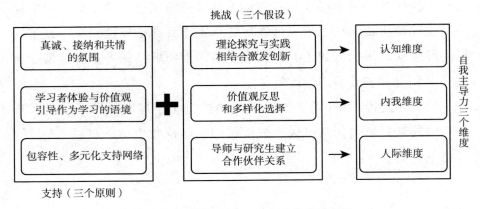

图 3-1　理想模型 T1：导生研究伙伴模型

（一）在设计模型之前的准备

在导生互动这个情景下导师和硕士生确认培养/学习目标，即培养/成为具有竞争力的幸福的人。研究生达到该目标需要具备自我主导力，包括相对牢固的信念、理性的自我认知、成熟的人际交往态度，具备解决实际问题的能力和长期发展的潜质。研究生假设导师会真诚对待自己和接纳自己，并能在思想上引导自己、在学业上指导自己、在情感上支持自己。研究生具备学习的能力，明确自己的学习目标和能力之间的一致性与差异。

（二）设计模型步骤

模型设计的前提是硕士生对研究生期间的学习做好规划，与导师沟通并达成一致，安排好学习和发展目标，并按时间段分步落实，包括课程学习、科研计划、外出实习、外出参会、发表论文等，明确每项任务或活动的规范或标准，明确每一步要达到的学习目标和希望发展的能力。

三个假设分别为：理论探究与实践相结合，激发研究生的创新意愿，让研究生感受到所学知识有用武之地；启发研究生经常对价值观进行反思，在面对多样化的观点和机会时，知道如何选择，判断其与自己的价值观是否一致；导师与研究生建立平等的合作伙伴关系，而不是居高临下的师徒关系。

三个原则分别为：真诚、接纳和共情的氛围，使导生都感受到被尊重、被认可和被关爱；导师把对研究生的培养设置在具体的学习、研究和实践情景中，关注研究生的体验，并且将思想教育潜移默化地融入其中，培育引导研究生价值观的发展；导师提供多元化的支持网络，包括物质支持、环境支持、精神支持、情感支持等，无条件包容学生，允许学生有无知和犯错的情况，帮助研究生进行自我调节，让研究生有安全感，正视研究生学习的过程就是一个成熟的意义建构的过程。

设计好模型后，根据目标抽样原则和强度抽样策略，选择抽取最优秀的硕士生（A01）和他的导师（M01）进行访谈以验证模型。选择这对导生作为典型优秀互动个案，是因为 M01 每年都有硕士研究生获得国家奖学金，而他推荐 A01 为优秀研究生代表。研究生国家奖学金（简称"研国奖"）每年只有 4% 表现优异的研究生可以获得，是研究生读研期间可以获得的最高荣誉，评选条件主要包括学习成绩优异、科研能力显著、发展潜力突出。每所高校根据学校实际设计了不同评审方案来评价研究生的综合表现，但总体来看科研成果是其中重点考察的因素。本书的优秀硕士生抽样主要圈定为获得国家奖学金的在校生。如果偶尔有学生获得研国奖，可能是学生基础好，个人因素为主，但是如果同门中每年都有研国奖的获得者，可能说明导生互动对研究生的发展一定起到了很大的作用。本书基于"放大观察"导生互动对研究生影响和作用的目的，抽样选择从培养优秀学生最多的导师和其中的优秀研究生代表开始，并将其作为典型个案进行微分析，以探索质性材料中反映的导生互动和自我主导力的属性与维度。

二 典型个案微分析

以 A01 和 M01 为典型个案进行微分析，考察 A01 在思想、认知和能力、情感、人际、价值观、社会适应等方面的发展，以及这些发展是如何在与导师互动中受到影响的。作为研究生个体质量的核心质量，A01 的自我主导力得到一定的发展，并在创新能力和职业成熟度方面得到了较好的发展，表现出积极、乐观、勤奋、自信的人格品质。

笔者共进行了 3 次访谈，访谈导师 1 次（2014 年 12 月 3 日，在 M01 办公室），访谈学生 2 次（2014 年 12 月 10 日，A01 硕士三年级，在实验室；2016 年 3 月 25 日，A01 博士一年级，在会议室），研究生 2 次访谈的时间间隔为 1 年。通过 3 次访谈，整理了导生互动对硕士研究生发展影响资料矩阵（见表 3-1），可以清晰地看到导师对学生的影响以及学生的发展变化。

表 3-1 理想模型中导生互动对硕士研究生发展影响资料矩阵

发展要素	研究生感受	导师的影响
思想	积极向上的阳光心态、知行一致、对未来有美好的预期、乐观	思想架构,通过经典导读和谈心,进行思维方法的引导。点燃学生学习的热情,培养他们的研究主动性
认知和能力	知识掌握、语言学习能力、写作能力、研究能力、宣讲能力、良好工作习惯。研究生可以主导课题。研究经验和文章都有了,有些底气了	手把手帮学生改论文;提供物资保障,保障实验所需材料和设备;搭建交流平台,定期召开组会、带学生参加学术年会、带学生走访企业工厂等。坚持对研究生全方位的培养,未来要靠他们自己去掌控
情感	热爱专业,尊重信任导师,以学校为荣。常主动"泡"在实验室。有荣誉感、被尊重。感觉很温暖、很贴心	尽心指导,鼓励研究生提问,认为"一个硕士生,(如果)什么都会了,还要我们这些导师做什么?"他能体谅学生,说本身做实验就挺辛苦的,要是再设限制反而会打击一些人的积极性,比较全面的保障。导师会"母爱"泛滥,特别关心学生发展。出去开会的时候要求我们戴校徽
人际	情绪温和。喜欢跟导师交流,一有问题就给他打电话,感觉交流很顺畅。课题组一起做实验很舒服。在组里面有时候跟导师争辩比较多,会保持一些个性	与研究生充分交流,包括聊社会的问题,聊反腐、宗教、网站宣传内容,认为好的东西要有一个形成和接受过程,不用太悲观,没有必要太"愤青",重视对研究生待人接物和礼仪方面的指导
价值观	进行有价值的创造。得到更多人的尊重,实现自我价值、生命充实	学术诚信上的培养。顶住一些安全责任的压力,希望学生生活得自由幸福
社会适应	选择更自由,增长了不少社会阅历	提升研究生能力,使得研究生拥有选择权、决定权、竞争力。帮助和引导研究生建立行业人脉

在访谈中,导师从招生、培养、资助、毕业指导等方面谈指导体验,研究生从读研的动机、学习和科研收获、生涯规划等方面谈读研体验,重点是与导师的互动感受。笔者整理了导生访谈实地笔记、编

码表、访谈接触摘要单等，并收集了相关材料，包括师门研究生情况，已经毕业的和在读的研究生的科研成果、获奖情况、去向等，以及实验室管理材料、导师带领他们参加活动的材料，等等。研究生的2次访谈虽然时隔1年，但还是在原来的导师（博导）指导下，没有太多新的变化。

从表3-1可以看到，M01注重对学生品格的培养和为学生提供全方位、多层面的支持。在指导学生方面，M01提出了4个指导理念：爱他们像爱自己的孩子；相信他们都是真诚和可信赖的；尽可能体谅他们的难处；真诚相待，以身作则，己所不欲，勿施于人。他的指导理念和举措充分体现了助益性导生研究伙伴的特征。

（一）导生研究伙伴关系的特征

1. 原则1——真诚、接纳和共情的氛围

在真诚、接纳和共情的氛围中，导生都感受到被尊重、被认可和被关爱，应视之为基本原则。导师的真诚体现在言行一致、以身作则方面，M01表示："我跟学生确定关系以后，首先说的是我会努力做哪些事情，而不像有些老师总是一味强调学生应该做哪些事情。现在有的师生关系不融洽，学生不听老师（的话），老师看不惯学生，老师应该反思，先要求自己。"学生能看到导师真实的一面，A01说："他心情不好的时候骂我们几句也能够理解。比如去年的时候有一个项目结题，事情比较多，总能找到理由骂我们，但是也能够理解，事情比较多，会比较烦躁。他有个特点是过段时间他就会跟你道歉。他说主要是他太忙了心情太烦躁了。他有小失误我们也会指出来，感觉交流很顺畅。"正是M01这种公开坦率的态度，让学生感受到他的真诚、透明，即真实性，他才能与学生建立起亲密和相互信赖的关系。他理解学生做实验的辛苦，给他们提供充足的实验物资保障和助研津贴保障。A01说："他就说本身做实验就挺辛苦的，要是再设限制反而打击了一些人的积极性，只要不是太浪费就可以。"

所以让课题组的学生"很多时候都不愿意离开这个组，因为我们组一起做实验很舒服"。

M01 对学生的深切理解，设身处地为学生着想，反映出他具有较强的共情能力。共情又称同理心、移情，是指人不但能够看到他人的情感，而且能感受他人的情感（Titchener，1990）。刘聪慧等（2009）认为共情作为人与人之间情感连接的纽带，既是道德发展的重要指标，又是预测亲社会行为和道德行为的重要因素，并且共情是自我与他人关系的核心，是社会生活的基础，与我们的生活密切相关。M01 对学生的关心、同情、理解，在潜移默化中也促进学生提高共情能力，A01 表示："老师都这么尽心地培养我们，我们不可能在那里没心没肺地混日子。"

A01 评价 M01 "他有的时候也有点儿'母爱泛滥'——就是特别关心。比如我考博的事，我没有拜托他帮忙，他主动打电话给那些老师。感觉很温暖、很贴心"。

导生共情促进和谐师生氛围的营造，让人感到温暖和身心愉悦，有助于沟通顺畅。学生不必隐藏自己的真实想法和感受，不必察言观色附和导师权威，活出真实的自己。

2. 原则 2——学习者体验与价值观引导作为学习的语境

导师重视把对研究生的培养设置在具体的学习、研究和实践情景中，并且将思想教育潜移默化地融入其中，关注研究生的体验和价值观发展的原则。M01 认为指导的关键是点燃学生学习的热情，调动他们的研究主动性，M01 说，

在学生发展方向上学生主导占 80%。我只是引导和帮助的角色，遇到难题时找我，想不通时找我，我从来不规定研究生进实验室的时间，但他们常主动"泡"在实验室（本土概念），思想高度有了，学习目标有了，工作习惯有了，学生自然勤于科

研，成果自然就有了，一切水到渠成。

我会安排学生读经典和定期交流，《道德经》必读，四书五经、古希腊哲学、中国古代哲学都会涉猎，引导他们比较中西方思维差异，研究发展的特点，打下一个较高的思想构架。培养他们积极向上的阳光心态。在待人接物和礼仪方面具体指导，让他们的知行统一。让学生看到希望，我自己也会身体力行、言行一致，做好表率。

导师对学生思想发展上的关注是导生互动的基础，如果导师只是关注学生学业成绩和科研成果，则会本末倒置。实际的导生互动中，不少导师都认为自己只管学业，其他的不关心也不想管，不考虑学生的基础、目标、心理压力，盲目"压担子"，采取高压政策，监督学生做研究，这极易引发导生冲突。导师注重思想引导，点燃学生学习的热情，学生就会变"要我学"为"我要学"，主动去学习和做研究。思想引导不是枯燥的说教，而是应该融入研究生教育各环节的体验，价值观的引导也是要在具体事物的价值判断中逐渐推进的过程。

3. 原则3——包容性、多元化支持网络

导师提供多元化的支持网络，包括学业支持、物质支持、精神支持、情感支持等，遵循无条件包容学生的原则，允许学生有无知和犯错的情况，帮助研究生进行自我调节，让研究生有安全感，正视研究生学习的过程就是一个成熟的意义建构的过程。

学业支持方面，导师注重差别化和分阶段指导，包容学生在成长过程中的困难，M01对初写论文的研究生指导非常细致，关注每个研究生的发展情况，M01说，

每个学生的情况和研究进度都在我心里。当然指导也是分阶

段的，比如指导他们写英文论文，刚开始时对于他们来说很困难，要手把手地教，一个词一个词地改……第一篇文章有80%都是我改的，但是到后来，学生发了文章了，渐渐有信心了，也写顺手了，我的贡献也就在20%左右了，提提修改建议、把把关即可。

对学生的物质支持主要体现在学生资助和实践平台方面，M01考虑的是自己的学生如何能幸福，尽力为学生多提供经济上的支持，M01说，

我每年给我的学生发助研费10万~15万元，每个研究生不少于1000元/月，今年我的科研费为485万元，要考虑维持这个水平其实挺不容易的，我还要努力申报课题，创造平台，寻找资源，挺费心的，但是为了学生，我觉得值得。

在实验材料保障上，M01很大方，A01说，

做合成药品反应器，老师对材料不会设限，用起来很顺手。1000元以下的东西我们都可以自己决定，1000元以上的东西我们需要向老师询问，老师觉得有必要的一般都会同意。像我们组有一个同学用的材料是2万多元1斤的。

精神支持体现在思想引导和价值观培育方面，情感支持体现在共情理解方面。学生愿意主动与M01交流，A01说："有时候，比如说拿不定的主意，我还比较喜欢去找老师聊一下。我其实可能在组里面跟他有时候争辩比较多。""刚开始接触，有很多的问题，合成上的一些技巧和一些注意点总是出错，当时脸皮比较厚，每天都给钱老师

打电话，一有问题就给他打电话，这样一个月下来，感觉成长了很多。到后来这种情况就比较少了，所以说我觉得自己比较幸运，碰到了一位好导师。"M01鼓励研究生提问，常说"一个硕士生，（如果）什么都会了，还要我们这些导师做什么？"

导师的多元化支持为研究生的学习和生活提供充足的保障，导师全方位的支持体现出包容性的指导理念，允许学生有不懂的问题，耐心帮助学生解答和纠错，正视研究生成熟的阶段性和过程性，让研究生感到踏实，为研究生全身心投入学习和研究奠定了安全的心理基础。

4. 假设1——理论探究与实践相结合激发创新

假设通过理论探究与实践相结合，让研究生感受到所学知识有用武之地，激发研究生的创新意愿。导师让研究生尽早进实验室，认为科学实验是培养研究生的最好平台；每周召开组会，让研究生汇报研究进展，同时锻炼研究生的表达能力。注重研究生社会适应性发展，M01说，

> 我会安排学生走访企业，参加会议，让他们在与社会接触的过程中，了解行业发展状况，与业内核心人员建立联系，包括企业老总、知名教授等。人脉的积累、行规的了解可以为学生未来发展奠定良好的基础。

M01还会安排研究生去工厂做放大实验，让其接触真实的生产环境，发现和解决实际生产中的难题，把理论探究和实践相结合，激发了研究生学习的兴趣，觉得学有所用，很有成就感。A01说，

> 我从大三开始就跟着老师做了，觉得跟他做也挺好的，特别是本科毕设接触下来，又经历了那么多，当时他每天都来实验

室，指导得很到位。毕设的时候跟班一个月，感觉学到的东西比较多，完了又马上去工厂做实验，收获很多。

我们出去的机会比较多也是让我满足的一点，我感觉不会太单调。我大四跟着导师去了广东，看一个准工业的生产。今年上半年自己一个人去了浙江，学习一些工艺。今年暑假的时候（导师）带着我们整个组去了一趟山东，去了一周多，各个工厂去看了一下。像每年年终的时候我们还会开一个全国学术年会，全组都去。我觉得比单纯待在学校收获大。因为很多大锅、小锅的反应其实跟工厂生产差别蛮大的。比如在实验室里，我们感觉这个温度直接往上升，到了一定程度就好了，而在工厂反应料蛮多的，要是到了那个温度再停下来可能就炸掉了。

通过理论探究与实践相结合的切身体验，研究生增进了对理论的理解和认识，意识到创新所要肩负的责任，即创新就是要破解实际生产中的难题和瓶颈，仅停留在实验室里的创新成果是远远不够的。实践也激发了研究生学习的兴趣，原本单调的实验室重复劳动，因为有解决实际问题的价值而变得有意义。研究生有机会参加学术年会，增加了与同行的交流，有机会接触不同层次的专家和学者。这些异质化的学习情境促进了研究生理性面对多样化观点的认知成熟，以及适应和尊重多元文化的人际成熟。

5. 假设 2——价值观反思和多样化选择

假设导师启发研究生经常对价值观进行反思，使他们在面对多样化的观点和机会时，知道如何选择，判断其与自己的价值观是否一致。在遇到困难的时候，A01 说 M01 告诉他们要乐观，"他认为好的东西要有一个过程，没有必要太'愤青'，就感觉个人要乐观点，没必要抱怨。就像申请这个实验室一样，都是申请的，努力争取的结果"。比如当初学校实验室有限，需要导师积极争取才能得到实验条件的改善，在申请的过程中，M01 把遇到的问题和如何克服困难、如何与人打交道等都直接告诉学生，让学生感受到"他很乐观，也很努力"。谈到未来的规划时，A01 表示希望能"进行有价值的创造""毕业后想做技术管理方面的工作，像导师那样，既是专家，也兼管理，想得到更多人的尊重"。他初步形成了自己的价值观，对未来职业发展也有了比较清晰的认识。

M01 注重学生毕业后发展，帮助他们更快地调整心态和适应社会，

> 我会在毕业时为他们推荐岗位，争取一个较高的就业起点，有利于他们未来发展。毕业后 2~3 年，我会给他们持续关注和辅导，主要是心理和思想方面的调适辅导，学生因为在学校待久了，踏入社会后，刚开始不适应，一些现象看不惯，我知道后，会引导他们以积极的心态面对。

导师对研究生的影响已经不再以毕业时限来划分，而是完全以学生发展需要为中心。

M01 尊重学生意愿，不把自己的想法强加给学生，

> 他们会问我的意见，我会提些建议，关键还在学生自己。因为未来要靠他们自己去掌控，我所能做的就是帮他们练好本领，有更强的竞争力，有积极的心态去迎接挑战，去过自己想要的人生。

导师无条件地为学生提供支持和帮助，但并不把自己的想法和资源强加给学生，而是把选择权交给学生，引导学生学会比较、学会鉴别、学会决策。

价值观反思和多样化选择是促进研究生自我同一性发展的基础，

困难、挫折、不适应，以及面对多种机遇的抉择都会促进研究生对自己价值观的反思，比较自己的信念和内心的声音与外部语境的差异，比较自己的近期目标和长远发展是否一致，反思如何在面对困难时进行有效的自我调节，反思权威的观念与自己的信念之间的差异，平衡好外部影响和内部声音。

6. 假设3——导师与研究生建立合作伙伴关系

假设导师与研究生建立的是平等的合作伙伴关系，而不是居高临下的师徒关系。导师重视对研究生合作意识和规范意识的培养，这对研究生具有一定挑战性。体现在学术要求方面，明确了学术研究的道德规范和数据规范，并从自己做起，刚开始学术论文写作对于研究生来说也是一种挑战性的任务，"开始写文章特别难受，特别是我们习惯用中文写，一下子要用英文来写，感觉特别难受"，这时候导师会耐心引导和帮助，"手把手地教，一个词一个词地改，一篇文章一篇文章地磨出来"。但导师对于学术诚信上的培养是非常严格的，非常坦白自己的态度，"我们那边都是所有的数据，整理归纳的时候，拿给他看，只要不是原始的测试出来的一些数据，都必须说明。而且必须自己负责数据的真实性，因为这个数据在组里面是共享的，就是别的人也可以用，所以谁出了问题总能找到，反正他也说谁出了问题就找谁"。这种适度挑战是研究生在科研过程中普遍会遇到的，这时候导师的耐心、指导技巧、指导原则、学术标准会通过具体的表现反映出来，深刻影响研究生的学术态度、专业素养、研究能力和创新能力的培育。

师徒关系在不少导生心中根深蒂固，这种传统的导生关系重"导"轻"生"，不利于研究生自主性发展。研究生具有双重身份，即学习者和研究伙伴，在助益性的导生研究伙伴模型中更强调教育者与学习者的伙伴关系，包括身份、权利、对话等方面的平等关系。导师需要强调的是合作的规范和标准，尽量减少作为权威对研究生的控制和束缚，培养他们独立负责的合作精神，促进研究生人际成熟。

总体来看，M01 对 A01 的指导非常投入，这与他的教育目标密切相关，他说："我希望自己的学生生活得自由幸福，对未来有美好的预期，毕业时有更多的自由选择机会，实现自我价值。生命充实、有荣誉感、被尊重。"这与罗杰斯（2004）的教育目标不谋而合，即促进变化和学习，培养能够适应变化和知道如何学习的人。真正的学习是有意义的学习，而非事实性知识的积累。有意义的学习是超出事实性知识积累的学习；它能在个人的行为、未来的行动选择、个人的态度和人格等许多方面导致真正的变化；这种学习具有弥散性，它不只是知识的增加，而且会渗透到人的生存的各个方面。

在导师与研究生的学术交往中，导师利用自身的有利地位主动积极地与研究生建立和谐的导生协作的学术交往。导师要成为师生良好互动环境的创造者、交流机会的提供者、师生良性互动的组织者和学生发展的指导者与促进者。导生互动中研究生并不是被动地接受指导，而是要在学习和研究过程中努力探索、大胆创新，在发现问题、有所疑惑的基础上主动寻求导师的指导。在与研究生的交往中，导师要了解研究生的思想状态，纠正其错误观念，帮助研究生解决困难，以便研究生能安心学业。导师要主动与研究生交往，观察研究生的生活、学习、爱好和习惯等，加深对研究生的了解。导师要指导并帮助研究生做出创新成果，让研究生产生成就感与自豪感，体验到创新带来的物质与精神的满足，强化研究生创新的动机。只有在了解研究生个性倾向和认知特点的基础上，导师才能对其做出积极、正确的预期，进而形成导生之间的心理互动，实现"全人"教育的内涵。

（二）个体自我主导力的发展分析

玛格尔达把自我主导定义为存在于个人内部的能够定义自我信念、自我身份以及社交关系的能力，包含了认知、内我、人际三个维度。具备自我主导力的人相信自己，拥有相对稳固的人生信条，并会在坚持信念的同时，能够真正自如地与外界和谐相处，其具备三个特征——相信自己内心的声音、建立内部基础、守卫内心承诺。按照自我主导力三个维度和三个特征分别对 A01 的自我主导力发展情况进行分析。

1. 自我主导力三个维度的发展

相对成熟的认知能力。A01 通过阅读文献、科研实践、企业实习，构建自己的知识体系，对本专业的知识和行业发展情况比较熟悉，能够独立承担项目课题和完成高水平的科研成果，具备了"语言学习能力、写作能力、研究能力、宣讲能力、良好工作习惯"，而且"研究经验和文章都有了，有些底气了"。

基本做到自我同一。A01 明确认同自己的身份，"我目前的话，肯定有自己坚持的一些底线或者说原则，肯定不会去违背"，通过与导师交流和看"闲书"，在思想上有自己的立场和人生观，"都是乐观的态度，因为好的东西要有一个过程，没有必要太'愤青'……他推荐我们看《道德经》，看了前半部分，也不能完全理解，需要有个过程，像其他老师可能会说你看文献去吧，我们的导师一直跟我们说要立体全方面地培养我们，他不会一味让我们发文章"。师生交往中教师对于学生的价值引领和情绪感染也会对学生的自我同一性产生重要的影响（程世英、刘春琼，2015）。

逐渐成熟的人际交往能力。A01 喜欢与导师商讨确定自己的研究计划，在实验过程中，如果遇到问题和困难，他会主动咨询导师，但并不盲从导师的意见。通过校外交流，A01 锻炼了与人交往能力，"常常接触企业和参加学术会议，自己感觉增长了不少社会阅历，比如言谈举止、着装礼仪、察言观色等，不亲自体验是体会不到的"。

2. 自我主导力三个特征的体现

A01 具备自我主导力的三个特征体现在读研学校的选择、研究课题的主导、未来的职业规划的过程中。对于为何选择本校保研 A01 是经过慎重考虑的，主要是遵从自己内心的学习兴趣，并且主动为自己寻找机会，增加对未来学习的环境和导师的了解，A01 是一个有准备的人。

> 我本科就在咱们学校本专业读的，觉得本科没有学到多少东西，就业心里没底，大三的时候想保研，原打算到外面知名的学校去读，当时就想找个老师咨询一下，同时也做些实验研究，为保研做准备。所以，我从大三开始就跟着老师做了，觉得跟他做也挺好的，特别是本科毕业设计接触下来，又经历了那么多，当时他每天都来实验室，指导得很到位。毕设的时候跟班了一个月，感觉学到的东西比较多，完了又马上去工厂做实验，收获很多。在自己学校也挺好的，这样课题也有连贯性，在其他的学校，不管是做同一个课题还是换一个课题，新老师总得接触一定的时间，感觉这段时间就浪费了。

经过切身考察和体验后，A01 进一步坚定了自己读研的决心，他相信自己内心的声音——能学到东西，在择校方面也做出了理智的选择。说明在选择是否读研之际，A01 已初步具备了一定自我主导力。

> 如果去外校跟一个一般的导师反而学到的东西不多，而且他们那边的博士比较多，我们学校没有博士是个弱项，但这样对我们硕士生来说反而是件好事。好多课题我们可能主导，我们跟北化和北理那边的硕士生也有交流，他们多是给博士打下手，分他们子课题，相当于是博士来指导他们。所以觉得能学到东西才是最重要的，就没有去追求名校的光环。

A01 读硕士和博士并不是盲目的，而是希望学到更多的东西，特别是经过硕士期间的学习，他建立了内心的信念——要主导自己的学习，他举了个例子来说明自己所在课题组的优秀。

> 一个大学的学生来我们这边做测试。他是一个研三（硕士）的学生，结果后来被（我们课题组）本科生大四的学生给鄙视了，说幸亏没有报那个大学（硕士）。甚至有时候还不如我们做完半年实验的一个大四的学生。像我们那边，每年本科生到组里面，分配过来做实习生，基本上考研比例很高，每年可能也就一两个出去工作的，反正锻炼半年出去好像也挺好的。有一个升职升得蛮快的，现在也算一个主管，是一个本科生。所以，我觉得我们这边的硕士，至少我们课题组的研究生出去，肯定地说不比别人差。所以说我们这边培养出来的硕士水平是蛮高的。我们有时候跟导师出去参加社会活动，然后他们会开玩笑问：带的学生是工商的吗？就是质量比较好。

这个例子其实正好佐证了 A01 对自己内心承诺的坚守——能收获真正的成长，这是一种发自内心的自信，一方面来源于自身的成长体验、感悟和收获，另一方面也来源于导师的引导。

> 老师对我们平时来学校这边搞活动，在餐桌上都有（礼仪）要求，如果说谁穿着有问题，他都会批评。像我们出去开会的时候，他都要求我们戴校徽。

A01 选择继续读博士，也是因为综合考虑自己的兴趣和专长，他读博期间除了科研，更多的是想和企业多一些接触，有机会可能出国访学 1 年，多些见识和阅历，希望能"进行有价值的创造"，在谈到未来的规划时，他表示："毕业后想做技术管理方面的工作，像导师那样，既是专家，也兼管理，想得到更多人的尊重。"

虽然研究生的实验生活枯燥而乏味，然而对于 A01 却似乎是在享受自己的美好生活，这种生活是丰富的、激动的、有益的、富有挑战性的、意义深长的生活（罗杰斯，2004）。他流露出对现实生活的满意，对未来生活的憧憬，让笔者感受到他活出了真实的自我。

（三）挑战和支持对个体发展的影响分析

个体发展所需要的条件包含各种因素，挑战因素会推动个体超越现状，支持因素则会因支撑或维持其新的行为或态度而被同化。一种微妙的平衡是必要的，因为过多的挑战或不平衡会导致学生退却，而过多的支持则会阻碍学生发展（Roark，1989）。对比 Roark 对大学里的挑战和支持表，结合 A01 和 M01 的访谈材料，对导生研究伙伴模型中包含的挑战和支持因素及其特征进行了提炼，具体见表 3-2。

表 3-2　导生研究伙伴模型中的挑战及其支持因素

挑战因素	挑战特征	支持因素	支持特征
带领学生参加各种学术会议和行业聚会	多样性	导师体谅学生不容易，学生感到不能"没心没肺"地混日子	同理心/共情
实验失败	风险	导生真诚相待、彼此信任	信任
不限制在实验室的时间	自由	定期开组会	例程
撰写英文论文	标准	去工厂调研、中试实验	实践的机会
组会轮流汇报	口头报告	可随时打电话问导师	安全
导生意见不一致	分歧	实验室团队	社区
和不同的人交流和学习	非均质性	导师帮学生一个字一个字改论文	清晰
研究的阶段性目标、未来的幸福人生	预期	导师主动帮学生联系读博学校	温暖
实验路线选择、毕业选择	选择	经典导读，思想架构	正强化
		导师随时接待学生咨询	员工可访问性
		导师言行一致，行为表率	一致性
		实验室团队共用数据	合作
		明确学术规范要求	示范的技能
		导生交流"顺畅"	轻松的气氛

资料来源：参考 Roark（1989）整理。

从支持特征的角度来看，模型中包含同理心/共情、信任、例程、实践的机会、安全、社区、清晰、温暖、正强化、员工可访问性、一致性、合作、示范的技能、轻松的气氛等要素；从挑战特征的角度来看，模型中包含多样性、风险、自由、标准、口头报告、分歧、非均质性、预期、选择等。

导师主动帮忙联系读博院校实际上是给予了学生"过度"的支持，反而不利于锻炼学生的自主性，所以学生认为导师"母爱泛滥"，共情过度虽然让学生感动，但也有自我发展受阻的无奈。在中国"一日为师，终身为父"的文化氛围下，导生更容易被情感联系，学生难免对导师有着父母般的依赖情结，导师不由自主把学生视为自己的孩子，溺爱反而会妨碍孩子的自我发展。传统的尊师和忠孝文化导致学生对权威习惯性的敬畏，服从多于挑战，要逾越这条天然鸿沟，需要发挥导师的作用，即鼓励学生学会平衡与权威的关系，学会分享权威的意见并形成自己的观点；而导师应把外在的威严转化为内在的人格魅力，以促进学生自主发展为目标，建立理想的导生研究伙伴关系。

三　导生研究伙伴模型评价

从这对优秀的研究生导生的访谈材料分析中，可以看到研究生教育经历对研究生的个体质量具有较大的影响，特别是在自我主导发展方面，显现出具有相对牢固的信念、理性的自我认知、成熟的人际交往态度。构建的导生研究伙伴模型对研究生个体质量的发展起到了很好的促进作用，为促进研究生自我主导力的发展提供了有力支持；模型的三个假设，即理论探究与实践相结合激发创新、价值观反思和多样化选择、导师与研究生建立合作伙伴关系，都对研究生自我主导力的发展发起了挑战。

评价导生研究伙伴模型对研究生个体发展质量的影响，可以发现在研究生教育中导生互动的研究情景下，导师和研究生在确认培养/学习目标上面达成了一致，即培养/成为具有竞争力的幸福的人。导师认为培养研究生达到该学习目标最重要的是培养研究生的独立自主的能力，而不是达到单纯的学术成果要求，这需要研究生进一步明确内部信仰体系、内部同一性、互动关系三个维度，自我主导力得到发展则预示着研究生具备长期发展的潜质。研究生假设导师会真诚对待自己和接纳自己，能在思想上引导自己、在学业上指导自己、在情感上支持自己，并在导生互动中得到了验证。研究生明确自己的学习目标与导师的培养目标的一致性，同时也能清楚意识到自己的现实能力与目标之间的差异，在导师的包容和支持下，可以有安全感地、真诚地、自如地与导师互动，让导师及时了解研究生的学习体验，帮助研究生进行自我调节，帮助研究生不断巩固自己的价值观，从而全身心投入学习和科研的体验中。导生研究伙伴模型充分体现了导师提供的这种自主性挑战和支持，有力地促进了研究生自我的发展，作为研究生核心质量的自我主导力提高，研究生在学习和科研上充满了动力和激情，枯燥的实验也变得有趣起来，研究能力逐渐提高，学术成果自然涌现，对未来职业发展也充满信心。

导生研究伙伴模型选择了研究生教育中导生互动的研究情景，进一步拓展了学习伙伴模型的适用领域。引入了共情、创新激发、包容性等因素，是对学习伙伴模型的有益补充。导师以平等身份对待研究生，热爱、关心、尊重、信任学生，依靠自己的德、识、才、学吸引研究生，对研究生因材施教，注重运用启发、引导、协助的教育方法，增强研究生的主体意识和开拓精神。研究生热爱、钦佩、尊重导师。导生间关系亲密，除正式交往外，非正式交往较多。在这种导生关系中，导师是在尊重、理解学生的基础上严格要求，研究生学习、研究的积极性、主动性和创造性得到充分的调动，有利于增强研究生的自信心，提高研究生的社会适应能力和人际交往能力。

自我主导力作为研究生的核心质量，不可能在短短的 2~3 年完全发展起来，玛格尔达在长期的跟踪访谈研究中，发现 20~30 岁是自我主导力发展的关键，但一般在 40 岁左右才可能发展到最高阶段，达到完全自我主导。研究结果表明，研究生阶段是自我发展的重要阶段，助益性导生互动可以很好地促进研究生的核心质量——自我主导力的发展，从而使之具备长期发展的潜质、创新能力、解决实际问题的能力。导生研究伙伴模型值得在研究生教育中推广，然而教育中最好的方法往往是最困难的方法（满晶、马欣川，1993），鉴于导师都是成年人并且已经形成稳定的价值观和指导风格，导师的指导理念和指导风格改变起来难度比较大，这对于研究生教育管理部门来说是一个挑战。

导生研究伙伴关系是一种理想的导生互动关系，在真实的情景中，导师对研究生的指导风格是多样的，指导理念和互动形式也因人而异，需要扩大访谈对象，进一步修正模型，使之更具实用性和推广价值。

第二节　修正模型：助益性互动和控制性互动

在上述典型研究生及其导师分析的基础上，笔者另外抽取 6 名优秀的硕士研究生和相应的 5 名导师，分别邀约访谈。这些研究生均为获得研国奖的研究生，抽样时考虑了硕士研究生的性别、学科、培养类型的不同，并参考了他们的学业成果、答辩时的表现和辅导员的推荐意见，同时，还抽取了 1 名欲退学的硕士研究生作为反例。然后，笔者运用连续比较分析法（林小英，2015）对 8 名硕士生和 6 名导师的访谈材料逐步分析，不断修订理想模型 T1——导生研究伙伴模型，得到修正模型 T2——导生互动影响自我主导力发展模型。

　　玛格尔达根据自我主导理论设计的学习伙伴模型是一种理想模型，模型中好的陪伴需要教育者创造条件以促进学习者的自我主导，认为教育者的观念和角色也需要转换，即由控制者和管理者转换为指导者和支持者。而在实际的导生互动中，以控制者和管理者为指导理念和角色的导师并不少见。理想的导生研究伙伴模型的前提是：导师和研究生确认共同的培养/学习目标，即培养/成为具有竞争力的幸福的人。研究生假设导师会真诚对待自己和接纳自己，并能在思想上引导自己、在学业上指导自己、在情感上支持自己。研究生具备学习的能力，明确自己的学习目标和能力之间的一致性与差异，并对研究生期间的学习做好规划，与导师沟通并达成一致，按时间段分步落实学习和发展目标，明确每项任务或活动的规范或标准，明确每一步要达到的学习目标和希望发展的能力。理想的导生研究伙伴模型中导师与研究生的互动以助益性为主，同时还有一定挑战性，导师给研究生的整体感受是"支持型"导师。

　　而在实际的导生互动中，理想模型中假设和前提并不一定都能满足，比如有对研究生指导不足的"放羊型"导师，也有只按自己科研任务进度要求研究生工作的"老板型"导师。"老板型"导师与研究生的互动以控制性为主，"放羊型"导师与研究生的互动不论是助益性互动还是控制性互动水平都较低。那么控制型导师指导风格对自我主导力的发展有影响吗？在实际导生互动中的支持、挑战、控制等要素又是如何影响自我主导力发展的呢？在这方面，Deci 和 Ryan 提出的自我决定理论，以及该理论应用于研究生导师指导风格方面的研究结论为本书的研究提供了重要参考。

　　德西和瑞安提出的自我决定理论从动机和教育的关系进行分析，认为人具有与生俱来的三个基本需求，即胜任、关系、自主。胜任包括了解如何获得各种外部和内部结果，在执行必要的行动时有效；关系包括在社会环境中与他人建立安全、令人满意的联系；自主指主动和自我调节自己的行动。因此，自我决定的潜在需要可以引导人们进行感兴趣的有益于能力发展、有益于自主发展的行动。Oldham 和 Cummings（1996）基于自我决定理论提出了管理中支持型和控制型领导风格，认为支持型风格管理者关心个体的感受与需求，通过有效的信息反馈和指导帮助个体提升自身技能；而控制型风格的管理者采用命令式的管理方式，强调个体遵循规定的行为。并通过实证研究表明在复杂的且具有挑战性的工作中，支持型领导风格更易促进员工产生创造性的工作成果。Oldham 和 Cummings 的研究结论被应用于对研究生导师风格的研究中，已有研究认为自主支持型导师指导风格和控制型导师指导风格都对研究生的创造力有正向影响（王茜，2013），而自主性动机在导师自主支持研究生创造力中起完全中介作用（檀成华，2016）。

本书的研究以 A01 在导生互动影响下的成长分析为基础，拓展研究对象，进行比较分析，重点关注导师对研究生的支持、挑战、控制等方面的影响。拓展研究对象后，质性研究对象增加到了 14 人，情况简介见表 3-3，其中包括 8 名硕士研究生、6 名导师。硕士研究生包括 4 名男生和 4 名女生，6 人为工科、2 人为经管学科，6 名学硕、2 名专硕，5 名硕士研究生评价导师为支持型导师，3 名硕士研究生评价导师为控制型导师。6 名导师中，包括 4 名男导师（M01、M04、M05、M06）和 2 名女导师（M02、M03），4 名教授（M01、M02、M03、M06）和 2 名副教授（M04、M05）。

表 3-3 质性研究对象情况简介

序号	学生	性别	年级	学科	类型	备注	导师	评价导师
1	A01	男	硕三	工科	学硕	获研国奖、读博	M01	支持型
2	A02	男	硕三	工科	学硕	获研国奖、读博、创业	M01	支持型
3	A03	男	硕二	工科	专硕	获研国奖、读博	M02	支持型

序号	学生	性别	年级	学科	类型	备注	导师	评价导师
4	A04	男	硕三	工科	学硕	获研国奖	M03	控制型
5	A05	女	硕二	经管学科	专硕	获研国奖、竞赛获奖	M04	支持型
6	A06	女	硕三	经管学科	学硕	获研国奖	M05	支持型
7	A07	女	硕三	工科	学硕	获研国奖	M06	控制型
8	B01	女	硕二	工科	学硕	欲退学	M06	控制型

在对 A01-M01 微分析的基础上，逐步分析 A02-M01、A03-M02、A04-M03、A05-M04、A06-M05、A07-M06、B01-M06 的访谈材料，通过连续比较分析法，得到初步的导生互动属性-维度关系，如表 3-4 所示。当笔者反复进入研究现场和研究对象充分交流后，原有的理想模型被颠覆了。在原有的导生研究伙伴模型中主要通过支持和挑战两个互动因素促进自我主导力发展，其中支持好像推力，而挑战好像拉力，二者作用方向一致，共同引导自我主导力发展。引入控制因素后，导生互动对自我主导力的影响变得复杂了。助益性导生互动和控制性导生互动的区别就在于互动中心和互动目标不同，助益性导生互动是以学生需要为中心，并以促进学生发展为目标；而控制性导生互动是以任务需要为中心，并以获得任务成果为目标。A04、A07、B01 在与导师互动中是被动地去做科研任务，感受是压抑、紧张并且行动受限，B01 甚至感到害怕。然而，"主动泡在实验室"的 A01 和"主动住在实验室"的 A03，同样面对大量的科研任务，却在与导师互动中感受到舒服、温暖、安全、自由。控制性导生互动的层次较浅，仅停留在完成任务的浅表层次，而助益性导生互动强调思想、价值观、人生观等深层次的互动。从互动情景来看，控制性导生互动情景比较单一，仅停留在校内，比如实验室内；而助益性导生互动情景则多样化，包括实验指导、论文指导、外出实习、

学术会议、行业年会、交友、择业、热点讨论、竞赛指导等，导师会创造条件，让研究生在广泛的异质化情景中建构自己的意义。

表 3-4 导生互动属性-维度关系

原始材料	维度	属性
M01 为了学生的幸福，让学生看到希望 M02 他立志要到高校当老师，我就告诉他高校老师应该具备什么素质 M03 发论文、顺利毕业、拿奖学金 M04 无论你选哪个题目，是你自己去研究，就要成为专家，要靠你自己决定	• 以促进学生发展为目标 • 以获得任务成果为目标	互动目标
M01 有问题随时问我 M03 实验进度如何？ B01 你没有按我规定的时间做完 M06 有研究能力的就让她干脑力活，混文凭的就让她干体力活	• 以学生需要为中心 • 以任务需要为中心	互动中心
A01 出去机会比较多 A06 导师给我安排的实习收获挺大 M02 带领学生去接触最新的东西 M03 就在实验室，没必要出去	• 多样（实验指导、论文指导、外出实习、学术会议、行业年会、交友、择业、热点讨论、竞赛指导等） • 单一（实验室）	互动广度（情景）
A01 觉得在组里很舒服，不愿意离开 A03 导师特别和蔼，和她相处特别舒服 A04 每天都要汇报结果，没时间干别的 A06 导师就像朋友一样，很好交流 B01 特别害怕，总是想哭	• 舒服、温暖、安全、自由 • 压抑、紧张、害怕，行动受限制	互动情感（感受）
A01 主动泡在实验室 A03 主动住在实验室，主动接项目 B01 他实验哪需要人，他就让我做啥	• 研究生在互动中主动 • 被动	互动主动性
M01 点燃他们研究的激情 M03 完成实验室的工作，毕业足够了 A01 毕业后像导师那样，成为专家和管理者，得到更多人的尊重	• 深（思想、价值观、人生观） • 浅（完成任务）	互动深度（影响）

在新引入的研究对象中有 3 名评价导师的指导风格为控制型，但其中 A04 和 A07 获得了国奖，而 B01 却申请退学，并且 A07 和 B01 为同一位导师，访谈材料也充分体现了控制型指导风格的导师在与研究生互动中的特点和影响。他们在与研究生互动过程中，强调的是任务，导师会制定任务进程表，并严格监督研究生推进任务情况，比如每天汇报实验进展、每天写实验报告等，未完成任务的研究生则受到责备。研究生在互动中被动地完成任务，并不了解任务的意义和价值，以及与自己成长的关系，被迫超负荷工作。B01 说，

> 研一就进了实验室，白天上课，下午 6：00 进实验室，要求待够规定的时间，还要指纹刷卡，实验强度太大了，经常是连续一个星期每天都要凌晨 1：00 甚至凌晨两三点回宿舍。还要熬夜写作业，身体实在吃不消。我整个后背每天都特别疼，然后心情也不是很好，总是想哭，就天天有点抑郁的那种感觉。

考虑导生互动对自我主导力的影响是从支持的角度、挑战的角度，还是控制的角度，是从学生自主发展角度，还是任务完成角度，把助益性导生互动进一步划分为自主支持、自主挑战、任务支持 3 个维度，把控制性导生互动进一步划分为任务挑战、行动控制 2 个维度。自我主导力发展要素中除了按照助益性导生研究伙伴模型探索内部信仰体系（认知维度）、内部同一性（内我维度）、互动关系（人际维度）变化，还发现了自我调控可以作为与自我主导力密切联系的一个新的维度，它和自我主导力其他 3 个维度之间有着一定联系，但是又具有相对独立性，因为研究生自我主导力在与导师互动中也处于不断发展中，自我调控维度是联系现在和未来的纽带。

因此，扩大研究对象后，结合增加的质性访谈材料对理想模型 T1 进行修正，建立修正模型 T2——导生互动影响自我主导力发展模

型，见图3-2。修正模型和理想模型的差别在于以下几点。（1）理想模型中导生互动仅有助益性导生互动，从支持和挑战两个方面促进自我主导力在认知、内我、人际3个维度的发展。（2）修正模型中的导生互动增加了控制性导生互动，即互动的中心是以任务需要为中心，目标是获得任务成果，该任务可能超出研究生当前的意愿或能力，甚至会限制研究生的自由行动，包括任务挑战和行动控制2个维度。（3）修正模型中的自我主导力增加了自我调控维度，更能从实际测量的角度完善对自我主导力的评价。（4）修正模型中导生互动对自我主导力的影响变得复杂，控制性导生互动对自我主导力的影响需要结合不同情境分析。

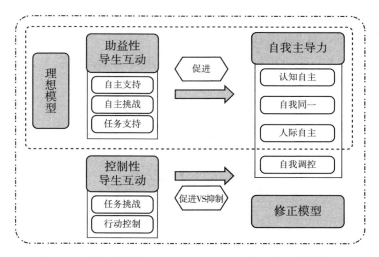

图3-2 修正模型T2：导生互动影响自我主导力发展模型

在研究生教育中导生互动的实际情境下，导生互动影响研究生自我主导力的发展机制如图3-3所示。（1）当导师和研究生在确认培养/学习目标上达成一致时，则导生互动为助益性的，会按照理想模型T1促进研究生自我主导力的发展。（2）当导师和研究生在确认学习目标上不一致时，则导生互动为控制性的，进而制约自我主导力的发展。（3）控制性导生互动在一定情况下会转化成助益性导生互动，即通过影响自我主导力的自我调控维度促使研究生调整自己的学习目标，并通过与导师沟通协商达成新的互动目标。互动关系有可能在一个新的平衡中产生助益性影响，即促进研究生自我主导力发展。但是，如果自我调控后仍然无法达成一致的互动目标，控制性导生互动对自我主导力产生制约影响，甚至导致互动关系终止（换导师、休学或退学）。此外，在实际的导生互动情境中，师生见解、观点不一致是普遍存在的，只有通过加强沟通和交流，双方在学习或研究情境中不断探讨、协调、论证，最终达成一致。这个过程本身就是研究生以任务为载体进行知识建构和意义采择的过程，在这个过程中研究生心理经历了平衡—失衡—再平衡—再失衡的变化，自我主导力得以发展。其中自我调控发挥着重要的协调作用，一方面促进控制性导生互动向助益性导生互动转化；另一方面是自我主导力中联系其他三个维度变化和发展的纽带。

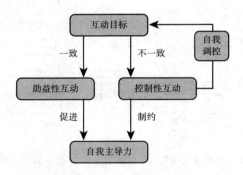

图 3-3　导生互动影响自我主导力的发展机制

研究生假设导师会真诚对待自己和接纳自己，能在思想上引导自己、在学业上指导自己、在情感上支持自己。但在实际导生互动中，当研究生发现并非自己所期待的那样，这就需要其积极与导师沟通，表达自己的意愿，争取导师的理解和支持，必要时也需要调整自己的预期。研究生应该努力使自己的学习目标与导师的培养目标达成一致，清楚意识到自己的实际能力和目标之间的差异，在导师的包容和支持下，可以有安全感地、真诚地、自如地与导师交流互动。导师可以设置具有挑战性的任务，但同时应该及时了解研究生在任务中的经历和体验，在研究生遇到困难时给予足够支持，帮助研究生进行自我调节，不断培育和巩固他们的价值观，从而使他们全身心投入学习和科研中。如果导师和研究生没有达成一致意见，而导师有凭借权威地位控制研究生的行为，驱使研究生仅在以任务需要为中心、以获得任务成果为目标的情景中学习，必定会制约研究生自我主导力的发展，同时影响他们创新能力和职业成熟度的发展，造成导生关系紧张。

可见，控制性导生互动中任务挑战维度可能会促进自我主导力发展，而行动控制则会限制自我主导力的发展。以 A07 和 B01 为例，她们为同一位导师，且同在导师的控制型指导风格下，在面对导师的压力时，A07 说："压力大时自己会有小情绪，急躁起来也会和导师吵，要求调整任务安排，然后会去健身，通过运动调整自己心态。"她通过自我调控，与导师达成新的互动目标，导生关系达到新的平衡，自我主导力也得到了一定发展，她说："我感觉在老师的影响下，对于困难迎难而上的这种勇气，还有克服困难的信心，可能都得到了很大提高。"而 B01 尽管通过自我调控，也未达成与导师新的互动目标和平衡关系，最终选择了退学。

> 我感觉做实验的时候，也没有得到思维上的训练……实验哪需要人，他就让我做啥。他会特别详细地把我的实验步骤全都给安排好，然后也要把时间卡死，没有按要求完成那一步的时候，他就会发特别大的脾气，就觉得是我没有做好。但是他一点都不会考虑，我有可能出现失误，有可能出现意外，比如说我打翻一

个瓶子，其他前面我就得重新来。但是他不会把这些因素考虑进去，就永远这一句话——这是你自己的事情。

B01虽然也努力和导师沟通，但是没有任何改变，想换导师也没有成功，所以休学一年后决定退学，因为读研对于她来说失去了本来的意义。

我原来想找一个有能力，然后专业背景很强、成果挺多的一个导师，严厉也无所谓，我觉得我可以承受，但没想到是这样的，我觉得跟我想象中的那种有差距，差别就是他的这种严厉会对我心理上造成一定伤害……读得也不舒服，然后我感觉我也学不到特别好的东西，当初的朝气也会磨没了。

第三节 研究生在导生互动中的发展

一 助益性互动促进自我主导力发展和科研成果产生

自我主导力发展水平标志着研究生个体发展的主动性、独立性、成熟性水平。自我主导力发展水平较高的研究生表现出具备主动学习、独立科研、为自己做决定的能力。A01发表了4篇论文，均被SCI收录，获得1项发明专利授权，他的自我主导力得到一定的发展，具有相对成熟的内部信仰体系（认知自主），"我觉得读研的收获就是研究经验和文章都有了，有些底气了"；具有一定内部同一性（自我同一），对自己有清晰的认识和明确的定位，"我肯定有一些自己坚持的底线或者说原则，肯定不会去违背的……希望能进行有价值的创造"；具有较成熟的人际交往能力（人际自主），对于导师的意见也不盲从，"其实可能在组里我跟他争辩比较多……常常接触企业和参加学术会议，我感觉增长了不少社会阅历，不亲自体验是体会不到的"。同在一个师门的 A02 发表了 4 篇论文，均被 SCI 收录，获得 2 项发明专利授权，是一家小型咨询公司法人，其主动、独立、成熟的个体发展特征更加明显。

> 我在学校里面搞好我的学术，可以更精准地指导我跟外面企业打交道，这个对我来说有两方面的促进作用，资源对接的能力也是一个提高，这个带给我的比学位带给我的更有挑战……我觉得钱相当于一个附属品，如果你不具备一定能力，没有你想象中那么值钱，很多时候别人对你自身价值的一个评定也不会像你自己所想的那么高。

虽然研究生的生活枯燥、单调、疲累，然而对于他们来说，却似乎在享受自己的美好生活，这种生活是丰富的、激动的、有益的、富有挑战性的、意义深长的生活（罗杰斯，2004）。正如他们的导师 M01 说的那样，

> 在学生发展方向上学生主导占 80%。我只是引导和帮助的角色，遇到难题时找我，想不通时找我，我从来不规定研究生进实验室的时间，但他们常主动泡在实验室，思想高度有了，学习目标有了，工作习惯有了，学生自然勤于科研，成果自然就有了，一切水到渠成。

二　控制性互动促进科研成果产生但不一定促进自我主导力发展

控制性导生互动中，行动控制对于研究生来说实际上是一种过

度的人际挑战，即对导师权威的挑战。这种导师往往以自己的任务需要为中心，以命令的方式指导研究生，想把研究生完全掌控在自己手里，对研究生的人际自主发展造成很大限制。研究生在这种控制下，可能会沦为"实验的工具"或"生产科研成果的机器"，懂得研究的套路，善于发表科研成果，但对研究并无真正的兴趣。以A04为例，他已经发表了5篇论文，其中1篇被SCI收录，他评价自己的导师是控制型指导风格，他的自我主导力明显低于A01和A02，在自我同一方面，他对研究的自信心也不足，对自我的认知并不清晰，他说："我不想读博士，万一研究课题不顺的话，不一定出得来成果……其实我规划了挺多目标，但只是说大概定一个方向，偶尔去做就行了。"在认知自主方面，他解决问题时的思维倾向简单化，也没有比较清晰的人生观，"我的信念就是相信科学，就是用数据说话……没怎么太多地思考人生的意义，普普通通就好。"在人际自主方面A04尤其薄弱，不敢违背导师的任何要求，他说："我这次是偷着来的（受邀访谈），我们老师其实不太支持这种活动，认为就应该去实验室……我没有什么个人的爱好，像打球、游泳、爬山，都没有时间，主要是被老师知道了，也不太好……我有的时候会有一些自己的想法，也不会去说，也不会争一些东西。"

三 自我调控体现导生互动中研究生的影响力

控制性导生互动中，行动控制会限制自我主导力的发展，任务挑战可能会促进自我主导力发展。任务挑战会对学生造成压力，使其感觉被束缚和控制，但是如果这种压力通过自我调控而被内化，则会促进其认知发展，并引起内我的调整，即自我同一的发展。在这个过程中自我调控发挥着重要的协调作用，一方面促进控制性互动向助益性互动转化，另一方面是自我主导力中联系认知自主、自我同一、人际自主 3 个维度变化和发展的纽带。

  我曾经掏心窝子地跟他聊过，但是事后他也不会做任何改变，慢慢就再也不会跟他交心聊天了，他说什么就是什么，也不会跟他去争辩啥……我感觉做实验的时候，也没有得到思维上的训练……实验哪需要人，他就让我做啥……没有按要求完成那一步的时候，他就会发特别大的脾气……读研对于我来说失去了本来的意义。

  B01 自我调控失败，自我主导力发展受制约，对未来发展感到迷茫，"我现在也不知道自己喜欢做什么工作"。研究生在面对导师的权威控制时，也需要努力调整自己，毕竟改变自己比改变别人更容易。同一个导师可能形成不同的导生关系说明导生互动中研究生影响力的重要性，反映了研究生在导生互动中的影响力通过自我调控和与导师沟通协商得以体现。

第四节　本章小结

  本章借鉴玛格尔达的自我主导理论中的学习伙伴模型，设计了导生研究伙伴理想模型。首先根据最大差异原则，抽取最优秀的硕士研究生进行访谈，同时邀请其导师进行访谈，对硕士研究生访谈获得的材料进行补充和验证，并通过个案分析导生互动对研究生个体发展的影响。然后，根据学科、性别、培养类型的差异，继续挑选优秀的硕士研究生及其导师进行访谈，对访谈资料进行连续比较，完善模型设计；再抽取欲退学的硕士研究生作为反例，借鉴德西和瑞恩的自我决定理论，以及 Oldham 和 Cummings 的支持型和控制型领导风格研究等，对模型进行修正，使得模型接近实际，具有可操作性，便于形成具有测量工具价值的量表，对现实中提高导生互动质量、规范研究生教育管理工作具有指导性意义。修正后得到导生互动影响自我主导力发展模型。

一 理想的导生研究伙伴模型

本书借鉴自我主导理论中的学习伙伴模型，在典型个案分析的基础上，提炼了导生研究伙伴模型，即理想的导生互动影响自我主导力发展模型。研究发现在研究生教育中导生互动的研究情景下，导师和研究生在确认培养/学习目标上达成了一致，即培养/成为具有竞争力的幸福的人。导师认为达到该培养目标最重要的是培养研究生独立自主的能力，而不是单纯的学术成果要求，"重要的不是把他培养到多优秀，而是启发他，唤起他心理成长的动力，这才是最关键的"。这体现在研究生在内部信仰体系、内部同一性、互动关系三个维度水平上的提高，即自我主导力得到发展，则预示着研究生具备长期发展的潜质。研究生假设导师会真诚对待自己和接纳自己，能在思想上引导自己、在学业上指导自己、在情感上支持自己，并在师生互动中得到了验证。研究生明确自己的学习目标和导师的培养目标的一致性，同时也能清楚意识到自己的实际能力和目标之间的差异，在导师的包容和支持下，可以有安全感地、真诚地、自如地与导师交流互动。在这种助益性的导生互动中，导师以学生需要为中心，及时了解研究生的学习体验，帮助研究生进行自我调控，帮助研究生不断巩固自己的价值观，从而全身心投入学习科研的体验。导生研究伙伴模型充分体现了导师对研究生的自主支持和自主挑战，有力地促进了研究生自我的发展。自我主导力作为研究生个体发展的核心质量，标志着研究生个体发展的主动性、独立性、成熟性水平，其水平的提高会使研究生在学习和科研上充满了动力和激情，枯燥的实验也变得有趣起来，研究能力逐渐培养起来，学术成果自然涌现，对未来职业发展充满信心。

二　修正的导生互动影响自我主导力发展模型

基于扩大的质性分析样本，研究者修正了理想的导生研究伙伴模型，提出导生互动影响自我主导力发展模型（修正模型），探索了导生互动影响自我主导力发展机制、研究生个体发展质量关系、自我主导力 4 维度和导生互动 5 维度特征。

当导师和研究生在确认培养/学习目标上面达成一致时，则导生互动为助益性的，会按照理想模型 T1 促进研究生自我主导力的发展。当导师和研究生在确认培养/学习目标上不一致时，则导生互动为控制性的。控制性导生互动在一定情况下会转化成助益性导生互动，即通过影响自我主导力的自我调控维度促使研究生调整自己的学习目标，并通过与导师沟通协商达成新的互动目标，互动关系在一个新的平衡中发挥助益性影响，即促进研究生自我主导力发展。但是，如果自我调控后仍然无法达成一致的互动目标，控制性导生互动对自我主导力产生制约影响，甚至导致互动关系终止（换导师、休学或退学）。此外，在实际的导生互动情境中，师生见解、观点不一致是普遍存在的，只有通过加强沟通和交流，双方在学习或研究情境中不断探讨、协调、论证，最终达成一致。这个过程本身就是研究生以任务为载体进行知识建构和意义采择的过程，在这个过程中研究生心理经历了平衡—失衡—再平衡—再失衡的变化，自我主导力得以发展，这与凯根（Kegan，1999）的结构-发展理论对意义采择过程的描述完全一致。在这个过程中，自我调控发挥着重要的协调作用，一方面促进控制性导生互动向助益性导生互动转变，另一方面是自我主导力中联系其他三个维度变化和发展的纽带。

三　研究生在导生互动中的发展

助益性互动促进了研究生自我主导力的发展和科研成果产生，而控制性互动虽然可能促进研究生产出科研成果，但是更有可能抑制研究生自我主导力的发展。研究生自我调控水平也体现了研究生在导生互动中的影响力，即研究生要主动调整自己，积极与导师沟通协调，达成一致的互动目标，形成新的平衡，这本身也是促进研究生自我主导力发展的过程。

第四章 导生互动的特征和影响因素分析

现有文献对导生互动关系如何影响硕士生个体发展质量尚无统一的表征模型，也缺乏可以有效评价导生互动质量和硕士生个体发展质量的指标。对于导师的师德师风问题，往往是等到师生关系破裂或研究生个体发展出现严重问题的时候才去处理，缺乏过程监督和预警机制（熊慧、杨钋，2023）。能否建立一个评价指标体系，定期关注导生互动质量状态，对于存在冲突隐患的导生关系，及时发现并进行干预调节正是本章探讨的问题。

本章基于质性研究，归纳了导生互动的特征，编制了导生互动量表，并通过硕士生发展质量和导生互动调查获得的数据，采取定量研究的方法，分析了导生互动量表的信效度、导生互动水平现状，以及导生互动5个维度的影响因素。研究方法和研究内容包括：运用探索性因子分析、验证性因子分析、相关分析等，对硕士生与导师互动量表的信效度进行验证，导生互动量表的信效度检验详见附录D。运用描述统计法，分析了研究生导生互动水平现状；运用均值比较法，包括单因素分析法F或独立样本T检验法，分析了导生互动5个维度在导师个体特征、硕士生个体特征、导生互动经历等方面的差异；运用多元回归法分析导师个体特征、硕士生个体特征、导生互动经历等因素对导生互动5个维度的影响。

第一节 导生互动的特征

心理学家修兹（Schuts）提出人际需要的三维理论，认为每一个个体在人际互动过程中，都有 3 种基本的需要，即包容需要、支配需要和情感需要。包容需要指个体想要与别人来往、结交，想与他人建立并维持和谐关系的欲望；支配需要指在权利基础上建立并维持良好关系的欲望，即个体控制别人或被别人控制的需要；情感需要指在感情上希望与他人建立并维持良好关系的欲望（彭贤、李海青，2013）。

受访硕士研究生描述了他们和导师互动的情形和感受，受访导师描述了他们指导研究生的经验和体会，二者互相印证，清晰地勾画出导师对硕士研究生成长的重要影响，以及硕士研究生在导师的影响下自我主导力发展的情况。通过对定性数据的分析，得出导生互动的 5 个主题，即自主支持、自主挑战、任务支持、任务挑战、行动控制，这也是导生互动的 5 个维度。从导生互动对硕士研究生的影响差异，可归纳 5 个维度定义如表 4-1 所示，从互动性质上可以划分为助益性互动和控制性互动，自主支持、自主挑战、任务支持 3 个维度是以学生为中心的，导师以帮助和有益于学生的成长和发展为目标，因此其性质是助益性的；任务挑战和行动控制 2 个维度是以任务需要为中心的，导师倾向于控制硕士生的时间、行动，以获得任务成果为目标，因此其性质是控制性的。定性分析可以为导生互动的测量打下基础。后面将进一步建立和验证导生互动指标。

表 4-1　导生互动 5 个维度定义

互动性质	维度	定义
助益性	自主支持	导师以研究生发展需要为中心，尊重、理解、信任、包容研究生，为研究生的自我主导力发展提供支持的程度
	自主挑战	导师以研究生发展需求为中心，引导研究生反思并建构自己的观点，为研究生自我主导力发展设置挑战的程度
	任务支持	导师以毕业任务需要为中心，帮助和督促研究生完成目标任务，为研究生的顺利毕业提供支持的程度

互动性质	维度	定义
控制性	任务挑战	导师以任务需要为中心，为研究生设置高难度任务目标，鼓励他们参与超出基本任务（毕业标准）的事情，保持对研究生自我主导力发展影响的程度。对学生自主发展会有一定约束，但若被引导内化为学生自己成长的目标，也会促进自主发展
	行动控制	导师以任务需要为中心，以是否符合导师要求为标准，限制研究生自我主导力发展的程度

对于 5 个维度的关系，本书认为导生互动维度按照两类属性来划分，即互动中心和互动中的情感联系。其中，互动中心包括以研究生发展需要为中心和以研究任务需要为中心两个取向，互动中的情感联系包括正向和负向两个取向，共分为 4 个象限。导生互动的 5 个维度分别居于不同象限（见图 4-1）。

导生互动中互动中心越倾向于以研究生发展需要为中心，越会令导生产生共情，产生舒服、温暖、安全、自由等正向情感，研究生在互动中就会越主动，导生互动对于其来说越具有助益性，如自主支持、自主挑战。当互动中心达到平衡时，即既满足研究生发展需要，又满足研究任务需要时（比如以达到毕业标准为中心的互动），因为这是研究生读研的最低目标，导师的支持也会给予其正向的情感慰藉，如任务支持。导生互动中互动中心越倾向于以研究任务需要为中心，越容易令研究生感觉到受控制，在互动中主动性下降，被动参与任务，对导师产生疏离、害怕、紧张等负向情感，导生互动对其来说越具有控制性，如任务挑战和行动控制。导生互动的 5 个维度的特征如图 4-1 所示。

从与理想模型 T1 比较来看，修正模型 T2 中导生互动 5 个维度具有以下特征。

（1）自主支持对应理想模型 T1 中的 3 个原则，即导师和研究生

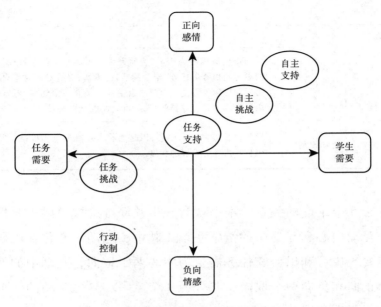

图 4-1 导生互动 5 个维度的特征

在真诚、接纳和共情的氛围中互动；导师提供多元化的支持网络，包括物质支持、环境支持、精神支持、情感支持等，无条件包容学生；导师把对研究生的培养设置在具体的学习、研究和实践情景中，关注研究生的体验，并且将思想教育潜移默化地融入其中，培育引导研究生价值观的发展，让研究生获得较高的正向情感支持，帮助研究生在目前发展阶段与目标之间架起桥梁，奠定了自我发展的良好基础。

（2）自主挑战对应理想模型 T1 中的 3 个假设，即导师通过引导研究生把理论探究与实践相结合，激发研究生的创新意愿，让研究生感受到所学知识有用武之地；并启发研究生经常对价值观进行反思，在面对多样化的观点和机会时，知道如何选择，判断与自己的价值观是否一致；导师与研究生建立平等的研究合作伙伴关系，而不是居高临下的师徒关系，但由于这种人际挑战对于研究生来说具有一定压力，所以在正向情感获得感上会低于自主支持。

（3）任务支持在以完成毕业的基本标准的学习情境下进行，以研究生发展需要为中心和以研究任务需要为中心两个互动中心达到平衡，因为学习情境单一，研究生虽获得正向情感但水平较低。

（4）任务挑战在以研究任务需要为中心取向上水平较高，在情感联系上为负向但水平较低且具有可变性，这种挑战对研究生会产生外在的压力，但是也会激发研究生在认知方面的自主发展，从而激发创新。若任务负荷超出研究生毕业的标准，会使研究生产生被控制的感觉，从而产生一定负向情感。此时，如果同时获得导师的正向情感支持，通过自我调控，可以把任务挑战内化为自主挑战，则会极大激发研究生自我主导力的发展；但是如果得不到导师的正向情感支持，则任务挑战就会趋同于行动控制。

（5）行动控制在以研究任务需要为中心取向上水平较高，与导师的负向情感联系水平也较高，体现为导师在与研究生互动中只重视任务成果，而忽视学生发展，不顾及学生的感受和体验，会让研究生有强烈的被控制感，觉得自己只是导师安排做实验的"工具"，甚至失去了对学习或研究意义的追求，严重制约研究生自我主导力发展。

一　自主支持：尊重、理解、信任、包容

导生互动的自主支持维度是指导师以研究生发展需要为中心，尊重、理解、信任、包容研究生，为研究生的自我主导力发展提供支持的程度，对应理想模型 T1 中的 3 个原则。自主支持即导师以研究生为中心、以促进其自我主导力发展为目标所提供的支持。

自主支持具体体现在：导师把研究生作为独立的人，尊重他们；通过给他们提供多样化的学习和研究的情境和机会，引导他们反思自己的价值观，并负责任地为自己的人生发展做出抉择；体会他们的感受，关心他们的成长，表达同情和理解；鼓励他们说出自己的

想法，耐心倾听并解答他们的困惑；信任研究生具备学习和研究的能力，包容他们在研究过程中的失败和错误；得到研究生的尊敬和喜爱等方面。自主支持可以促进研究生自我主导力发展，与已有研究发现一致，即高质量的研究生教育是在一种支持性的学习环境中催生的。教师们通过两种方法来构建学术上冒险的基础，一方面通过营造出信任的学习环境，让学生感觉即使失败也很安全；另一方面为学生做榜样，用实际行动告诉学生自己也在不断学习，包括从错误中学习。

在编码基础上，本书共识别出自主支持概念之下的 6 个子节点，共 72 个参考点，是访谈材料中参考点最多的，如表 4-2 所示。

表 4-2　自主支持维度节点分析

单位：个

父节点	子节点	材料来源	参考点
自主支持	尊重	8	21
	机会和反思	4	16
	同情和帮助	5	9
	倾听与解答	4	9
	信任和包容	4	11
	被爱戴	5	6
合　计		8	72

1. 导师尊重研究生，把他们当作独立的人

导师在对研究生提出建议前会先了解他们对该事情的看法，确认他们真正明白自己必须完成的研究任务和目标，参考点举例如下。

M01（A01 和 A02 导师）：我会安排学生读经典和定期交流，《道德经》必读，四书五经、古希腊哲学、中国古代哲学都会涉猎，引导他们比较中西方思维差异，研究发展的特点，打下一个较高的思想构架，打破他们原有的那种低层次的思考。通过交流，建立比较高层次的对这个世界的哲学认知，培养他们积极向上的阳光心态，在待人接物和礼仪方面具体指导，让他们的知行统一……我考虑的是自己的学生如何能幸福，未来要靠他们自己去掌控，我所能做的就是帮他们练好本领，有更强的竞争力，有积极的心态去迎接挑战，去过自己想要的人生……就是要在这种复杂的社会和人性的基础上理解社会，这样他们的人格才会变得比较健全……更重要的不是把他们培养到多优秀，而是启发他们，调动他们心理成长的动力，这才是最关键的……这样他们就能够自我认可、自我肯定、开阔眼界，能够看到这个世界的精彩，让他们有希望成为那样精彩的世界的一部分。

A01：他推荐我们看《道德经》，看了前半部分，也不能完全理解，需要过程，像其他老师可能会说你看文献去吧，他一直跟我们说要全方位地培养我们，他不会一味让我们发文章……老师对我们平时来学校这边搞活动，在餐桌上，都有（礼仪）要求，如果说谁穿着有问题，他都会批评。像我们出去开会的时候，他有时候都要求我们佩戴校徽……私下他也跟我说，他压力很大，因为产业化过程中可能不确定因素比较多，有时候有一些安全的问题，比如到工厂里面去有很多不可控因素，他自己承担的安全责任方面的压力也比较大。但他还是坚持带我们出去，就是从学校这边的科研到实际上的一些产业化的一条一条线上走。因为我们在学校就是很想当然的，很多东西注意不到。

A02：他就跟我说，很多时候你得自己去努力，才能够获得我这边全力的支持，如果不努力的话，很多时候他在我身上看不到希望，他也确确实实没办法。为了我自身的发展，他会给我全力的支持，但是我必须得争气，就是要主动跟他沟通实验的东西，自己也要更努力一些，因为这个实验毕竟不是给老师做的，很多时候是给自己做，给自己的价值，相当于给自己的未来一个积淀。

M02（A03 导师）：我很希望我的学生能够追逐一些新的事物，就是清醒地、有能力地去判别这些东西，这对他们以后的发展是非常重要的……一般情况下我不会在很多人面前直接批评他们，但如果是像这种一对一的谈话，我就会指出他们有什么问题，因为我始终觉得，就是他们对我来讲真的是非常非常重要的，如果我现在看见问题不说，他们以后就会带着。

M04（A05 导师）：你觉得这个东西有价值才把它发表出来，而不是为了凑论文，主要是有价值，你觉得自己研究的问题有意思吗？觉得你这个发现比较有趣，要给大家分享一下，我觉得这个其实很重要。专硕我不会强求他们去写论文，愿意参加学科竞赛的，我会全力支持，还是以尊重他们的意愿为主。

A05：参加这个竞赛确定思路时，导师还帮我们联系那个传媒学院老师，在确定这个选题的方向上面提供了很多有价值的建议和引导。

2. 导师会给研究生提供多方面的机会，并给予他们选择权

导师会让他们在丰富的学习和研究情境中建构知识和自己的观点，学会与人相处，逐渐适应社会，参考点举例如下。

M01（A01 和 A02 导师）：我会安排学生走访企业，参加会议，让他们在与社会接触的过程中，了解行业发展状况，与业内核心人员建立联系，包括企业老总、知名教授等。人脉的积累、行规的了解为学生未来发展奠定良好的基础……我还要努力申报课题，创造平台，寻找资源，挺费心的，但是为了学生，我觉得值得。

A01：我们出去的机会比较多，也是让我满足的一点，我感觉不会太单调，经常跟导师出去参观公司，参加学术年会什么的……一些

企业包括一些国企来我们学校，只要有时间他都会带我们去听……今年暑假的时候带着我们整个组去了一趟山东，去了一周多，各个工厂去看了一下……我觉得比单纯待在学校收获大。

M02（A03导师）：对于我来讲可能最重要的还是学生，就是不管怎么样，还是要把学生的位置放在最前沿，然后指导学生、激励学生去参与我们的项目，这样的话我们就是劲往一处使，因为人的精力其实非常有限，时间也只有那么多，24个小时，有的时候就是提高效率，那如何来提高效率呢？在我看来就是要让学生去参与，有能力、有热情地参与，要让他们有能力就要培养他们。

M04（A05导师）：学位论文选题这一块一般是让他们自己选，如果我觉得不行，那我就给他们指定。这个可能要半年左右吧。

A06：导师提供了实习机会，觉得这个实习挺有收获的，会跟很多企业的代表进行交流，尤其是在广州的时候，是见德美的一些高管，跟他们聊的时候还挺长见识的。然后还去立白参观，跟立白的一个副总在一起聊了很久，我感觉是一个很长见识的实习。

M05（A06导师）：我研究的问题都是当前国家经济生活中的关键核心问题，有合适的实习单位也会给学生推荐，学生比较感兴趣，重点是如何深入了解问题发生的本质，探索解决思路。

3. 导师在研究生遇到困难时，表达同情并尽量帮助他们

导师让他们感觉到温暖和感激，可以激发研究生学习的内在动力，参考点举例如下。

M01（A01和A02导师）：我只是引导和帮助的角色，遇到难题时找我，想不通时找我，我从来不规定研究生进实验室的时间。

A01：我们做合成药品反应器，老师对材料不会设限，用起来很顺手。1000元以下的东西我们都可以自己决定，1000元以上的东西我们需要询问老师，老师觉得有必要的一般都会同意。像我们组有一个同学他用的材料是 2 万多元 1 斤。我之前也跟老师说会不会太浪费，他就说本身做实验就挺辛苦的，要是再设限制反而打击了一些人的积极性，只要不是太浪费就可以……大家都很愿意待在这个组里，别的组也很羡慕我们，你想老师对我们这样好，我们就不能"没心没肺"地混日子呀。

M02（A03 导师）：我们是在人和人的一种接触中，而且是一种非常平等的接触，比如说各种情况都会存在，那么首先要让他知道老师是真心关怀他，因为对于一个学生，我觉得除了（教授）知识，应该要更多地关心他。古人不是说传道授业解惑嘛。我觉得这其实非常重要，每个人的家庭条件不一样，比如说有些家庭父母离婚了，我有这样的学生，他一开始没说，但是我们很熟之后他会说，然后有些学生家里非常困难，像这种，其实我觉得作为老师，真的要去关心他，哪怕是问他一句，他都会觉得，老师真的很好，很关心自己，我觉得这是最关键的，就是首先要进入人的内心……比如说（学生）就想找个工作或者找个很普通的工作，那我其实会降低任务的难度……比如说我们在开组会的时候，眼睛扫过去，你就知道谁非常投入，谁其实并没有很投入，那你再去看看他为什么不投入，他是因为没看懂还是对这个东西不感兴趣，其实每名学生真的会不一样，如果我觉得他有问题，那我就会把他叫过来单独去谈。

4. 导师的倾听和解答让研究生觉得被重视和平等对待

导师会鼓励研究生毫无顾虑地说出自己的想法，耐心倾听并解答他们在学业、生活、情感、心理、求职等方面的困惑，体会他们的感受，参考点举例如下。

A01：刚开始接触，有很多的问题，合成上的一些技巧和一些注意点，总是出错，当时脸皮比较厚，每天都给老师打电话，一有问题就给他打电话，这样一个月下来，感觉（自己）成长了很多……他鼓励我们提问，常说："你们硕士生（如果）什么都会了，还要我们这些导师做什么？"……他有小失误我们也会指出来，感觉交流很顺畅。

M02（A03 导师）：他是调剂过来的，到这之后，他觉得自己有点小挫折，我和他去谈，告诉他在这里要是学得好，还可以到任何一个学校读博。他的眼睛一下就亮了。然后我说读博是个什么样子，他很快就觉得，既然是这样，那自己就一定要在下一次考试的时候做好，真的很快他就发生了非常大的变化……然后在指导过程当中，其实我也颇有感触，我觉得他就像老天爷赐给我的一个精灵一样，和其他的学生确实非常不一样，他的理论基础非常好，特别有感觉。而且用他的话讲，他立志要到高校当老师，我就告诉他，怎么样才能到高校当一个老师，十年之后他才有可能到学校当老师，那时候的高校会是一个什么样子，或者在老师看来他应该具备哪些素质，就这样引导他……后来他跟我提出想住在实验室，觉得宿舍太吵，没法集中精力做研究，我就答应了。

A03：虽然任务很多，但是她会经常跟你交流，然后辅导我都特别认真，错别字都会给（我）改过来，特别负责任。

A07：他基本上每天都会待在办公室，遇到问题我们就随时可以去找他。如果不在办公室的话，就打电话（发信息）跟他联系，只要他看到了，不管是信息还是电话，他一定会第一时间回。

M04（A05 导师）：我和自己的学生沟通还是可以的，包括找对象谈恋爱啊，比如说女同学，我讲你们有合适的早点结婚、早点要孩子，我就直接跟他们讲这个东西。我就说自己的经历，结婚晚，孩子小，工作压力现在就会大。

5. 导师信任和包容研究生，让他们有责任感和安全感

导师会信任他们具备学习和研究的能力，增强他们的自信心，并包容他们在研究过程中的失败和错误，参考点举例如下。

M01（A01 和 A02 导师）：我在财务上面管理比较宽松，只要学生认为跟他的工作相关的，都可以报销。包括出去做实验……我只知道所有人的总数就行了，那差的钱就我补上了。为什么呢？你想学生出去做实验了，可能心里很委屈，还搭着钱，那心里能舒坦吗？情绪不好的话，实验那不就白做了，所以说从根本上是因为我信任他们的人品，就是所有的学生都是值得被信赖的……等到他们的题目做到轨道上了，他们就理解了科学的实质。科学不在于验证了多少东西，而在于他们有什么发现……就是在我们这念完了硕士之后，他觉得读个博士"小意思"，觉得也不难。因为硕士毕业，他的论文都已经能够达到博士毕业的标准了……但是你让他又觉得比较安全，没有压力，毕业不是问题，你先给他吃个"定心丸"。让他觉得老师都这么说了，那应该是没有问题的，毕业绝对没有问题，成才是关键，您看这样定位就不一样。

A01：平时说话随意一点或者麻烦一点他也不会说什么，他都能接受……我们实验室氛围很宽松，用的实验原料 1000 元以下的自己做主就行，导师说我们做实验不容易，限制多了容易打击积极性，不要太浪费就行，别的组都很羡慕我们，大家都愿意待在组里，感觉特别舒服。

A02：做了一学期东西什么也没做出来，然后他就不停地跟我说没关系，很多时候这个是正常的……老师在很大程度上改变了我人生轨迹，因为很多时候他的思想理念的灌输，还有他对我的一些期望，让我充满斗志、对自己充满信心。

A03：我觉得老师对我特别信任，几乎所有的东西都很放心地让我去弄，真的挺好的……我们实验室有一些同学就是程序这些不会，老师会一条一条看，然后就是一条一条地帮他们改程序，然后包括论文会帮你改十几次，这样一直改到满意为止，真是特别特别难得。

M04（A05导师）：好多东西我也不懂，我也向学生请教。比如像这个中科大调剂来的学生，我就觉得他肯定比我厉害，智商特别高。我可能没见过这么聪明的学生，我给他的题目不到一个月他就都弄懂了，是个好苗子，我就想怎么好好培养他。

6. 导师获得学生的爱戴，研究生喜欢和导师说话的方式

正所谓"亲其师则信其道"，导生之间建立积极的情感联系，也因爱屋及乌，增加了研究生对专业的热爱和学习研究的热情，参考点举例如下。

A01：比如我考博的事，我没有拜托他帮忙，他主动打电话帮我问情况。感觉很温暖、很贴心……如果你对老师比较认可，就是说对他的印象是比较积极的话，你上他的课，效率会比较高。

A03：老师性格特别好，特别和蔼，反正就是特别舒服吧。

A06：我们两个交流的时候，我们老师总说的一句话就是"不要把我当成你的老师"，就是互相交流，像朋友一样平等交流。

二　自主挑战：引导反思、建构观点

导生互动的自主挑战维度是指导师以研究生发展需求为中心，引导研究生反思并建构自己的观点，为研究生自我主导力发展设置挑战的程度，对应理想模型T1中的3个假设。自主挑战即导师以研究生为中心，以促进其自我主导力发展为目标所设置的挑战。

自主挑战具体体现在：鼓励研究生与权威平等对话，对已有的研究结论质疑；主动与多名专家交流，在此基础上建构自己的观点；引导研究生反思自己的近期目标和长远规划是否一致，引导研究生客观看待社会现象，学会选择并形成自己的是非判断标准等。与已有研究结论一致，即如果在文化和教育系统中给予大学生足够的选择机会，对他们的认知发展会产生重要的影响（Zhang，1999）。

在编码基础上，本书共识别出"自主挑战"概念之下的 3 个子节点，参考点共 13 个，如表 4-3 所示。

表 4-3　自主挑战维度节点分析

单位：个

父节点	子节点	材料来源	参考点
自主挑战	鼓励争论问题和表明观点	2	5
	鼓励与多名专家交流	2	2
	引导反思自己	3	6
合　计		3	13

1. 导师鼓励研究生和导师或同学间争论问题

导师鼓励研究生对已有的研究结论质疑，并表明自己的观点，参考点举例如下。

M04（A05 导师）：我跟他说遇到问题要是别人没有解决方案，这就好，就可以做了。学生说这个东西太难了，做不了。我说你不能这么想，这刚好就是要解决的问题。解释出来，那就是一个有创新点的东西了，对吧？你写论文怎么可能所有的都是很容易解决的，那要你写什么论文啊？我都跟他们这么说，不能人云亦云，有难点是最好的……那些学生遇到什么问题，我一般就给他们指个大概方向，让他们自己去查一下，自己去找找，让他们自己学……我告诉他们："不是所有的问题专家都懂的，你想哪有'万金油'专家对吧？这个题目领域你都没做过，你咋知道这个东西是什么样的？"

M02（A03导师）：一个硕士研究生，他应该能够在已有的问题的基础之上，有能力去寻求各种解决办法，评估它们，并且在目标的驱动下，能够对这些方法进行整合改进，也就是说在创新环节至少应该在10%多一点，应该在10%~30%，我认为他应该具备这种能力，这才是一个硕士研究生应该具备的能力。如果说，博士研究生的话，就是说你要能够找问题，对问题要能够敏感，你要能够把你的想法推送给别人，让别人认可你说的问题是问题，寻找问题太关键了，现在是一个问题出来有一堆人去解决，但是寻找真正值得解决又有影响力的问题，其实会更重要。

2. 导师鼓励研究生与多名专家交流

导师会向研究生寻求意见，形成自己的观点，参考点举例如下。

A03：包括我去出差这些都会跟我说怎么去弄，怎么去跟开会的老师交流都会教我。

M04（A05导师）：开题的时候有好几个学生都是这样，他们都说："答辩老师说你这个题目好难，你肯定做不出来，换个题目怎么样？"我就说你自己认不认可，因为是你写这个题目，那你就必须是这方面的专家。我可能不懂这个东西，但是我问你，你要回答是什么，我说我没具体研究，我也不懂，那你一定要很熟悉这个题目。别人问起来，你就得把这个范围的东西弄得特别熟了，你要成为专家，全靠自己去研究。

3. 导师引导研究生经常反思自己

导师会启发研究生思考近期目标和长远发展规划是否一致，看待社会现象是否客观，明确自己的是非判断标准，参考点举例如下。

A01：有时候导师和我们也会闲聊，聊社会的问题，不用太悲观，聊反腐，宗教，网站宣传内容。都是乐观的态度，因为好的东西要有一个过程，没有必要太"愤青"，就感觉是个人要乐观点，没必要抱怨。

M01（A01 和 A02 导师）：我跟他们说要能够看到这个世界的真实，看到它美丽背后的真实。那样你出去无论学习还是生活，我们都会变得更淡定，然后我们要充满对这个学习和工作的热爱……告诉他们，要变得优秀，毕业不是目标，优秀才是。这样他们成长的目标就不仅局限在拿一个学位，那个目标很小。

M02（A03 导师）：比如说你对知识敏感，你以非常清醒甚至是批判性的态度去接受一些新知识，而不是膜拜。这种事完全不一样，我希望他们能有思想，有想法，我觉得可能这方面的一些支持也非常重要……每个学生的能力其实天生就不一样，所以需要我因材施教。比如说有些学生会说就是想混个文凭，找份工作，面对这种心态的学生，我就会告诉他们，第一，文凭混不下来，你别说你，我说我都很难，因为我们有非常严格的规定。第二，你找份工作，也是需要一些基础能力的，可能还要从思想上去让他认识到这样其实也不完全成功。就是用温暖来感化他，用一种道理来跟他说明，这也不完全成功，也有极个别失败的时候。我觉得没有关系，我说他可以去实习试试看，他实习回来之后，会跟我说，他现在终于知道了在学校是多么好，有问题老师能够帮着解决，在公司里的话，就是完全给他一项任务，要把它做出来，现在终于知道老师说得真的非常对。

M04（A05 导师）：我会让研究生自己想清楚未来想干什么，如何和现在的学习和研究结合起来，比如未来就业有想进银行的，那么写论文时就让他做银行相关的东西。

三 任务支持：帮助、督促、完成基本任务

导生互动的任务支持维度是指导师以研究生毕业任务需要为中心，帮助和督促研究生完成目标任务，为研究生的顺利毕业提供支持的程度。具体体现在：帮助研究生确定毕业论文方向和选题；制订计划和期限；监督任务完成情况。因为达到毕业标准，获得硕士学位也是研究生读研的目标，所以既满足了毕业任务需要，也满足了研究生发展需要，两个需要同时满足达成平衡。对应理想模型 T1 中的"学习者在学习体验中建构知识"原则，即导师把对研究生的培养设置在具体的学习、研究和实践情景中，关注研究生的体验，对研究生自我主导力的发展提供支持。

在编码基础上，本书共识别出"任务支持"概念之下的 3 个子节点，共 16 个参考点，如表 4-4 所示。

表 4-4 任务支持维度节点分析

单位：个

父节点	子节点	材料来源	参考点
任务支持	明确毕业论文研究方向和要求	2	5
	制订研究任务的计划和期限	2	2
	监督任务完成进度	7	9
合 计		7	16

1. 导师为研究生确定毕业论文方向和选题，明确毕业论文要求和规范

参考点举例如下。

A01：我们那边所有的数据都拿给他看，只要不是原始的那个测试出来的数据，都必须说明，而且必须自己亲自说明。主要是出

了问题能查到源头，因为这个数据，可能是共享的，就是别的人也可以用，所以谁出了问题总能找到。他说谁出了问题就找谁，所以对我们的学术诚信的培养、严谨的科研习惯养成，他是非常关注的。

A03：印象最深的一次，就是我有篇论文，就第一篇论文要投期刊的时候，我已经改了很多次了，然后当时差不多就成稿了，自己改了四五次，当时大的模块已经成形了，老师那时就一排一排地告诉我怎么改，先就是整篇论文，每一段你怎么改，又逐字逐句的一个单词一个单词改。

A04：毕业论文选题肯定是老师定的，因为我们都是一个项目，我相当于负责项目里的一个分支。

M03（A04导师）：一般给学生两周的时间自由发挥，在实验室或看文献，提出研究设想并讨论，根据研究生的水平，安排研究题目难易，基础差的（如女生）就安排简单的，基础好的（如男生）就安排难的……会指导他们如何总结实验数据及撰写论文。

2. 导师为研究生制订研究任务的计划和期限
参考点举例如下。

M02（A03导师）：每周参加2次组会，老生至少1次，我跟他们说你上课OK，但是你除了上课之外，老师会把项目的任务直接"压给你"，我不管你是第一年上课还是怎样。我跟他们说你们饭是要吃的，但是觉可以不睡。我说老师不会等你上完课再这样，所以说，星期三的下午组会从12：30开始，然后星期六的从下午1：00开始，有的时候会弄得很晚。星期六是因为全体的人都要在，因为也有同学去实习，但星期三主要就是新生开组会。

A03：每个星期老师都要求必须参加组会，每星期会开两次组会，星期三一次，星期六一次。

A07：我们每一个实验做完，比如说今天做完的实验，24 小时之内是绝对要提交实验报告的，要从完整的原始数据到处理数据，到做图数据，再到最后完成报告，方便导师能随时知道你实验的进程，来给你指导。

3. 导师监督研究任务完成进度
参考点举例如下。

A01：刚开始写英文文章特别难受（挑战性的事情），特别是我们习惯用中文写，一下子要用英文来写，感觉特别难受。那个时候可能会比较拖拉，这就需要他来督促，刚开始写英文总感觉质量不太好，每一个人第一次写英文论文他都帮忙详细地改，改之前他还跟你说一些思路，感觉这段实验怎么去写，数据该怎么分析。

M02（A03 导师）：组会有不同的形式，比如给他们分配任务之后，几个同学一组，那么就让他们每一组都汇报。还有一种形式就是看文献，看文献的话是每个人都要汇报，然后来讨论，汇报结束了之后有问题的话就是逐个答疑，然后甚至和他们一起调程序……比如写论文，要看不同的学生，要改 7~10 遍，如果基础很差，每一个词都要改，我习惯先看大框架，电子版改五六次，然后会打出来用红笔改细节，改完都是一片红。

A04：导师每天都会来实验室，每天我们都需要进行反馈汇报……她不是成天待在实验室，但是每天她都要去，每天都要向她汇报一下大概的进展，然后她当时会给一些指导。

M03（A04 导师）：每天汇报实验进展，重点关注差的（实验失败的）学生。不定期开组会，不定期让学生提交实验结果报告，锻炼写作能力。

M04（A05导师）：坚持每周至少见一次面，汇报学习研究进展情况。

四 任务挑战：设置高难度任务目标

导生互动的任务挑战维度是指导师以任务需要为中心，为研究生设置高难度任务目标，鼓励他们参与超出基本任务（毕业标准）的事情，对研究生自我主导力发展影响的程度。具体体现在：安排研究生参加陌生领域研究，需要研究生扩展学习领域，自学相关知识和技能，突破原来的思维框架；要求研究生发表高水平论文；安排研究生同时参与多项科研课题或学科竞赛，需要研究生提高效率。

在编码基础上，本书共识别出"任务挑战"概念之下的3个子节点，共12个参考点，如表4-5所示。

表4-5 任务挑战维度节点分析

单位：个

父节点	子节点	材料来源	参考点
任务挑战	安排研究生参与陌生领域研究	4	7
	要求发表高水平论文	2	2
	安排研究生同时参与多项科研课题或学科竞赛	3	3
合 计		4	12

1. 导师安排研究生参与陌生领域研究

任务是研究生没有做过的，需要突破原来的思维框架；任务超出研究生现有知识储备，需要其自学相关知识和技能；任务是研究生不了解的方向，需要扩展学习领域，参考点举例如下。

A03：我觉得老师对我也特别好，就是让我带一些研一的，慢慢让我知道怎么去教一个才进实验室来的新人，还教我怎么写基金项目报告，因为我以后想当老师，肯定就会教我怎么写基金项目报告、怎么写论文等。

M03（A04导师）：从事的是国家自然科学基金面上项目的工作内容，多数无文献报道，对他们具有很大的挑战性。

M04（A05导师）：带头做项目可以锻炼他们的组织协调能力，比如有些人组织能力特别强的，你不能老让他干，是吧，换个项目，就会另外安排人负责那个项目，这样大家都有活，然后都有锻炼的机会。

M05（A06导师）：我要求硕士入学后就要进行外文文献阅读，研一时他们觉得压力很大，后面就好了。

A07：我研一暑假的时候，一天没有休，就是因为我的毕业论文涉及酿酒酵母，然后要构建好多突变体，包括一些分子生物学的基本操作和实验，我们老师自己没有做过，然后小老师在我们实验室带我，他就把我送到山东大学去跟他的一个师弟学。

2. 导师要求研究生发表高水平论文

按照导师的要求，研究生会努力去完成，获得研国奖的研究生都有高出毕业要求的学业成果，参考点举例如下。

M03（A04导师）：一进实验室我就告诉他们要努力发表英文论文，且要独立地用英文写论文，这个挑战对于学了多年英文的学生来说也是检验自己的好机会。

A06：他不会逐字逐句看，但是他会看整个框架，他也没有那么多时间给你逐字逐句地改。因为这篇文章，它的魂就是老师的研究思想，还有一个创新点，这个是在我们和老师交流的过程中才逐渐完成、逐渐成形的，不可能是自己的，因为自己的经验毕竟还是少。他有很多好的想法会告诉你，还有一些先进的研究方法，就是应该用什么研究方法比较合适。就是可能还是从宏观的角度指导的多一些。

3. 导师安排研究生同时参与多项科研项目或学科竞赛，需要研究生提高效率

参考点举例如下。

A03：老师这边有四个项目都是国家级的项目，我都参加了。

M01（A01 和 A02 导师）：会经常安排他们做一些探索性的题目。为什么呢？我们是在这个过程中寻找可能性，因为如果说这个题目已经确定好了，它势必将来没有多大探索的价值。正是因为这些课题有很大的不确定性，所以让他们尝试尝试。

五　行动控制：命令、批评、惩罚、限制

所谓行动控制，就是指一方能够通过自己的行动，使另一方了解如果朝着对方所期待的方向改变自身的行动就可以带来更加理想的情形（石艳，2004）。学生可以从教师的自主支持里获益，从教师的控制中遭受痛苦，教师不提供自主支持是一个不幸的事实（张剑、张微、宋亚辉，2011）。

导生互动的行动控制维度是指导师以任务需要为中心，以是否符合导师要求为标准，限制研究生自我主导力发展的程度。具体体现在：导师通过命令的方式指导研究生，当研究生未达到导师标准时，就会受到严厉批评甚至惩罚，限制研究生休假、实习等，有时会做些与研究没有直接联系的事情等，对学生的行为有强烈约束，导生之间情感联系为负向。

在编码基础上，本书共识别出"行动控制"概念之下的 3 个子节点，参考点共 20 个，如表 4-6 所示。

表 4-6 行动控制维度节点分析

单位：个

父节点	子节点	材料来源	参考点
行动控制	以命令的方式指导	4	7
	严厉批评甚至惩罚	4	9
	限制假期和实习	4	4
合　计		4	20

1. 导师通过命令的方式指导研究生

参考点举例如下。

M03（A04 导师）：研一开始必须进实验室，必须在实验室待很长时间，平时做不完，周六日也要做……遇到失败时，会与学生共同探讨解决问题，老师提出解决方案供学生参考，学生有反对意见可以提，提不出来就按照老师的去做……遇到老师和学生意见不一致的时候，可以讨论，但是学生的意见一般比较幼稚。

A04：我这次来就是偷着来的，我们老师其实不太支持这种活动，老师觉得应该去做实验。

A07：我们每一个实验做完，比如说今天做完的实验，24 小时之内是绝对要提交实验报告的，就他的一套管理系统的话也很严格……比如实验台，要求我们用抹布擦实验台，一定是要擦好多遍，然后擦得好干净，他说一定要擦得一尘不染，发光发亮……他要求你早上 7:15 这个时间点必须到实验室。

B01：我印象特别深，研一的时候给我排实验，让我去测指标，就是一共要测 13 个样品，需要 13 个小时，白天有课，只能周末做，就需要我去借仪器，但是实验室规定节假日仪器不外借。然后他非得让我去借，我说那周末也做不了，我白天也有课，没法安排时间，然后他就说了一句，这是你自己的事情，你没有把时间安排好，然后我就问他："那您说我还有什么时间可以做实验?"他说那你只能通宵了。

2. 导师在研究生未达到标准时，就会严厉批评甚至惩罚研究生

参考点举例如下。

A01：心情不好的时候他骂我们几句也能理解。比如去年的时候有一个项目结题，事情比较多，总能找到理由骂我们，但是也能理解，事情比较多，比较烦躁。他有个特点是过段时间他就会跟你道歉，他说主要是他太忙了，心情太烦躁了。

A04：我们老师属于那种比较严、性子比较急的那种，她可能会当时跟你说一些事，纠正你的一些东西，但是有的东西可能你还得自己去考虑……就是老师可能会经常骂你，这种时候当老师在的时候会很烦。

A07：我觉得我的导师确实超级严格。他觉得你事情没有做好的话，一定会批评，那如果是你的态度问题的话，绝对挨批的，被批得会很惨……导师很严格，严格得有些时候都觉得自己在叛逆。

B01：他的实验哪需要人，他就让我做啥。他会特别详细地把我的实验步骤全都给安排好，然后也把时间卡死，就是没有在这个时间点完成那一步的时候，他就会发特别大的脾气，就觉得是我没有做好……如果布置的任务没有在规定时间完成，就不允许参加组会。

3. 导师限制研究生的行动，要求研究生做一些和研究无关的事

参考点举例如下。

A01：有时候我也会帮他到财务报个账什么的。

M03（A04导师）：研究生的科研过程本身就是一种实习，这种实习专业性强、难度比社会上的实习大。学校的仪器设备比一般的公司都要好，如果就业方向就是本专业，不需要另去别处实习（言下之意是不允许外出实习），那些在校科研做得好的，本专业就业时有很大的优势。

A04：早起8：30，晚上不限电，基本都加班，一般至少到晚上10：00，基本上醒来就是去实验室，然后周六、周日必须加班一天，第二天没事也应该到，大家都去，寒假、暑假放2周。肯定很辛苦，觉得比上班还辛苦。

B01：研一就进了实验室，白天上课，下午6：00进实验室，要求待满规定的时间，还要指纹刷卡，实验强度太大了，经常是连续一个星期每天都要到深夜12：00或凌晨1：00甚至两三点回宿舍。还要熬夜写作业，身体实在吃不消。我整个后背每天都特别疼，然后心情也不是很好，总是想哭，就天天有点抑郁的那种感觉。

六　导生互动5个维度特征的验证

通过对"硕士生发展质量和导生互动调查问卷"中的开放性问题答案的质性分析，验证导生互动维度特征。参加问卷调查的硕士生中，有1423名硕士生对开放问题"记得导师对您说过的印象最深的话是"填写了回答，共计1.2万字，运用Nvivo软件对填答内容进行词频分析，词云如图4-2所示。并结合前文研究结果，对填答内容进行分类统计，采用词云的方式提炼了答案中的关键词，较好地验证了质性研究概括的导生互动5个维度的特征。图4-2中显示硕士生记得导师对其说的印象最深的话表明了导生互动中导师对硕士生的最大影响，包括学习、努力、论文、研究、想法、坚持、能力、自信等。上述关键词可以归纳为导生关系的五大主题。

图4-2 硕士生记得导师印象最深的话词云

自主支持方面——

　　好好做你能行、你很优秀、我对你放心、你可以的、事情总会解决的、做出来的东西一定要有实际应用价值、站在社会责任的高度去思考问题、为人要正做事要诚、喜欢什么就去做、做一个快乐的人、有什么问题及时跟老师说、要做一个有价值的人、要有计划、老师相信你、先做好眼前的事、不要跟别人比要跟自己比、不会不要紧学了就会、有困难找我、不用担心麻烦我、你进步特别大我很高兴、年轻的时候丢脸不算丢脸、我支持你、取得这些成绩都是你们做的谢谢你们、要知道自己想要什么、统筹规划好自己的时间、你得先热爱它才能做好它、导师的职责就是尽一切可能去帮助你、犯错才能使你进步……

自主挑战方面——

相信自己、要有想法、把自己的想法表达出来、多跟我讨论、做自己就好、对自己负责、设立自己的目标并为之奋斗、你要研究的这个问题是应该你成为这方面的老师、不要盲从己有结论、我只能提供意见主要还是看你自己、你觉得应该怎么做、敢于挑战权威……

任务支持方面——

好好学习、多看论文、为顺利毕业努力、发论文、学术规范、抓紧时间、进展如何、这周做了啥、组会不是给你解决问题的而是督促你、论文还需要修改、写好论文就能找到好工作、再不好好抓紧很难毕业……

任务挑战方面——

不去做你怎么知道你不行、要多读书你现在看的文章还不够、你可以做得更好、要一直努力不辜负年轻时的每一天、有成果将来才有竞争力、努力到无能为力拼搏到感动自己、越是困难的事增加的功力就越大、难走的从来都是上坡路、不努力永远不知道自己多优秀、多出快出成果、你是研究生不要什么东西都要别人教……

行动控制方面——

　　不要说不会、不动脑子、解释没有意义、你是我带过最差劲的学生、做不完别毕业、按照要求做、你对课题组的贡献是什么、写不完不许回家、寒暑假是拉开与别人差距的最佳时机、毕业是你们的事不是我的事/不完成我的事也不允许你们毕业、我的事还没办完呢你的事不许做、帮我取个快递、读不了就退学、你是来上学的不是来养猪的……

第二节　导生互动量表的内容效度检验

　　大部分研究生把与导师的关系作为影响自己教育质量的最重要因素，从研究生个体的教育经历来看，通常经历模仿、改造和创新 3 个阶段，他们与导师的关系也相应表现为依附模仿、分离反思、科研同伴 3 种形式（刘贵华、孟照海，2015）。满意度是指学生对高等学校提供的教育活动和教育服务满足自身需求的程度的评价（章兢、廖湘阳，2014）。对导师的满意度被作为监测研究生培养质量的重要指标之一（李明磊、周文辉、黄雨恒，2017），所以选择研究生对导师的满意度与导生互动各维度相关分析来检验导生互动质量、检验导生互动量表的内容效度。

　　假设：导生互动 5 个维度与硕士生对导师满意度显著相关。

　　运用相关分析法对导生互动 5 个维度与硕士生对导师满意度相关性进行验证。

　　表 4-7 显示从导生互动 5 个维度与研究生对导师满意度相关性分析结果，导生互动 5 个维度中自主支持、自主挑战、任务支持、任务挑战 4 个维度均与导师满意度显著正相关，只有行动控制与对导师满

意度显著负相关，说明量表具有较好的内容效度。其中导师的自主支持与研究生对导师满意度的相关系数最高，为 0.619，说明硕士生更多希望得到导师的尊重、理解、信任、包容，而最不希望的是导师控制他们的行动。

从导生互动 5 个维度之间相关性分析来看，除了行动控制与自主支持显著负相关，其他维度之间都显著正相关。自主支持和自主挑战的相关系数最高，为 0.681，与理想的导生研究伙伴模型一致。

表 4-7　导生互动与对导师满意度相关性分析

	1	2	3	4	5	6
1 自主支持	1					
2 自主挑战	.681****	1				
3 任务支持	.473****	.486****	1			
4 任务挑战	.177****	.465****	.466****	1		
5 行动控制	-.133****	.107****	.353****	.449****	1	
6 对导师满意度	.619****	.431****	.279****	.054***	-.143****	1

注：* $p<0.1$，** $p<0.05$，*** $p<0.01$，**** $p<0.001$。

第三节　硕士生和导师互动水平的差异性分析

为了解硕士生导生互动现状和个体差异，采用描述统计法对硕士生导生互动水平进行统计和分析，采用均值比较法，包括单因素分析法 F 或独立样本 T 检验法，分析不同硕士个体特征、导师个体特征和导生互动经历的硕士生导生互动 5 个维度的差异。

一　导生互动水平

导生互动 5 个维度水平的描述统计量如表 4-8 所示，描述了导生互动 5 个维度的集中趋势（平均数、中位数、众数）、分散情形（标准差、方差、最小值、最大值、平均数的标准误）、分布（偏度、峰度）、百分位值等。描述统计量显示自主支持、自主挑战、任务支持、任务挑战的偏度为负值，说明这四个维度的值集中在高水平一边；而行动控制的偏度为正值，说明该维度的值集中在低水平一边。自主支持的峰度为正值，表明样本值集中在众数附近多；而自主挑战、任务支持、任务挑战、行动控制的峰度为负值，表明样本值集中在众数附近少。百分位值进一步显示了不同导生互动维度水平的硕士生比例，如约 25% 的硕士生自主支持水平不低于 5.7000，约 25% 的硕士生自主挑战水平不低于 5.0000，约 25% 的硕士生任务支持水平不低于 5.0000，约 25% 的硕士生任务挑战水平不低于 4.5000，约25% 的硕士生行动控制水平不低于 3.5000。

表 4-8　导生互动五个维度描述统计量

		自主支持	自主挑战	任务支持	任务挑战	行动控制
平均数		4.6935	4.1424	4.1684	3.6274	2.6320
中位数		5.0000	4.0000	4.3333	3.7500	2.2500
众数		6.00	4.00	5.00	4.00	1.00
标准差		1.1872	1.2780	1.2633	1.3350	1.3720
方差		1.410	1.633	1.596	1.782	1.882
最小值		1.00	1.00	1.00	1.00	1.00
最大值		6.00	6.00	6.00	6.00	6.00
平均数的标准误		.02456	.02644	.02614	.02762	.02839
偏度		−1.018	−.516	−.453	−.161	.843
峰度		.739	−.142	−.332	−.614	−.122
百分位值	10	3.0000	2.3333	2.3333	1.7500	1.0000
	25	4.0000	3.3333	3.3333	2.7500	1.5000
	50	5.0000	4.0000	4.3333	3.7500	2.2500
	75	5.7000	5.0000	5.0000	4.5000	3.5000
	90	6.0000	6.0000	6.0000	5.2500	4.7500

表 4-9 显示了硕士生导生互动水平各题项测量的情况，均值在
2.327~4.805。助益性导生互动均值为 4.492，控制性导生互动均值
为 3.123，5 个维度的均值在 2.632~4.694，表明当前的硕士生在与
导师的互动中，5 个维度差异较大，其中助益性导生互动维度水平高
于控制性导生互动维度水平，5 个维度互动水平由高到低为自主支
持、任务支持、自主挑战、任务挑战、行动控制。

表 4-9　硕士生导生互动水平的测量

维度	题项	题项		维度	
		均值	标准差	均值	标准差
自主支持	1 给我提供机会和选择权	4.595	1.358	4.694	1.187
	3 鼓励我毫无顾虑地说出自己的想法	4.652	1.359		
	4 对我完成研究任务有信心	4.646	1.283		
	5 鼓励我提问并耐心细致地回答我的问题	4.747	1.312		
	6 确认我真正明白自己必须完成的研究任务和目标	4.721	1.279		
	7 把我当作独立的人，关心和尊重我	4.805	1.285		
	9 在建议我做的事情前会先了解我对该事情的看法	4.676	1.346		
	11 在具体的任务中启发我反思自己的价值观	4.669	1.339		
	12 当我遇到困难时，表达同情并尽量帮助我	4.708	1.320		
	13 包容我在研究过程中的失败和错误	4.717	1.283		
自主挑战	30 鼓励我与他/她争论问题和表明我自己的观点	4.139	1.403	4.143	1.278
	31 鼓励我对已有的研究结论提出疑问	4.215	1.372		
	32 鼓励我从多个导师那里寻求意见并形成自己的观点	4.074	1.451		
任务支持	15 为我决定毕业论文方向和选题	4.054	1.529	4.168	1.263
	16 为我制订研究计划和期限	4.036	1.507		
	17 监督我任务完成进度	4.414	1.375		

维度	题项	题项		维度	
		均值	标准差	均值	标准差
助益性导生互动				4.492	1.063
任务挑战	26 给我安排的任务是我不了解的方向，需要我扩展学习领域	3.379	1.587	3.627	1.335
	27 给我安排的任务超出我现有知识储备，需要我自学相关知识和技能	3.560	1.565		
	28 给我安排的任务是我没有做过的，需要我突破原来的思维框架	3.629	1.542		
	29 对我提出要求较高（如发表高水平论文），我会努力去完成	3.941	1.519		
行动控制	14 主要以命令的方式指导我	3.002	1.631	2.632	1.372
	18 当我未按要求做或犯错时会惩罚我	2.744	1.568		
	19 要求我经常帮他/她做一些和研究无关的私事	2.327	1.613		
	20 经常对我的工作给予严厉的批评	2.456	1.598		
控制性导生互动				3.123	1.152

二 硕士个体特征差异分析

采取均值比较法，包括单因素分析法 F 或独立样本 T 检验法，分别以年龄、年级、性别、准毕业生、学科、学位类型、院校背景、本科背景等硕士生个体特征，进行导生互动 5 个维度的差异分析，如表 4-10 所示。

表 4-10　硕士个体特征不同的导生互动 5 个维度差异比较

	检验方法	自主支持	自主挑战	任务支持	任务挑战	行动控制
年龄	F	.659	.554	1.874 *	1.914 *	.980
年级（1 = 硕一，2 = 硕二，3 = 硕三）	F	2.779 *	1.336	6.590 ***	9.878 ****	4.087 **
性别（1 = 男，0 = 女）	T	-2.936 ***	1.520	4.189 ****	8.803 ****	8.600 ****

续表

	检验方法	自主支持	自主挑战	任务支持	任务挑战	行动控制
准毕业生（1＝是,0＝否）	T	4.834****	1.101	2.215**	-3.932****	-2.423**
学科（1＝工科,0＝经管学科）	T	-3.503****	2.308**	7.438****	12.630****	8.490****
学位类型（1＝学硕,0＝专硕）	T	-1.025	1.582	.427	4.430****	1.131
院校背景（1＝985或211,0＝一般）	T	-3.841****	-2.623***	-3.866****	.802	-1.395
院校背景（1＝985,2＝211,3＝一般）	F	7.666****	3.617**	9.467****	10.794****	3.310**
本科背景（1＝985或211,0＝一般）	T	-2.774***	-2.233**	-4.037****	-1.436	-.821
本科背景（1＝985,2＝211,3＝一般）	F	4.752***	3.130**	12.147****	7.037***	3.378**

注：* $p<0.1$, ** $p<0.05$, *** $p<0.01$, **** $p<0.001$。

　　总体来看，不同个体特征的硕士生在导生互动各维度上的差异较大，其中学科、院校背景、本科背景不同的硕士生的导生互动5个维度均有显著差异。在学科差异上，经管学科硕士获得的自主支持显著高于工科硕士，而工科硕士在自主挑战、任务支持、任务挑战、行动控制4个维度均显著高于经管硕士，显著性由高到低分别为任务挑战、行动控制、任务支持、自主挑战。

　　院校背景和本科院校背景影响差异类似，可分两种情况考虑，第一种是按985高校、211高校、一般本科院校三类比较时，导生互动5个维度均有显著差异，具体差异比较见雷达图4-3和图4-4，总体来看985高校的硕士生导生互动水平低于一般本科院校，211高校的硕士除了在任务挑战维度水平高于一般院校，其他维度均低于一般本科院校，985高校的硕士除了在自主支持维度水平高于211高校，其他维度均低于 211 高校；第二种情况是把 985 高校和 211 高校合并为高水平院校，然后与一般本科院校的硕士导生互动进行比较，结果显示助益性导生互动的三个维度均有显著差异，且 985 高校和 211 高校的硕士获得的助益性导生互动水平显著低于一般本科院校硕士，而控制性导生互动的差异不显著。

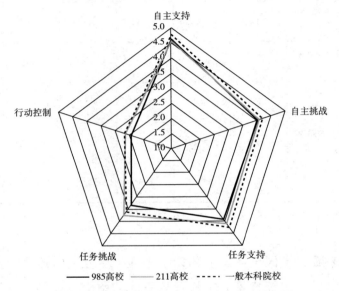

图 4-3　院校背景不同硕士生导生互动维度比较

　　不同性别、年龄、年级、准毕业生、学位类型的硕士生在不同维度上有一些差异。在性别差异上，女硕士研究生获得的自主支持水平显著高于男硕士研究生，但男硕士研究生在任务支持、任务挑战、行动控制方面的水平显著高于女硕士，在自主挑战方面性别差异不显著。

　　在年龄差异上，不同年龄的硕士生在任务支持和任务挑战两个维度差异略显著，但在其他维度差异不显著。

　　在年级差异上，不同年级硕士生在自主支持、任务支持、任务挑

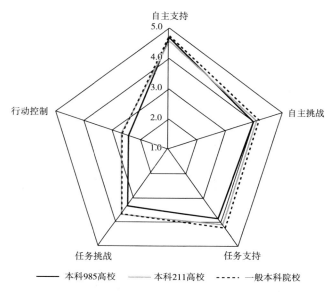

图 4-4　本科院校背景不同硕士生导生互动维度比较

战、行动控制四个维度差异较显著，在自主挑战维度差异不显著。具体比较见雷达图 4-5，硕三获得的自主支持、任务支持显著高于硕二和硕一，而硕三和硕一的任务挑战和行动控制接近，且显著高于硕二。可见，硕一感受的导师控制性互动显著较高，因此硕一的适应性研究需要引起足够重视。

　　准毕业生获得的自主支持、任务支持显著高于非毕业班硕士，而其获得的任务挑战和行动控制显著低于非毕业班硕士。

　　在学位类型差异上，学硕与专硕比较，在任务挑战维度上显著较高，但在其他 4 个维度上并无显著差异。

三　导师个体特征差异分析

　　分别以年龄、性别、职称等导师个体特征进行导生互动 5 个维度的差异分析，如表 4-11 所示。不同性别、年龄、职称等导师在不同

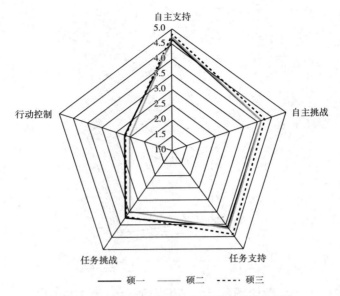

图4-5　年级不同硕士生导生互动维度比较

维度上有一些差异。在导师性别差异上，女导师的自主支持水平显著高于男导师，而男导师在任务挑战和行动控制方面显著高于女导师，在自主挑战和任务支持方面导师性别差异不显著，这意味着女导师与硕士生的助益性互动更显著，而男导师与硕士生的控制性互动更显著。

　　在年龄差异上，不同年龄的导师在自主支持、自主挑战、任务支持和任务挑战4个维度差异略显著，但在行动控制维度差异不显著。

表4-11　导师个体特征不同的导生互动5个维度差异比较

	检验方法	自主支持	自主挑战	任务支持	任务挑战	行动控制
年龄	F	1.409*	1.782***	1.527**	1.324*	1.019
性别（1=男，0=女）	T	-3.058***	.127	.671	3.642****	2.362**
职称（1=教授，2=副教授，3=讲师）	F	6.275***	1.822	5.251***	3.194**	5.588***

　　注：＊P<0.1，＊＊P<0.05，＊＊＊P<0.01，＊＊＊＊P<0.001。

在职称差异上，不同职称导师在自主支持、任务支持、任务挑战、行动控制 4 个维度差异较显著，在自主挑战维度上差异不显著。具体比较见雷达图 4-6，讲师的自主支持、任务支持、任务挑战显著高于教授和副教授，而在行动控制维度与教授接近，但显著高于副教授；副教授与教授相比，对硕士生的自主支持显著较高，但任务挑战显著较低，自主挑战、任务支持没有显著差异。

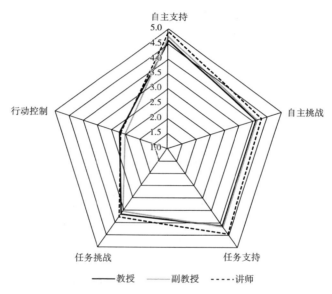

图 4-6 导师职称不同硕士生导生互动维度比较

四 导生互动经历的差异分析

以月面谈频率、互为一选、指导风格等导生互动经历进行导生互动 5 个维度的差异分析，如表 4-12 所示。导生互动经历中不同月面谈频率和学生感知的导师指导风格对导生互动的 5 个维度影响差异显著；互为一选的经历除了在行动控制维度不显著外，其他 4 个维度均有显著差异。

表 4-12　不同互动经历的导生互动 5 个维度差异显著性检验

	检验方法	自主支持	自主挑战	任务支持	任务挑战	行动控制
月面谈频率	F	40.314****	47.356****	79.374****	56.549****	8.410****
互为一选	T	12.277****	9.463****	6.135****	1.785*	-.919
指导风格	F	445.403****	218.642****	139.192****	70.774****	68.637****

注：* P<0.1，** P<0.05，*** P<0.01，**** P<0.001。

　　具体不同月面谈频率的导生互动维度比较见图 4-7，随着月面谈频率增加导生互动 5 个维度均不同程度地显著增加。说明随着面谈频率增加，助益性导生互动和控制性导生互动均增加。

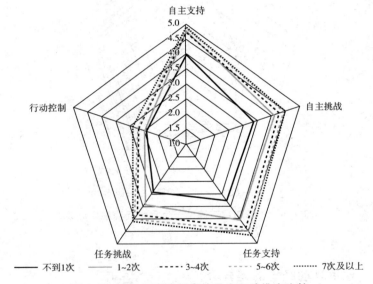

图 4-7　不同月面谈频率的导生互动维度比较

　　学生感知的导师指导风格对导生互动的 5 个维度影响差异显著，具体比较见表 4-13，支持型指导风格的自主支持、自主挑战、任务支持 3 个维度水平较高，控制型指导风格的任务挑战和任务支持 2 个维度水平较高，而放任型指导风格则在自主挑战、任务支持、任务挑战和行动控制 4 个维度水平均较低，只在自主支持维度略高于控制型指导风格。

表 4-13 不同导师指导风格的导生互动特征差异比较

	样本数	自主支持	自主挑战	任务支持	任务挑战	行动控制
支持型均值/ 标准差	1622	5.1040	4.4753	4.3855	3.6683	2.5251
		.87946	1.09500	1.16204	1.31455	1.40536
控制型均值/ 标准差	367	3.6193	3.5213	4.1163	4.0851	3.3678
		1.25270	1.26825	1.22825	1.14045	1.12272
放任型均值/ 标准差	347	3.9107	3.2430	3.2085	2.9517	2.3530
		1.26499	1.40150	1.30353	1.36641	1.37200

图 4-8 为不同指导风格的导生互动雷达图，进一步验证了导生互动量表的内容效度，即支持型指导风格的导师与研究生之间以助益性导生互动为主，而控制型指导风格的导师与研究生之间以控制性导生互动为主，放任型指导风格意味着导师与研究生之间助益性导生互动和控制性导生互动均较少。

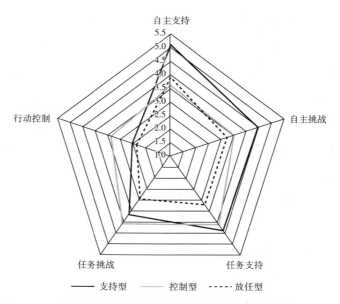

图 4-8 不同指导风格的导生互动维度比较

第四节 导生互动的影响因素

导生互动的实质是一种教育情境中的人际互动，互动质量必然受到参与互动的双方特征以及互动经历的影响。本书在自我主导理论的指导下，于本章第一节中通过质性研究把导生互动划分为 5 个特征维度，这 5 个特征维度受到研究生个体因素、导师个体因素、导生互动经历等因素的影响需要进一步验证。

假设：硕士个体特征、导师个体特征、导生互动经历对导生互动五个维度有显著影响。

采用多元回归分析方法对假设进行检验，得到如下回归模型：

$$IMP = \beta0 + \beta1 \times PCM + \beta2 \times PC + \beta3 \times IE + \varepsilon$$

IMP：Interaction between Mentor and Postgraduate，导生互动，为因变量，包括自主支持、自主挑战、任务支持、任务挑战、行动控制 5 个变量。对导生互动 5 个维度分别进行多元回归分析。

PCM：Personal Characteristics of Mentor，导师个体特征，为控制变量，包括导师性别（1 = 男，0 = 女）、年龄、职称（以讲师为参照，包括教授、副教授两个虚拟变量）；

PC：Personal Characteristics，研究生个体特征，为控制变量，包括性别（1 = 男，0 = 女）、年龄、年级（以硕一为参照，包括硕二、硕三 2 个虚拟变量）、读研动机（内部动机，外部动机）、学科（1 = 工科，0 = 经管学科）、学位类型（1 = 学硕，0 = 专硕）、院校背景（含硕士背景和本科背景，1 = 985 高校或 211 高校，0 = 一般本科院校）；

IE：Interactive Experiences，互动经历，为自变量，包括研究生感知导师指导风格（以放任型为参照，包括支持型、控制型 2 个虚拟变量）、互为一选（1 = 是，0 = 否）、月面谈频率（以月面谈少于 1

次为参照，包括月面谈 1~2 次、月面谈 3~4 次、月面谈 5~6 次、月面谈 7 次及以上 4 个虚拟变量）。

　　导生互动影响因素分析框架见图 4-9，即以个体特征和导师特征为控制变量，以互动经历为自变量，分别对导生互动的自主支持、自主挑战、任务支持、任务挑战、行动控制 5 个因变量构建多元回归分析模型。检验模型显著性和多重共线性，比较变量回归的标准化系数 β、标准误、显著性，以及各模型的拟合优度值。按标准化系数 β 的大小排列，体现该因素的影响强弱。因为标准化系数 β 已去除单位的影响，因而可作为自变量间解释力的比较，其绝对值越大表示自变量对校标变量的影响越大。标准误反映了抽样误差的大小，描述抽样质量的好坏，即抽得的样本是否能代表总体，标准误的值越小表示抽样可信度越高。共线性诊断容差越接近 0，表明多元共线性问题越严重；方差膨胀系数值 VIF 如大于 10，表明变量间有共线性重合问题。

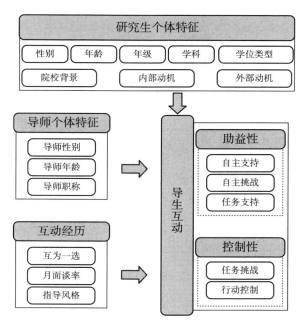

图 4-9　导生互动影响因素分析框架

表 4-14 中显示了研究生个体特征、导师特征、互动经历对导生互动五个特征维度的影响，结果显示，标准误大都比较小，说明抽样可信度较高。共线性诊断显示容差在 0.205~0.968，VIF 在 1.033~4.884，自变量之间没有共线性。以下分别讨论导生互动各个特征维度的影响因素。

表 4-14　导生互动五个维度多元线性回归分析结果

变量	因素	自主支持	自主挑战	任务支持	任务挑战	行动控制
导师个体特征	导师年龄	-.014	-.045 **	-.056 **	-.060 ***	-.009
		(.003)	(.004)	(.004)	(.004)	(.004)
	男导师	-.029 *	-.013	-.030	-.001	-.016
		(.043)	(.051)	(.051)	(.055)	(.059)
	教授	-.077 **	.007	-.018	.033	.044
		(.087)	(.103)	(.103)	(.111)	(.121)
	副教授	-.061 *	-.019	-.053	-.028	-.025
		(.080)	(.094)	(.095)	(.102)	(.111)
研究生个体特征	男生	-.034 *	.009	.020	.078 ****	.111 ****
		(.044)	(.052)	(.052)	(.056)	(.061)
	年龄	-.011	-.016	.015	-.020	.023
		(.018)	(.021)	(.021)	(.023)	(.025)
	硕二	.012	.007	.041 *	.049 **	-.050 **
		(.047)	(.056)	(.056)	(.060)	(.066)
	硕三	.020	.000	.044 *	-.027	-.031
		(.076)	(.090)	(.091)	(.098)	(.106)
	内部动机	.214 ****	.214 ****	.149 ****	.170 ****	-.010
		(.022)	(.026)	(.026)	(.028)	(.030)
	外部动机	-.009	.009	.046 **	.062 ***	.105 ****
		(.018)	(.021)	(.021)	(.023)	(.025)
	硕士 985 高校或 211 高校	.011	-.013	-.037	-.001	-.101 ****
		(.055)	(.065)	(.066)	(.071)	(.077)

续表

变量	因素	自主支持	自主挑战	任务支持	任务挑战	行动控制
研究生个体特征	本科985高校或211高校	-.040 *	-.015	-.029	-.013	.050 *
		(.055)	(.066)	(.066)	(.071)	(.077)
	工科	-.029	.044 **	.111 ****	.162 ****	.092 ****
		(.046)	(.054)	(.054)	(.058)	(.064)
	学硕	-.022	.028	-.006	.082 ****	.019
		(.041)	(.048)	(.048)	(.052)	(.057)
互动经历	互为一选	.142 ****	.099 ****	.046 **	.004	-.014
		(.043)	(.051)	(.052)	(.055)	(.060)
	月面谈1~2次	.167 ****	.115 ****	.145 ****	.081 ***	-.002
		(.066)	(.078)	(.079)	(.085)	(.092)
	月面谈3~4次	.153 ****	.161 ****	.231 ****	.177 ****	.035
		(.069)	(.082)	(.082)	(.089)	(.096)
	月面谈5~6次	.143 ****	.141 ****	.192 ****	.145 ****	.015
		(.082)	(.097)	(.098)	(.105)	(.114)
	月面谈7次及以上	.189 ****	.167 ****	.240 ****	.160 ****	.038
		(.079)	(.094)	(.095)	(.102)	(.110)
	支持型指导风格	.327 ****	.317 ****	.295 ****	.141 ****	.038
		(.062)	(.074)	(.074)	(.080)	(.086)
	控制型指导风格	-.150 ****	.001	.145 ****	.192 ****	.213 ****
		(.076)	(.090)	(.090)	(.097)	(.106)
	样本数	2336	2336	2336	2336	2336
	F检验	63.593 ****	34.613 ****	30.193 ****	26.118 ****	12.719 ****
	调整后的 R^2	.367	.238	.213	.189	.098

注：* $P<0.1$，** $P<0.05$，*** $P<0.01$，**** $P<0.001$。括号内为标准误。

一　自主支持的影响因素

自主支持显著受到以下变量的影响：支持型指导风格、内部动机、月面谈7次及以上、月面谈1~2次、控制型指导风格（负向）、月面谈3~4次、互为一选、月面谈5~6次、教授（负向）、副教授（负向）、本科985高校或211高校（负向）、男生（负向）、男导师

（负向）等，共 13 个变量。其中支持型指导风格影响最大，β 值为 0.327。模型调整后的 R^2 为 0.367，该模型具有一定解释力。

研究生个体特征中，内部动机对自主支持维度影响最大，β 值为 0.214，此外本科院校背景和性别均有一定显著负向影响，即本科 985 高校或 211 高校的硕士研究生获得的导师自主支持显著低于一般本科院校的硕士研究生，男硕士获得的导师自主支持显著低于女硕士，其他因素影响不显著。导师个体特征中，导师性别和职称均有一定显著负向影响，即教授和副教授对硕士研究生的自主支持均显著低于讲师，男导师对硕士研究生的自主支持低于女导师，其他因素影响不显著。导生互动经历中，各因素均有显著影响，其中学生感知导师的支持型指导风格与放任型指导风格相比，对自主支持具有显著正向影响，而控制型指导风格与放任型指导风格相比，则对自主支持具有显著负向影响；以月面谈频率不足 1 次为参照，月面谈频率多于 1 次的均对自主支持具有显著正向影响；导师和硕士互为一选对自主支持具有显著正向影响。

二 自主挑战的影响因素

自主挑战显著受到以下变量的影响：支持型指导风格、内部动机、月面谈 7 次及以上、月面谈 3~4 次、月面谈 5~6 次、月面谈 1~2 次、互为一选、导师年龄（负向）、工科等，共 9 个变量。其中支持型指导风格影响最大，β 值为 0.317。模型调整后的 R^2 为 0.238，该模型具有一定解释力。研究生个体特征中，内部动机对自主挑战维度影响最大，β 值为 0.214；此外学科有一定显著影响，即工科硕士获得的导师自主挑战显著高于经管学科硕士，其他因素影响不显著。导师个体特征中，导师年龄有一定显著负向影响，即年长的导师对硕士生的自主挑战显著低于年轻导师，其他因素影响不显著。导生互动经历中，学生感知导师的支持型指导风格与放任型指导风格相比，对自主挑战具有显著正向影响，而控制型指导风格与放任型指导风格相比，则对自主挑战没有显著影响；以月面谈频率不足 1 次为参照，多于 1 次的均对自主挑战具有显著正向影响；导师和硕士互为一选对自主挑战具有显著正向影响。

三　任务支持的影响因素

任务支持显著受到以下变量的影响：支持型指导风格、月面谈 7 次及以上、月面谈 3～4 次、月面谈 5～6 次、内部动机、月面谈 1～2 次、控制型指导风格、工科、导师年龄（负向）、互为一选、外部动机、硕三、硕二等，共 13 个变量。其中支持型指导风格影响最大，β 值为 0.295。模型调整后的 R^2 为 0.213，模型具有一定解释力。研究生个体特征中，内部动机对任务支持维度影响最大，β 值为 0.149；此外学科、年级均有显著影响，即工科硕士获得的导师任务支持显著高于经管学科硕士；与硕一相比，硕三、硕二获得的导师任务支持显著更高；外部动机对任务支持维度有一定显著影响；其他因素影响不显著。导师个体特征中，导师年龄有一定显著负向影响，即年长的导师对硕士生的任务支持显著低于年轻导师，其他因素影响不显著。导生互动经历中，学生感知导师的支持型指导风格与放任型指导风格相比，对任务支持具有显著正向影响，而控制型指导风格与放任型指导风格相比，对任务支持也有显著影响；以月面谈频率不足 1 次为参照，多于 1 次的均对任务支持具有显著正向影响；导师和硕士互为一选对任务支持具有显著正向影响。

四　任务挑战的影响因素

任务挑战显著受到以下变量的影响：控制型指导风格、月面谈 3～4 次、内部动机、工科、月面谈 7 次及以上、月面谈 5～6 次、支持型指导风格、学硕、月面谈 1～2 次、男生、外部动机、导师年龄

（负向）、硕二等，共 13 个变量。其中控制型指导风格影响最大，β值为 0.192。模型调整后的 R^2 为 0.189，模型具有一定解释力。研究生个体特征中，内部动机对任务挑战维度影响最大，β 值为 0.170。此外学科、学位类型、性别、年级均有显著影响，即工科硕士获得的导师任务挑战显著高于经管学科硕士；学硕获得的导师任务挑战显著高于专硕；男硕士获得的导师任务挑战显著高于女硕士；与硕一相比，硕二获得的导师任务挑战显著更高，但硕三与硕一则没有显著差异；外部动机对任务挑战维度有一定显著影响，其他因素影响不显著。导师个体特征中，导师年龄有一定显著负向影响，即年长的导师对硕士生的任务挑战显著低于年轻导师，其他因素影响不显著。导生互动经历中，学生感知导师的控制型指导风格与放任型指导风格相比，对任务挑战具有显著正向影响，而支持型指导风格与放任型指导风格相比，对任务挑战也有显著影响；以月面谈频率不足 1 次为参照，多于 1 次的均对任务支持具有显著正向影响；导师和硕士互为一选对任务挑战影响不显著。

五　行动控制的影响因素

行动控制显著受到以下变量的影响：控制型指导风格、男生、外部动机、硕士 985 高校或 211 高校（负向）、工科、本科 985 高校或 211 高校、硕二（负向）等，共 7 个变量。其中控制型指导风格影响最大，β 值为 0.213。模型调整后的 R^2 为 0.098，模型解释力较弱。研究生个体特征中，性别对行动控制维度影响最大，β 值为 0.111，即男硕士受到导师的行动控制显著高于女硕士。此外硕士院校背景、年级均有一定显著负向影响，即 985 高校或 211 高校硕士获得的导师行动控制显著低于一般本科院校的硕士；与硕一相比，硕二感受到的导师行动控制显著低一些。工科硕士获得的导师行动控制显著高于经管学科硕士；外部动机对行动控制维度有显著正向影响；硕三与硕一没有显著差异。导师个体特征对行动控制维度影响均不显著。导生互动经历中，学生感知导师的控制型指导风格与放任型指导风格相比，对行动控制具有显著正向影响，其他因素影响不显著。

第五节　本章小结

本章通过定性分析得到导生互动的 5 个维度，即自主支持、自主挑战、任务支持、任务挑战、行动控制，并在此基础上建构了导生互动量表，然后通过探索性因子分析和验证性因子分析对 5 个维度进行了检验。导生互动量表包括助益性互动量表和控制性互动量表两个子量表，两个子量表均具有较好的建构效度。并把导生互动量表与导师满意度进行相关分析，检验了量表的内容效度。通过描述统计、均值分析研究了硕士生导生互动水平现状。通过多元回归分析等方法，探究了导师个体特征、研究生个体特征、导生互动经历对导生互动 5 个维度的影响情况。

一　导生互动的特征及量表具有较好的信效度

（1）导生互动包括五个维度，它们的特征描述如下。

自主支持维度，导师以研究生发展需要为中心，尊重、理解、信任、包容研究生，为研究生的自我主导力发展提供支持的程度。

自主挑战维度，导师以研究生发展需求为中心，引导研究生反思并建构自己的观点，为研究生自我主导力发展设置挑战的程度。

任务支持维度，导师以毕业任务需要为中心，帮助和督促研究生完成基本任务，为研究生的顺利毕业提供支持的程度。

任务挑战维度，导师以任务需要为中心，为研究生设置高难度任务目标，鼓励他们参与超出基本任务（毕业标准）的事情，对研究生自我主导力发展影响的程度。对学生自主发展会有一定约束，但若被引导内化为学生自己成长的目标，也会促进自主发展。

行动控制维度，导师以任务需要为中心，以是否符合导师要求为标准，限制研究生自我主导力发展的程度。

导生互动维度按照两类属性来划分，即互动中心和互动中的情感联系，互动中心包括以研究生发展需要为中心和以研究任务需要为中心两个取向，互动中的情感联系包括正向和负向两个取向。导生互动中互动中心越倾向于以研究生发展需要为中心，越会令导生产生共情，产生舒服、温暖、安全、自由等正向情感，研究生在互动中就会越主动，导生互动对其来说就越具有助益性，如自主支持、自主挑战；当互动中心达到平衡，既满足研究生发展需要，又满足研究任务需要时（比如以达到毕业标准为中心的互动），因为这是研究生读研的最低目标，导师的支持也会给予其正向的情感慰藉，如任务支持；导生互动中互动中心越倾向于以研究任务需要为中心，越容易令研究生感觉到受控制，在互动中主动性下降，被动参与任务，对导师产生疏离、害怕、紧张等负向情感，导生互动对其来说越具有控制性，如任务挑战和行动控制。任务挑战在以研究任务需要为中心取向上水平较高，在情感联系上为负向但水平较低且具有可变性，这种挑战对研究生会产生外在的压力，但是也会激发研究生在认知方面的自主发展，从而激发创新。因为任务负荷超出研究生毕业的标准，所以会让研究生产生被控制的感觉，但如果获得导师的正向情感支持，通过自我调控，把任务挑战内化为自主挑战，则会极大地促进研究生自我主导力的发展；而如果与导师的情感联系为负向，则任务挑战就会趋同于行动控制。行动控制在以研究任务需要为中心取向上水平较高，在与导师的负向情感联系水平上也较高，体现为导师只重视任务成果，而忽视学生发展的互动，会让研究生有强烈的被控制感，觉得自己只是导师安排做实验的工具，甚至失去了对学习或研究意义的追求，严重制约研究生自我主导力发展。

（2）两性五维导生互动量表具有较好的信效度。

助益性互动量表共有 16 个题项，包括自主支持、自主挑战、任务支持 3 个维度。探索性因子分析结果显示量表 KMO 为 0.962，因子累计解释方差 80.30%，α 系数 0.957，各维度 α 系数：自主支持 0.974、自主挑战 0.894、任务支持 0.814。验证性因子分析显示助益性互动测量模型与实际观察数据整体适配度较好，因素负荷量为 0.705~0.949，16 个题项中有 1 个题项的信度低于 0.5，但各维度潜在变量的组合信度均在 0.8 以上，平均变异量抽取值均大于 0.6，说明模型具有较为理想的信效度。

控制性互动量表共有 8 个题项，包括任务挑战、行动控制 2 个维度。探索性因子分析结果显示量表 KMO 为 0.855，变量旋转后的因子载荷均在 0.682~0.898，因子累计解释方差 73.61%，α 系数 0.874，各维度 α 系数：行动控制 0.876、任务挑战 0.880。验证性因子分析显示控制性互动测量模型与实际观察数据整体适配度较好，因素负荷量在 0.586~0.922，8 个题项中有 2 个题项的信度低于 0.5，但各维度潜在变量的组合信度均在 0.8 以上，平均变异量抽取值均大于 0.6，说明模型具有较为理想的信效度。

从导生互动 5 个维度与研究生对导师满意度相关性分析结果，导生互动 5 个维度中自主支持、自主挑战、任务支持、任务挑战 4 个维度均与对导师满意度显著正相关，只有行动控制与对导师满意度显著负相关，说明量表具有较好的内容效度。其中导师的自主支持与研究生对导师满意度的相关系数最高，为 0.619，说明硕士生更希望得到导师的尊重、理解、信任、包容，而最不希望的是导师控制他们的行动。

二　硕士生导生互动水平现状

描述统计量显示自主支持、自主挑战、任务支持、任务挑战的偏度为负值，说明这四个维度的值集中在高水平一边；而行动控制的偏度为正值，说明该维度的值集中在低水平一边。助益性导生互动均值为 4.492，控制性导生互动均值为 3.123，5 个维度的均值在 2.632~4.694，表明当前的硕士生在与导师的互动中，5 个维度差异较大，其中助益性导生互动维度水平高于控制性导生维度互动水平，5 个维度水平由高到低为自主支持、任务支持、自主挑战、任务挑战、行动控制。

均值分析发现不同硕士个体特征、导师个体特征、导生互动经历在导生互动各维度上有以下差异。

（1）不同个体特征的硕士生在导生互动各维度上的差异较大，其中学科、院校背景、本科背景不同的硕士生的导生互动 5 个维度均有显著差异，即经管学科硕士获得的自主支持高于工科硕士，而工科硕士在其他 4 个维度均高于经管硕士。

（2）不同年龄、性别、职称等导师在导生互动 5 个维度上有一些差异，女导师的自主支持水平显著高于男导师，但男导师在任务挑战和行动控制方面显著高于女导师，在自主挑战和任务支持方面导师性别差异不显著；不同年龄的导师在自主支持、自主挑战、任务支持和任务挑战 4 个维度差异略显著，但在行动控制维度差异不显著；不同职称导师在自主支持、任务支持、任务挑战、行动控制 4 个维度差异较显著，在自主挑战维度差异不显著，讲师的自主支持、任务支持、任务挑战显著高于教授和副教授，而在行动控制维度与教授接近，但显著高于副教授；副教授与教授相比，对硕士生的自主支持显著较高，但行动控制、任务挑战显著低些，自主挑战、任务支持没有显著差异。

（3）导生互动经历中，不同月面谈频率和学生感知的导师指导风格对导生互动的 5 个维度影响差异显著，随着月面谈频率增加导生互动 5 个维度均不同程度地显著增加。说明随着面谈频率增加，助益性导生互动和控制性导生互动均增加。互为一选的经历除了在行动控制维度不显著外，其他 4 个维度均有显著影响差异。学生感知的导师指导风格对导生互动的 5 个维度影响差异显著，支持型指导风格的自主支持、自主挑战、任务支持 3 个维度系数较高，控制型指导风格的任务挑战和行动控制 2 个维度系数较高，而放任型的指导风格则在自主挑战、任务支持、任务挑战和行动控制 4 个维度水平均较低，只在自主支持维度略高于控制型指导风格。

三　导生互动影响因素

回归分析验证了研究假设。

（1）导师个体特征中年轻导师、女导师、讲师对硕士生的助益性导生互动影响显著更大。

（2）研究生个体特征中个人动机、性别、年级、学科、学位类型、院校背景等具有显著影响；内部动机影响最显著，它对自主支持、自主挑战、任务支持、任务挑战 4 个维度有显著正向影响，外部动机对任务支持、任务挑战、行动控制 3 个维度有显著正向影响；男生获得的自主支持显著低于女生，但其获得的任务挑战、行动控制显著高于女生；工科硕士获得的自主挑战、任务支持、任务挑战、行动控制显著高于经管学科硕士；学硕获得的任务挑战显著高于专硕；高年级硕士获得的任务支持显著高于低年级硕士，与硕一比较，硕二获得任务挑战显著较高，但行动控制显著较低。985 高校或 211 高校的硕士获得的助益性导生互动水平显著低于一般本科院校硕士，而控制性导生互动的差异不显著。

（3）互动经历中月见面频率以不足 1 次为参照，月见面频率 2 次及以上均对自主支持、自主挑战、任务支持、任务挑战 4 个维度有显著正向影响；导师指导风格对导生互动 5 个维度的影响最显著，以放任型指导风格为参照，支持型指导风格对自主支持、自主挑战、任务支持、任务挑战有显著正向影响；控制型指导风格对自主支持有显著负向影响，对任务支持、任务挑战、行动控制有显著正向影响。互为一选对自主支持、自主挑战、任务支持有显著正向影响。

第五章　自我主导力的特征和影响因素分析

　　每个研究生的家庭背景和成长经历不同，思想认识、读研动机、知识储备、学习能力、科研兴趣等存在差异，那么导师在和研究生互动中应注意哪些方面？如何帮助研究生成长和发展？如何培养其创新能力？如何提高其职业成熟度？如何使之具有长远的发展潜力？简言之就是如何因材施教？本章将通过数据分析，试图探寻这些问题的答案。

　　本章基于质性研究，归纳了自我主导力的特征，编制了自我主导力量表，并通过"硕士生发展质量和导生互动调查问卷"获得的数据，采取定量研究的方法，分析了自我主导力量表的信效度、自我主导力水平现状，以及自我主导力及其维度的影响因素。研究方法和研究内容包括：运用探索性因子分析、验证性因子分析、相关分析等，对自我主导力量表的信效度进行了验证，自我主导力量表的信效度检验详见附录 E；运用描述统计法，分析了硕士生自我主导力水平现状；运用均值比较法，包括单因素分析法 F 或独立样本 T 检验法，分析了硕士生自我主导力及其 4 个维度在年龄、年级、性别、学科、院校背景等方面的个体差异；运用多元回归分析法研究了硕士生自我主导力的影响因素，包括显著影响因素以及影响大小比较、导生互动对自我主导力及其四个维度预测、自我主导力水平不同的硕士生受到导生互动影响的异质性分析。

第一节　自我主导力的特征

作为研究生个体发展核心质量的自我主导力具有怎样的结构特征已有的研究并没有明确的统一定义，本书的研究以玛格尔达的自我主导理论为指导，借鉴其访谈策略和 Wabash 项目的通识教育国家研究访谈策略，通过提示性的语言，引导受访者思考自己在读研时最重要的经历，以及反思这些经历对他们的影响，包括他们如何看待自己、如何构建与他人的关系、如何塑造他们的信仰等。同时，以 Pizzolato 编制的自我主导量表和 Ryff 的心理幸福量表为参考，编制了硕士生访谈提纲，并运用 Nvivo 软件对访谈材料进行了整理，结合硕士生访谈，对自我主导力 4 个维度重新整理和定义，并分析了 4 个维度的特征。

本书的质性分析揭示出，研究生的个体发展质量要素包括自我主导力、创新能力、职业成熟度、学业成果（客观）等，这些要素之间的关系如图 5-1 所示，体现了自我主导力作为研究生个体发展的核心质量，标志着研究生个体发展的主动性、独立性、成熟性水平，是研究生成长为成熟毕业生的基础。自我主导力包含了自我同一、认知自主、人际自主、自我调控 4 个维度，4 个维度交织在一起，密切联系又各具特色，其中自我调控是联系其他 3 个维度变化和发展的纽带。

一　自我同一：清晰认识自己

自我同一维度指个体对自己认识清晰的程度，包括自己的过去、

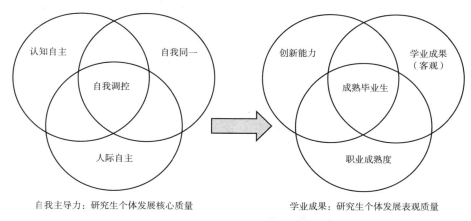

自我主导力：研究生个体发展核心质量　　　学业成果：研究生个体发展表观质量

图 5-1　研究生个体发展质量关系

现在、未来，自我认识的清晰性、连贯性、主动性、统一性程度，并努力达成既定目标的程度，体现了个体自我同一性的发展，对应玛格尔达自我主导理论中的内我维度，以及 PSAS 中的意志力视角（Perceptions of Volitional Competence，PVC）。该观点与已有的相关研究一致，认为自我同一性是内在自我之间以及自我与环境之间的平衡，是现实自我、真实自我和理想自我三结构之间一致性关系的体现（郭金山，2003）；是个体在寻求自我的发展中，对自我的确认和对有关自我发展的一些重大问题，诸如理想、职业等的思考和选择（张日昇、陈香，2001）。

在编码基础上，本书的研究共识别出"自我同一"概念之下的 5 个子节点，参考点共 59 个，是访谈材料中参考点最多的。如表5-1所示。

表 5-1 自我同一维度节点分析

单位：个

父节点	子节点	材料来源	参考点
	发展目标明确	7	11
	清楚自己的优势和不足	7	11
自我同一	兴趣明确	5	8
	善于为实现目标做规划	5	10
	主动性强且善于自我激励	7	19
合　计		7	59

1. 个体具有明确的发展目标

研究生对自己的过去、现在、未来有清晰的认识，知道自己想成为什么样的人，并一直在努力，参考点举例如下。

A01：毕业后想做技术管理方面的工作，像导师那样，既是专家，也兼管理，想得到更多人的尊重。

A02：我还是想在未来留在高校里去从事一些科研工作，因为我觉得一方面我在外面有一家公司的话可以做到一个外部的对接，一个资源的支撑；另一方面，我在学校里面搞好我的学术，还有整体来说学校里面的研究可以更精准地指导我在外面跟企业打交道，然后把自己的一些产品推到市场上，我觉得这个对我来说是两方面的一个促进作用，结合外部的市场去了解现在整个行业或者整个市场的需求是什么，对于需求相当于就是我做一些研究，和更多的企业来合作，现在来说我觉得自己在企业方面优势就是我不断地跟科研机构、科委这些相当于事业单位或者高校打交道。我觉得资源对接的能力对我来说也是一个提高；另一方面就是挣钱不挣钱两说了，更多的是可以有一个平台给自己一个锻炼，给自己一个提升的空间，我觉得这个带给我的比博士学位带给我的更有挑战性。我得自己不断创新一个模式，然后企业不断创新，我不在乎企业发展得多大，我只在乎它有一个更高平台、更好发展，使我所有的合作的团队成员都有一个提升，这是我最重要的一个目的。其实挣多少钱我倒觉得不在乎，因为钱这个东西跟能力相比，我觉得钱相当于一个附属品，能力有了，钱自然而然也会过来，但是如果你不具备一定能力，没有你想象中那么"值钱"，很多时候别人对你自身价值的一个评定也不会像你自己所想的"那么"高，只有你自己"值钱"了，你才能带来后续的一些价值。

A03：我读研就是为了读博，然后因为我特别想当大学老师，因为我家人也有当大学老师的。

A04：没考虑过考博，因为我感觉博士生相对来说各种限制要多一些，比如说你读博之后必须要发2篇英文文章，万一你的研究课题不顺，你不一定出得来这种东西。你读博之后，出来找工作其实也还一般，但如果要是当老师的话，那就一条线都顺下来了，但我不想当老师，怕误人子弟。

A05：希望3~5年能够通过自己的努力积累，慢慢沉淀成为一名高级数据分析师。

2. 个体清楚自己的优势和不足，有明确的定位
参考点举例如下。

A01：在自己学校也挺好的，这样课题有连贯性。在其他的学校，不管是做同一个课题还是换一个课题，新老师总得接触一定的时间，感觉这段时间就浪费了。这也是我们保研的一个优势，至少一直这样连贯地做下来。

A02：我做每一篇文章的时候，每一篇文章的样品基本上不超过5个，我就能很精准地找到我需要的那个目标最好的样品。

A05：自己的领导能力和组织能力，包括团队协作能力也是比较

强的。

A06：我的优点是踏实，喜欢自己钻研一个问题，逻辑分析能力比较强吧。

A07：觉得自己身上最大缺点就是很懒散，对什么事情都没有规划，所以希望选一个能够严格要求我的导师。

3. 个体清楚自己的兴趣点在哪儿，并一直在做自己感兴趣的事

参考点举例如下。

A02：我觉得很多时候做任何事情，兴趣是唯一或者是第一导向，因为只有当你对这条路有兴趣，走的时候才不会那么枯燥。我发现研究生和本科生的工作还有它整个的教学模式有很大的差别，这也是我感兴趣的一点，因为研究生主要还是以导师为核心，很多时候是针对性一对一的指导，然后对于自身来说这种提升也是非常有价值的，所以我就坚定了走研究生这条路。

A03：我特别喜欢看英文论文，我觉得这个特别重要，我每个星期会看3篇左右，每天我都会看最近两三年这种英文论文好的期刊里面的英文论文，然后我会看这种就跟自己相关的英文论文，就看这种论文特别有用。考虑得最多的还是主要觉得自己真的很喜欢去干这种事情。

A05：觉得统计学挺有意思的，然后我也挺喜欢统计学，有点像哲学的味道。

4. 个体善于为实现目标做规划

研究生会为实现自己设立的目标，制订一个专门的计划，并对实现目标有信心，体现了个体把长远目标和近期目标结合起来的能力，反映了个体发展具有连贯性和统一性。参考点举例如下。

A02：很多时候要给自己定一个目标，尽管这个目标很大，然后通过一个一个小目标不断地去实现，对自身来说也是一个飞跃……我觉得从25岁开始要给自己设定阶段性目标了，25～30岁我要去做什么，30～35岁要做什么，国家有五年规划，我给自己也会弄一个五年规划……现在我在时间上的安排其实是这样，周一到周五我基本上是早上8:30就到学校那边做实验，一直做到晚上6:00，6:00之后相当于那边有打卡下班，下班之后我再接着去做公司项目这些事情，每天我都是这么安排，然后有一句话就能形容我现在的状态：周六一定加班，周日加班不一定。

A03：我每天都必须做三件事情，第一看论文，怎么得花半个小时看一下；第二背英文单词，怎么也得背一百个单词；然后第三个就是看书，每天都会看偏理论方面的书……现在写一篇会议论文对我来说也就是一天的事情。

A05：我就想着能够找一个与数据分析相关的工作，我还是想继续把这个专业学得更深入一点，能够真正为社会创造一些价值。然后还是想进入互联网行业，因为互联网行业氛围比较自由，还有就是互联网行业的知识更新比较快，会逼着你去学习，可能没有那么安稳，但是学的东西会比较多，对以后自己的积累、沉淀也有很大的促进作用。

A04：其实我规划了挺多目标，但是有的目标我就不会去计划实现，就是说大概定一个方向，就是偶尔去做就行了。（反例）

5. 个体做事主动性强，且善于自我激励
参考点举例如下。

A02：心情波动的时候，我会主动找他去聊一聊。我就觉得跟导师的关系，就一定得主动多沟通……因为你在年轻的时候不去积累、

不去尝试、不去体验那种失败，或者是辛酸苦辣那种滋味，到 30 岁或 35 岁以后真正再想去折腾的时候就已经心有余而力不足了。

A01： 当时脸皮比较厚，每天都给老师打电话，一有问题就给他打电话，这样一个月下来，感觉成长了很多。

A03： 这个北京铁路研究所的项目介绍到老师这里，然后我当时也在，我就说我来接吧，就是我来给你做……自己想干一件事情就把它做到最好。

A05： 在我们班没有课的情况下我就会去人大"蹭"一下课，然后有时候就是星期六、星期天，像我们专业的一些统计座谈，然后一些"大牛"讲一个主题这种我就会去听一下。研一的时候我觉得北京机会多、平台多，比赛也多，我就找了几个小伙伴，之前第一次看到的是由零点咨询公司跟中国统计协会一起举办的中国大数据行动创新大赛，我就说试试，反正那个比赛也比较偏实用，是应用于超市数据挖掘，后来就用了两个月的时间完成报告，当时也是怀着一种去试试的心态，报名参赛的学校也挺多的，包括北大、清华，还有上海的一些（学校）都挺多的，最后我们通过了初选。

A04： 我本科导师的师弟在这边，但是因为中间出了点问题，结果专业报错了，然后就过来了。因为当时我不清楚，这个食品学院还有应用化学专业，我以为就只有食品科学这个（专业）招硕士，但是现在觉得还行。（反例，表明对自我的认知并不清晰，目标也不是很明确）

A06： 我现在找工作面试，就会有一些被淘汰，淘汰了我的话，我就会很客观地分析一下，我在面试中哪儿做得好、哪儿做得不好，会告诉自己下一个会找到更合适的，不要自暴自弃，我一般就是这样鼓励自己的。

A07： 就业方面，有的人可能会考虑到薪资待遇的问题，有的人会考虑到未来发展的问题。我当时考虑最多的就是我应该尝试一下我身上缺少的一些东西，考虑的是这方面的东西。就是我身上欠缺什么（就弥补什么），然后就想让自己综合能力得到更大提高。

二　认知自主：有自己的信念和标准

认知自主维度指个体拥有自己的价值观、人生观、判断标准的程度，体现了个体解决问题时的思维倾向，即是否有自己的信念、原则和判断的标准，对应玛格尔达自我主导理论中的认知维度，以及 PSAS 中的解决问题的思维倾向（Problem Solving Orientation，PSO）。有研究将个人认知定义为学生对知识和认识的思考和信念，包括知识的定义、建构、评估、载体等（Hofer，2001）。

本书依从自我主导理论视角，认为知识是在具体的学习情境中建构的，并且自我是知识建构的中心，在认知发展方面，研究生具有较强的学习动机和学习能力，能够主动学习和建构自己的知识体系，在文献阅读和课题研究中反思不同观点之间的联系，对世界的认识已经跨越了二元论的阶段，正在向多元化和相对论的阶段发展（Wankat和 Oreovicz，1993）。

在编码基础上，本书识别出认知自主维度之下的 4 个子节点，参考点共 28 个，如表 5-2 所示。

表 5-2　认知自主维度节点分析

单位：个

父节点	子节点	材料来源	参考点
认知自主	有自己的衡量标准	6	7
	有自己的观点和信念并能坚持	4	7
	有自己的价值观	5	6
	常思考道德、人生意义和处事原则	4	8
合　计		6	28

1. 个体有自己的衡量标准

解决问题时的思维倾向于不是按照别人的标准，而是按照自己认为重要的标准来判断，参考点举例如下。

A01：如果去外面知名学校跟一个一般的导师反而学到的东西不多，而且在他们那边的博士比较多，我们学校没有博士是个弱项，但是这样对我们硕士生来说反而是件好事。

A02：我读博士选的方向是很精准、很有代表性的。因为北京这边现在鼓励新能源汽车，我读博士的方向是做磁性材料，磁性材料是我们现在做的一个产品，正好是新能源汽车上的一个配件，相当于动力回收的部分，用磁体节省一部分相当于它的一个消耗。然后当时我觉得，第一，我很喜欢汽车；第二，我觉得这个东西确实是和材料沾边，对自身来说是未来的一个职业规划，还有以后做研究我也很有针对性，这是我当时选方向的一个原因。

A03：别人包括导师也说过我有些孩子气，我倒觉得这种东西对我自己来说影响也不大，不需要刻意去改。

A04：我们应用化学在研究领域上，其实还是非常偏的一部分，属于香精香料这一块，其实即便出去的话应用得比较少，但是如果对于仪器使用方面，就是因为我们需要用到一些仪器，其实去做一些检测员，或者做一些指标，可能就是做国标的这些，我觉得也还可以。

A06：当时投的时候没有查过这个期刊，因为我读的很多文献都是这个期刊的，然后我就想我也投这个吧。之后我才知道是一区的，然后影响因子这么高，4点多吧，当初就知道它是一个 SCI 的期刊，我也没有抱太大的期望就去投了。

A07：后来的话我还是选择了一家创业公司。第一我觉得如果到了 9 月，我没有去准备博士考试，或者是一些博士审核的申请，那么最后我一定会走上创业这条路。然后你可能觉得我应该进一家大一点的企业、高一点的平台。我是属于那种有点不喜欢当"凤尾"。我不知道在那种大环境里面，我会学到什么，因为我了解到的就是在一个特别大的环境里面，可能就给你固定的（任务），每天都干这件事情，然后反复去做，每个岗位就固定做那些事情，但如果我从一个开始的那种小企业入手，去从事一份职业的话，那么我会明白一家公司它是怎么成立的，然后它是怎么一步步发展起来的。

2. 个体有自己的观点和信念并能坚持
参考点举例如下。

A02：我倒觉得这个（边读博士边创业）可能在别人看来两个方向的行业差得比较远，对我来说可能觉得有点耽误我上学的时间，但其实我不这么认为，因为是这样，很多像我现在公司里面搞的这个领域，是站在北京市相当于更高的一个平台去看各个行业发展的一个规模和模式，然后挑出更适合北京发展的一个行业。因为北京之前出台了一个把北京打造成四个中心——文化中心、政治中心、国际交往中心，还有科技创新中心（的文件），然后我现在公司这边做的是围绕两个中心来做，一个是文化中心，还有一个就是科技创新中心，这两个点就是文化中心那边是我们公司另一个团队去做，然后我们团队主要是负责科技创新中心，因为科技创新中心牵涉各行各业，包括科研机构和运行模式在北京的改革。我自己的理解就是首先我可以通过了解整个北京地区科研机构或者科研院所改革这些东西，更了解到博士期间我做的一个方向……其实挣多少钱我倒不在乎，因为钱这个东西跟能力相比，我觉得钱相当于一个附属品，能力有了，钱自然而然也会过来，但是如果你不具备一定能力，没有你想象中那么"值钱"，很多时候别人对你自身价值的一个评定也不会像你自己所想的那么高，只有你自己"值钱"了，你才能带来后续的一些价值，这是我的信念。

A04：我的信念就是相信科学，就是用数据说话，就是光说没用那种。

A05：比如说我看一本书就这么写，但是通过我的调研数据，觉得好像不一定对，我应该会坚持自己的观点……一定不要贪小便宜，做什么事情要靠自己努力去获得，不要相信天上会有馅饼掉下来，什么事情你都得自己去争取，自己去努力获得。我的信念就是越努力越幸运！

A06：我的人生信念就是追求更好的自己。我感觉自己要一直有一个往更好的方向的信念，这样才能不断进步。

3. 个体有自己的价值观

这是做事情时判断是非对错的依据，参考点举例如下。

A01：好多课题我们可主导，我们跟北化和北理那边的硕士生也有交流，他们多是给博士打下手，分他们子课题，相当于博士来指导他们。所以（我）觉得能学到东西才是最重要的，就没有去追求名校的光环。希望学以致用，能进行有价值的创造。

A02：我们所有做的东西都是为了指导生产，从而推动整个社会在材料学（领域）的发展，他对我们说让我们做实验的目的并不是仅仅停留于发文章，这对我来说相当于一个极大的触动。

A05：怎么把这个东西做得有价值呢？然后我们就根据顾客的一些行为，比如说一些会员制，怎么吸引他过来等方面入手，反正后来就取得了全国第五名的成绩，也算是不错的。进入决赛的有 20 个（团队），当时就觉得，我们的统计还是挺有用的，还可以创造真的价值。

A06：别人说的有时候我是会听的，有时候我是不会听的。因为他们有时候站的角度跟你自己是不太一样的，你要根据自己的情况，然后看自己怎么做是对的，别人只是建议，不能完全按照别人的去做。

4. 个体常思考道德、人生意义和处事原则，并认为这些很重要

参考点举例如下。

A01：信仰的高度可能有点高，但是我肯定有自己坚持的原则，肯定有不会去违背的一些底线。

A02：其实在北京做制造或者做工厂是很难的，我就想如果真真正正地把材料引入北京去做一些事情，我觉得只能做一些研究所或者是咨询方面（的工作），所以对我自身来说，我能够了解北京在材料领域这方面更需要做出什么样的材料，我就可以给我课题组也好，我后来的学弟学妹们也好，提供更精准的指导。比如说毕业了他们想继续读博士，然后看看他们想继续做什么材料，我这边都很清楚，因为很多时候你要想真正在北京发展就要有更高的需求导向，就像是现在经常说的供给侧改革，这个东西就是我发现自从进入这个公司体系当中之后，我见的人、接触到的一些企业还有事情，在我学生生涯中基本上是碰不到的，然后对我自身的启发是在学校一定不能把所有的心思放在读书上头。

A04：没怎么太多地思考人生的意义，普普通通就好，平淡人生吧。（反例）

A05：我的道德准则就是不触犯人家的利益……我之前其实有过这样一段经历，就是我去发问卷，你让他填个问卷，其实很多人是敷衍你的，我就在想这样做出来的调查有什么意义？是吧，就很浪费，企业也花了很高的成本，还要雇人去发问卷什么的，我就想着以后能不能提高这个数据的质量，然后为这个社会创造一些反映真正现状

（的方式），就是会经常思考自己工作的意义和价值。

A06：我的处事原则就是不伤害他人，这是我基本的一个原则。

A07：我觉得一直待在校园里，我不知道社会到底真正需要的是什么样的人才，我也不知道我自己的价值在哪里。我想先工作一段时间看一下。（反例）

三　人际自主：善于交流、独立思考、自主行动

人际自主维度指个体善于与人交流和汲取各方面的观点，但个体的行动源于自己内心的决定，而非受他人的影响，体现个体能够独立思考和自主行动的程度，是个体在社交关系中自主性的反映，对应玛格尔达自我主导理论中的人际维度，以及 PSAS 中的自主行动能力（Capacity for Autonomous Action，CAA）。人际需求是人的三大基本需求之一（Deci et al.，1991），师生互动有利于师生双方对自我都有更清晰的认识（石艳，2004），因此人际自主不仅能促进自我主导力发展，同时也是体现自我主导力发展水平的重要标志之一。

在编码基础上，本书共识别出"人际自主"概念之下的 4 个子节点，参考点共 23 个，如表 5-3 所示。

表 5-3　人际自主维度节点分析

单位：个

父节点	子节点	材料来源	参考点
人际自主	不易受朋友或家人的影响	4	7
	不易受专家和权威意见的影响	4	6
	勇于表达不一致观点	4	7
	不在意别人对自己的看法	3	3
合　计		4	23

1. 个体善于与人交流，但不易受朋友或家人的影响

研究生会汲取各方面的观点，不会盲目跟从朋友，即使父母反对或有违背他们的期望，也不会轻易改变自己的主意，参考点举例如下。

A02：我主动问了老师研究生和本科的区别，我回去想了一想，跟爸妈商量了商量，然后我就决定准备考研。

A03：他们每天在寝室玩游戏，我也不太想待在寝室了，就自己出来，我又没钱在外面租房子，就只有住实验室了，就是向老师求情让我住实验室，我就住实验室了……考研失利时，爸妈劝我说真的没必要再浪费一年，花一点时间去准备政治，你还不如来学校好好学习，然后接着去读博。我当时想确实是这样，就没有再考，而是到这里来了。

A05：如果父亲反对，我会跟他沟通我的想法什么的，他如果觉得不对的话，他会列出好几条，为什么不对就会跟我说清楚，如果我觉得他说的有理，我就会改变，他说的没理，我就不改，就是这样，不会盲从。我俩会相互商量，我为什么这样想，我也会跟他解释，他也会听，然后他如果觉得对，他就会支持了，就反过来了……我觉得应该是导师或者父亲这些跟我关系很密切也很重要的人，才会对我有所期望，所以我若违背他们对我的期望时，还是比较难下决定的，我会多质疑自己的决定是否正确。

2. 个体不易受专家和权威意见影响

参考点举例如下。

A01：就是尊重一种经历，一种年龄上的经历，他们比我们年长，所以（我们）才有可能学到一些东西啊。但有时候我也有一点

固执，当然也没有到那种很偏激的程度，但是不影响在一个群体里面的意见，在正常交往的过程中，有时候会保持一些个性……拿不定的主意，我其实还比较喜欢去找导师聊一下，经常会很乐意接受他的一些建议。但是有时候，我其实可能在组里面跟他争辩比较多，尤其是在研究中发现（自己）和导师看法不一致时，我会通过实验数据来验证我的观点，努力说服导师。

A02：我创业的事情导师并不知晓，没有跟他说，因为怕他知道了，会以为我读研不专心，引起不必要的麻烦。

A04：我这次来就偷着来的，我们老师其实不太支持这种活动，认为就应该去实验室。（反例）

3. 个体勇于表达不一致观点

就算大部分人不同意，或者大家争论得比较厉害时，研究生也会按照自己的想法表达出来，参考点举例如下。

A03：不认同的事情我会说出来。比如，宿舍同学大家都整晚打游戏，我就会说这样不好，浪费时间，可能会显得不合群，但我还是会说。可能也没太大用，后来我就搬到实验室住了，这样就互不影响了。

A04：我没有什么个人的爱好，像打球、游泳、爬山，都没有时间，主要是被老师知道了，也不太好……我有的时候会有一些自己的想法，也不会去说，比如说大家都觉得这个好，如果我觉得不好的话，我肯定也不会去争。（反例）

A05：就是大部分人不同意我的意见，我仍然不害怕说出自己的看法。

A06：有时候我觉得自己是对的话，我会勇敢地说出来，不想藏着掖着。但是有时候，关系非常亲密的话，如果说出一些狠话就会非常伤害她，我不会直接说，会比较委婉地说。

A07：我有想法的话，我一定会说出来，就算是不满的话，我也会跟他沟通，我觉得这个事情不应该这个样子，就会去和导师争辩，有时候会激动地吵起来。

4. 个体不在意别人对自己的看法
参考点举例如下。

A02：他就和我说到你真正出去的时候，如果你硕士出去，人家不会说你怎么优秀，你博士出去的话人家都会叫你博士，我说确实对我来说也挺有诱惑的，因为也好听……在他们看来，我在老师眼里确实是一个非常"金贵"的人，他们也非常羡慕我，我和那边关系处得也还不错，我就到这边去读了。（反例）

A03：当时考研没考好，感觉无言面对"江东父老"，真是谁也不想见，怕人家问我，因为我原来是挺优秀的那种。（反例）

四　自我调控：自我调整适应挑战

自我调控维度指个体面对挑战时的自我调整和适应挑战的程度，是探索、维持、调整个体的认知自主、自我同一、人际自主的能力，是联系现在和未来的纽带，对应玛格尔达自我主导理论中认知、内我、人际三个维度的变化和联系，以及 PSAS 中的面对挑战时自我调控（Self-Regulation in Challenging Situations，SRCS）。

在编码基础上，本书共识别出"自我调控"概念之下的 4 个子节点，参考点共 21 个，如表 5-4 所示。

表 5-4　自我调控维度节点分析

父节点	子节点	材料来源	参考点
自我调控	情绪调控	4	4
	困难和挫折时调整心态	5	11
	能有效处理突发情况	2	2
	把大问题/目标分解为小问题/目标	3	4
合　计		5	21

1. 个体善于进行情绪调控，当事情变糟糕时，会努力调整自己的情绪，保持头脑冷静

参考点举例如下。

A01：都是乐观的态度，因为好的东西要有一个过程，没有必要太"愤青"，就感觉是个人要乐观点，没必要抱怨。就像申请这个实验室一样，都是申请的，努力争取的结果。

A02：然后我也跟他承认错误了，很不容易，就包括很多，以后给我的启发，像我爸跟我说员工这个层次，你招过来之后啊一方面你得严格要求，另一方面你得给他们一个适应的过程，最重要的是在适应过程中你得不断去激励他们，后来我也明白了这一点。

A07：有时候我也会穿上运动服直接到马路上去跑，很放松。如果有雾霾或者天气不好的话，我就到健身房去。对我来说运动是一种调节自己情绪的好方式。

2. 个体在遇到困难和挫折时，会调整自己的心态，设想事情可能会向好的方面发展，相信自己能够依靠个人的力量取得成功

参考点举例如下。

A02：我刚开始硕士研究生课题时，总共换了 5 个题目，但我想

没关系，总会找到合适的研究方向。

A03：这个挫折一直有的话，我就会一直去跟他"死磕"。实验室已经有些成果了，然后拿过来用在项目里面，发现不行，然后我就改进，我提出一些新的算法，改进过后发现还行，我就开始证明它的收敛性、稳定性这些，主要是这样一个流程，就是先有了结果，再想着证明这种事情。

A05：我可能做事情比较能坚持下来，不管里面遇到什么困难什么的，毅力还是比较强的。

A06：这个期刊我投了两次，第一次是它觉得我写得不太好，给了许多修改意见，就给拒了，我就改了一轮，第二次我又投这个，然后就中了。

A07：我感觉在老师的影响下，迎难而上的勇气，还有克服困难的信心，可能都得到了很大提高。

3. 个体相信自己能有效处理突发情况

参考点举例如下。

A04：影响最大的可能就是刚上研三的时候吧，因为之前的师姐们也都毕业了，我接手负责管理实验室，负责管实验室的一些东西，然后如果出什么问题，还需要去跟一些厂家联系。因为我平时都是闷头干活，很少去管别的事，突然就多了好多东西要处理和协调，当时感觉收获很大。关于仪器上面还有一些专业知识提升不少，原先我可能关注自己做的事，现在我还需要去管"闲事"，师弟、师妹有什么事还得找我，比如说气用完了，我都得想去换，以前就从来没想过这些事情。

A05：挫折其实有时候也遇到，像我们之前参加那个小美赛（中国数学建模国际赛）的时候，当时就快到第二天了，然后数据找错了，后面都不用做了，然后整个感觉这两天的努力完全被颠覆了，没有什么用了。我们老师说："本来你做数据分析，你现在数据都错了，你最后做的报告就是一份垃圾，就没有什么价值。"当时特别沮丧，而且我们三个人其实前面两天除了吃饭没有任何时间休息，就是这样一个过程，感觉现在努力都白费了。然后我们老师问现在还有多少时间，我说只有两天时间了，然后还要写论文，老师说那就现在重新做。后来我们就全部重新做，熬了一晚上，当报告交过去的时候真的就想大哭一场。

4. 个体擅长把大问题/目标分解为小问题/目标，逐步去解决/实现

参考点举例如下。

A02：要给自己定一个目标，尽管这个目标很大，然后通过一个个小目标不断去实现，对自身来说也是一个飞跃，因为你在年轻的时候不去积累、不去尝试、不去体验那种失败，或者是辛酸苦辣那种滋味，到30岁或35岁以后，真正再想去折腾的时候就会心有余而力不足。

A05：公司派的指导我们竞赛的老师当时其实把我们打击了一番，他说我们现在做的这个东西没有什么价值，他给分的话可能还不及格，可能就给40分，100分给40分。我们当时就觉得真的基本没有价值，但是后来听他一讲，就是怎么运用到他们公司里面，公司是怎么做的，就是说你做的这个东西要给公司创造利益，不是说做出来就完事了，就给我们一些启发。

受访硕士生描述了他们的读研经历和成长收获，反映了他们自我主导力发展的情况。通过对定性数据的分析，得出自我主导力的四个主题，即自我同一、认知自主、人际自主、自我调控，这也是个体自我主导力的四个相关维度，为形成自我主导力的测量工具奠定基础。

五 自我主导力四个维度特征的验证

通过对"硕士生发展质量和导生互动调查问卷"中的开放性问题答案的质性分析，验证自我主导力维度特征。参加问卷调查的硕士生中，有 1470 名对开放问题"您读研期间最大的收获"填写了回答，共计 1.3 万字，运用 Nvivo 软件对填答内容进行词频分析，词云如图 5-2 所示。并结合前面的研究结果，对填答内容进行分类统计，较好地验证了质性研究概括的自我主导力四个维度的特征。

图 5-2 硕士生读研期间最大的收获词云

本书采用词云的方式提炼了答案中的关键词。图 5-2 中字越大表示填写的人越多，可见硕士生读研最大的收获是能力、朋友、知识、独立、思维、眼界、自主、自信等。上述关键词可以进一步归纳为自我主导力发展的四大方面，以及学生发展的三个主题——创新能力、职业成熟度、情感收获。

自我同一方面——

更加认清自己、变得更自信、明白自己是怎样的人、学会自主规划自己、知道自己要什么样的生活、找到人生目标、完善个人内心、自己独立人格的培养、对自己的不足和能力有了更直接的认识、明确了自己的优势和劣势、突破了以前的自己、做事要有计划性、认识到自己不适合做学术、懂得自己想成为什么样的人、知道自己哪些地方需要改进……

认知自主方面——

思维能力、思维方式的转变、视野扩大、独立之精神、自由之思想、改变思维方式和看待问题的角度、增加学识深度与广度、价值观更完善、思考了很多关于自己人生选择和价值判断的问题、知道人生不易、较为稳定的三观、打开了新世界的大门、明白世界上还有很多种除名利权以外的幸福的生活、知识体系的构建……

人际自主方面——

学到更多待人处事的方式方法、合作能力、自主分配时间做想做的事、不惹事也不怕事、学会专注和坚持、迈进了更大的圈子、认识了更高层次的人、学会了自己安排学习、自律独立、养成自己独立思考的习惯、自主学习、自学能力、在公共场合勇于发表自己的观点、明白要靠自己……

自我调控方面——

应变能力、坚强地活着应对挫折、做了很多突破自己的事情、自制力、心理承受能力、做事和做研究越来越有条理性、研究中遇到困难时学会学习新知识寻求解决方案、克服内心焦虑、抗挫折能力、不再惧怕困难、独自承受痛苦的意志、能够同时处理很多件事情……

创新能力方面——

遇到问题时有清晰的解决问题的思路、提高了学术研究能力、批判性思维、学会从不同的角度多思考、有独立解决难题的能力、更深入地了解科研并且可以自己写出一些东西、在研究中有自己的新想法……

职业成熟度方面——

做好了就业的准备与身份角色的变换、学习了很多仪器的使用和维修技能、有时间学些自己想学的东西为求职就业做准备、从事自己喜欢的职业、建立人脉关系、寻找心仪的工作、为了转行学到很多其他领域知识、确立职业发展目标并为之努力……

情感收获方面——

超级好的导师、良师益友、好朋友、认识很多优秀的人、结识有趣的人、感恩之心、爱情、友情、师生情、师门情谊……

第二节　自我主导力量表的内容效度检验

文献研究显示，当前对研究生教育质量的评价发生了范式转换，即从传统的单一重视学位获得和创新成果情况，扩展到从研究生个体发展的视角来进行评估（Lydell，2008），对研究生个体发展质量更加关注质量的形成过程和个性发展（英爽、梁大鹏、臧红雨，2016）。研究生职业成熟度既是研究生个体生存发展的内在需求，也是高校人才培养的目标之一。本书选择自我主导力作为衡量研究生个体内在发展成熟的指标，可以通过比较它与创新能力、职业成熟度、学业成果（客观）的相关程度，分析自我主导力量表的内容效度，即它是否能够更好地评价研究生的个体发展质量。

一　自我主导力及其四个维度和创新能力、职业成熟度、学业成果（客观）的关系

假设：硕士生的自我主导力及其四个维度和创新能力、职业成熟度、学业成果（客观）显著正相关。

其中，硕士生创新能力测量采用的是北京大学教育学院朱红老师等编制的《首都高校学生发展状况调查》（2016 学术硕士和专硕问卷）的量表，共 1 个维度 9 个题项，KMO 为 0.949，因子累计解释方差 73.047%，α 系数为 0.954，均值为 3.9672。硕士生职业成熟度测量借鉴的是王丽萍等修编的《硕士生职业成熟度量表》（王丽萍、谢小凤、陈莹颖等，2015），经因子分析和验证性分析后得到了 4 个维度 14 个题项量表，KMO 为 0.845，因子累计解释方差为 69.8%，α 系数为 0.754，均值为 3.9668。硕士生学业成果选择了具有代表性的 3 类客观成果，即公开发表论文、获得专利授权、学科竞赛获奖，其中论文以第一作者或者导师为第一作者、自己为第二作者为准，专利

授权和竞赛排名前三，并把论文按等级分成了 3 类，具体包括以下 5 种代表性学业成果（客观）：有高水平国际期刊论文、有高水平国内期刊论文、有一般国内期刊论文、获得授权专利、省部级竞赛获奖。

表 5-5 显示了自我主导力及其四个维度和创新能力、职业成熟度、学业成果相关性分析结果，自我主导力与创新能力、职业成熟度显著正相关，且相关系数较高，分别为 0.619 和 0.609。创新能力与职业成熟度显著正相关，并与 5 种代表性学业成果中的 4 种（除获得授权专利外）呈不同程度的显著正相关。职业成熟度与有一般国内期刊论文显著正相关，可能因为这是大多数高校硕士毕业和获得学位的前提条件。5 种代表性学业成果（客观）之间均显著正相关，说明有的研究生可能同时拥有多项成果。从自我主导力的四个维度和创新能力、职业成熟度相关系数比较来看，自我调控维度和创新能力相关系数最高为 0.606，与已有的研究认为"不确定性知识的学习促进研究生发现问题、解决问题、建构知识，从而提升创新能力"（李忠，2009）、"智力发展是主体自我调节下的思维建构过程"（王至元、陈晓希，1983）相契合；自我同一维度和职业成熟度相关系数最高为 0.529，与已有研究认为"自我同一性不同的个体其职业成熟度存在显著差异"（李妍鑫，2012）一致，说明量表具有较好的内容效度。

自我主导力及其四个维度与不同类型学业成果（客观）的相关性差异较大。自我主导力及其四个维度与有高水平国际期刊论文无显著相关性；自我主导力的自我同一维度与有高水平国内期刊论文有一定显著正相关，但自我主导力及其他三个维度与之无显著相关性；自我主导力及其自我同一维度与有一般国内期刊论文显著正相关，但自我主导力的其他三个维度与之无显著相关性；自我主导力及其认知自主维度、自我调控维度与获得授权专利显著负相关，但自我主导力的其他两个维度与之无显著相关性；自我主导力的认知自主维度和自我调控维度与省部级竞赛获奖显著负相关，但自我主导力及其他两个维度与之无显著相关性。

表 5-5 自我主导力及其四个维度和创新能力、职业成熟度、学业成果相关性分析

	1	2	3	4	5	6	7	8	9	10	11	12
SA	1											
SA-SID	.809****	1										
SA-CAD	.714****	.513****	1									
SA-IAD	.574****	.164****	.176****	1								
SA-SRD	.829****	.705****	.535****	.210****	1							
CA	.619****	.539****	.460****	.224****	.606****	1						
CM	.609****	.529****	.310****	.433****	.470****	.420****	1					
HIJA	.018	.030	.005	.013	.002	.051**	.013	1				
HDJA	.019	.034*	.004	.011	.002	.074*	.033	.310****	1			
GDJA	.036*	.058***	-.004	.016	.030	.113***	.061***	.104****	.247****	1		
OAP	-.049**	-.029	-.059***	-.025	-.037*	.022	-.016	.247****	.228****	.160****	1	
PMA	-.022	.010	-.034*	-.010	-.036*	.056***	-.005	.202****	.223****	.208****	.262****	1

注：* $p<0.1$，** $p<0.05$，*** $p<0.01$，**** $p<0.001$。

1. SA：Self-Authorship，自我主导力；

2. SA-SID：Self-Identity Dimension of SA，自我主导力的自我同一维度；

3. SA-CAD：Cognitive Autonomy Dimension of SA，自我主导力的认知自主维度；

4. SA-IAD：Interpersonal Autonomy Dimension of SA，自我主导力的人际自主维度；

5. SA-SRD：Self-Regulation Dimension of SA，自我主导力的自我调整维度；

6. CA：Creativity，创新能力；

7. CM：Career Maturity，职业成熟度；

8. HIJA：High-level International Journal Articles，有高水平国际期刊论文；

9. HDJA：High-level Domestic Journal Articles，有高水平国内期刊论文；

10. GDJA：General Domestic Journal Articles，有一般国内期刊论文；

11. OAP：Obtained Authorization Patent，获得授权专利；

12. PMA：Provincial and Ministerial Awards，省部级竞赛获奖。

二　自我主导力和不同级别学业成果数量之间的关系

考虑到学业成果数量的影响，把5种代表性学业成果细分为有少量（1篇或1项）和较多（2篇或2项及以上）的不同组，进行均值比较，如表5-6所示。结果显示硕士生中拥有5种代表性学业成果的比例不高，这与填写问卷的硕士生中硕一比例较高有关系。从拥有5种代表性学业成果的按量分组比较来看，有少量高水平国际期刊论文、国内期刊论文成果的硕士生的自我主导力及其认知自主、自我同一、自我调控三个维度存在显著正向差异，而有较多高水平期刊论文成果的硕士生的自我主导力及其认知自主和自我调控两个维度存在显著负向差异。有少量一般国内期刊论文成果的硕士生的自我主导力及其四个维度无显著差异，而有较多一般国内期刊论文成果的硕士生的自我主导力及其自我同一和自我调控两个维度存在显著正向差异。获得少量专利授权的硕士生的自我主导力及其四个维度无显著差异，而获得较多专利授权的硕士生的自我主导力及其认知自主和自我调控两个维度有显著负向差异。有少量省部级竞赛获奖的硕士生的自我主导力及其四个维度无显著差异，而有较多省部级竞赛获奖的硕士生的自我主导力及其认知自主和自我调控两个维度有显著负向差异。

表 5-6　不同学业成果的硕士生自我主导力及其四个维度差异显著性 T 检验

学业成果	样本数	自我主导力	认知自主	自我同一	人际自主	自我调控
有高水平国际期刊论文	234	.871	.244	1.429	.641	.110
有高水平国际期刊论文 1篇	154	2.988 ***	2.825 ***	2.502 **	1.497	2.082 **
有高水平国际期刊论文 2篇及以上	80	−2.635 ***	−2.888 ***	−1.051	−.983	−2.258 **
有高水平国内期刊论文	346	.896	.202	1.654 *	.520	.120
有高水平国内期刊论文 1篇	265	2.150 **	2.581 ***	2.112 **	.360	1.704 *

续表

学业成果	样本数	自我主导力	认知自主	自我同一	人际自主	自我调控
有高水平国内期刊论文 2 篇及以上	81	−1.985**	−3.127***	−.448	.385	−2.316**
有一般国内期刊论文	499	1.753*	−.185	2.790***	.768	1.443
有一般国内期刊论文 1 篇	325	.598	.094	1.479	.061	.140
有一般国内期刊论文 2 篇及以上	174	1.949*	−.369	2.520**	1.119	2.070**
获得授权专利	198	−2.393**	−2.418**	−1.409	−1.212	−1.578
获得授权专利 1 项	120	−1.103	−.658	−1.150	−.736	−.631
获得授权专利 2 项及以上	78	−2.354**	−2.735***	−.663	−.974	−2.004**
省部级竞赛获奖	202	−1.075	−1.440	.500	−.490	−1.752*
省部级竞赛获奖 1 项	129	.527	.968	1.487	−.838	.166
省部级竞赛获奖 2 项及以上	73	−2.431**	−3.070***	−1.143	.308	−2.455**

注：* $p<0.1$，** $p<0.05$，*** $p<0.01$，**** $p<0.001$。

总体来看，自我主导力及其四个维度均与创新能力、职业成熟度显著正相关，自我主导力及其三个维度（除了人际自主维度）均与少量高水平期刊论文成果显著正相关。作为研究生核心质量的评价指标，自我主导力量表具有较好的内容效度。

第三节　硕士生自我主导力水平的差异性分析

一　硕士生自我主导力水平

自我主导力及其四个维度水平的描述统计量如表 5-7 所示，描述了自我主导力及其四个维度的集中趋势（平均数、中位数、众数）、分散情形（标准差、方差、最小值、最大值、平均数的标准误）、分布（偏度、峰度）、百分位值等。统计量显示自我主导力及其四个维度的偏度均为负值，说明自我主导力及其四个维度的值集中在高水平一边。自我主导力及认知自主、自我同一、自我调控维度的峰度为正值，表明样本值集中在众数附近多，而人际自主的峰度值为负，表明样本值集中在众数附近的少。百分位值进一步显示了不同自我主导力及其四个维度水平的硕士生比例，如约10%的硕士生自我主导力水平不低于5.1579，约10%的硕士生认知自主水平不低于5.5000，约10%的硕士生自我同一水平不低于5.4000，约10%的硕士生人际自主水平不低于5.2000，约10%的硕士生自我调控水平不低于5.6000。

表 5-7 自我主导力及其四个维度描述统计量

		自我主导力	认知自主	自我同一	人际自主	自我调控
平均数		4.2307	4.4425	4.2068	3.8946	4.4211
中位数		4.2105	4.5000	4.2000	4.0000	4.4000
众数		4.23	5.00	4.00	4.00	5.00
标准差		.6930	.9044	.9463	1.0382	.9113
方差		.480	.818	.895	1.078	.830
最小值		1.26	1.00	1.00	1.00	1.00
最大值		6.00	6.00	6.00	6.00	6.00
平均数的标准误		.0143	.0187	.0196	.0215	.0189
偏度		−.135	−.520	−.257	−.105	−.523
峰度		.497	.710	.008	−.304	.680
百分位值	10	3.3684	3.2500	3.0000	2.6000	3.2000
	25	3.7895	4.0000	3.6000	3.2000	4.0000
	50	4.2105	4.5000	4.2000	4.0000	4.4000
	75	4.6842	5.0000	4.8000	4.6000	5.0000
	90	5.1579	5.5000	5.4000	5.2000	5.6000

表 5-8 显示了硕士生自我主导力水平的测量情况，各题项的均值为 3.550~4.797，四个维度均值为 3.895~4.443，自我主导力均值为 4.231，四个维度平均水平由高到低为认知自主、自我调控、自我同一、人际自主。

表 5-8　硕士生自我主导力水平的测量情况

维度	题项	题项		维度	
		均值	标准差	均值	标准差
认知自主	3 我认为花时间去判断我的人生意义和处事原则是什么很重要	4.687	1.180	4.443	.904
	4 即使与那些普遍共识的观点相悖，我仍然坚信自己的观点	3.915	1.243		
	5 我不是按照别人的标准，而是按照自己认为重要的标准来衡量自己	4.372	1.160		
	6 我有自己的价值观，这是我做事情时判断是非对错的依据	4.797	1.037		
人际自主	9* 我容易被那些很有主见的人影响	3.550	1.302	3.895	1.038
	10* 我是那种朋友做什么我就跟着做什么的人	4.374	1.245		
	11* 我经常会因为朋友或家人的反对而改变自己的主意	4.002	1.314		
	12* 当我的看法和大部分人不一致时，我就会害怕说出来	3.804	1.354		
	14* 当有违父母对我的期望时，我就很难遵从自己的本心下决定	3.743	1.327		
自我同一	16 我知道自己想成为什么样的人，并一直在努力	4.462	1.194	4.207	.946
	17 我很清楚自己的优势和不足是什么	4.492	1.116		
	18 我一直在做自己感兴趣的事	3.869	1.249		
	19 我会制订一个专门的计划去实现自己设立的目标	4.060	1.233		
	20 我是个做事主动的人	4.151	1.221		
自我调控	23 遇到困难时，我相信自己能够依靠个人的力量取得成功	4.317	1.100	4.421	.911
	24 我相信自己能有效处理突发情况	4.368	1.070		
	25 当事情变糟糕时，我会努力调整自己的情绪，保持头脑冷静	4.516	1.060		
	26 我擅长把大问题/目标分解为小问题/目标，逐步去解决/实现	4.390	1.087		
	27 遇到困难和挫折时，我会调整自己的心态，设想事情可能会向好的方面发展	4.515	1.060		
自我主导力				4.231	.693

注：* 为反向计分题项。

二 个体特征差异分析

采取均值比较法，包括单因素分析法 F 或独立样本 T 检验法，分别以年龄、年级、性别、准毕业生、学科、学位类型、院校背景、本科背景等硕士生个体特征，进行自我主导力及其四个维度的差异分析，如表 5-9 所示。

表 5-9 硕士生自我主导力及其四个维度的个体特征差异比较

	检验方法	自我主导力	认知自主	自我同一	人际自主	自我调控
年龄	F	3.817****	.712	4.537****	1.955*	3.103***
年级（1=硕一，2=硕二，3=硕三）	F	19.707****	3.690**	25.359****	2.819*	17.504****
性别（1=男，0=女）	T	3.826****	4.321****	1.789*	3.653****	1.666*
准毕业生（1=是，0=否）	T	5.983****	2.498**	7.580****	.888	7.001****
学科（1=工科，0=经管学科）	T	-1.347	.200	-3.349****	1.870*	-2.734***
学位类型（1=学硕，0=专硕）	T	-1.365	-1.855*	-.926	-.340	-1.122
院校背景（1=985 或 211，0=一般）	T	-.968	-.657	-2.365**	.217	-.067
院校背景（1=985，2=211，3=一般）	F	.558	.464	2.843*	.092	.005
本科背景（1=985 或 211，0=一般）	T	.290	-.056	-1.237	2.052**	-.167
本科背景（1=985，2=211，3=一般）	F	1.886	1.563	1.944	2.204	2.095

注：* $p<0.1$，** $p<0.05$，*** $p<0.01$，**** $p<0.001$。

总体来看，个体特征不同的硕士生自我主导力的差异较大，其中年级和性别不同的硕士生的自我主导力及其四个维度均有显著差异。在性别差异上，男硕士自我主导力及其四个维度均高于女硕士。

在年级差异上，高年级硕士生自我主导力及其四个维度高于低年级硕士，硕士生自我主导力维度年级差异比较见雷达图5-3，其中自我同一维度的差异最为显著。准毕业生的自我主导力显著高于非准毕业生，并在认知自主、自我同一、自我调控三个维度差异显著。年级差异也从一定程度上验证了读研经历对硕士生自我主导力的提高具有显著影响。

不同学科、学位类型的硕士生在自我主导力上没有显著差异，但在个别维度上存在一些差异，工科硕士生在自我同一和自我调控水平显著低于经管硕士生，但工科硕士生在人际自主水平显著高于经管学科硕士生；学硕的认知自主水平显著低于专硕。

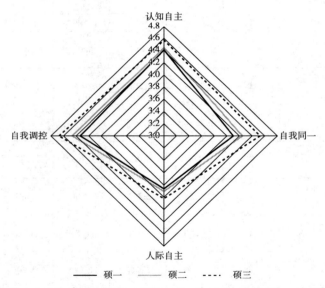

图5-3 不同年级硕士生自我主导力维度比较

院校背景和本科背景分两种情况考虑，第一种是按985高校、211高校、一般本科院校三类比较时，自我同一维度差异显著；第二种情况是把985高校和211高校合并为高水平院校考虑，然后与一般本科院校的硕士生自我主导力及其四个维度进行比较，结果显示硕士生自我主导力均无显著差异，仅在个别维度上略有显著差异，985 高校或 211 高校的硕士自我同一水平显著低于一般本科院校硕士，而本科 985 高校或 211 高校的硕士人际自主水平显著高于一般本科院校硕士。

硕士生随着年龄增长自我主导力增长差异显著，如均值图 5-4 所示。这主要是因为随着年龄增长自我主导力的自我同一维度增长差异显著，如图 5-5 所示。

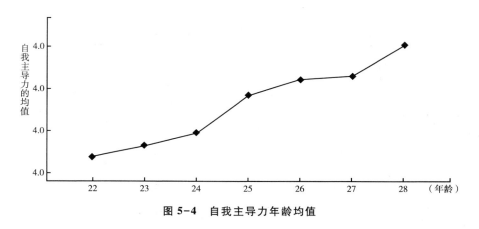

图 5-4　自我主导力年龄均值

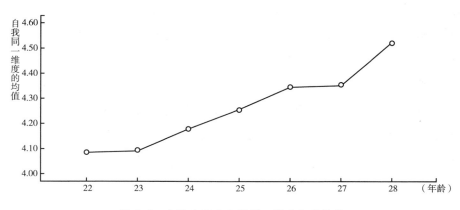

图 5-5　自我主导力自我同一维度年龄均值

三 家庭背景差异分析

采取均值比较法，包括单因素分析法F或独立样本T检验法，分别以第一代大学生、父母教养方式两个家庭背景特征进行自我主导力及其四个维度的差异分析，如表5-10所示。作为家中第一代大学生的硕士生与非第一代大学生相比，自我主导力并无显著差异，仅人际自主维度有一定显著负向差异，即作为家中第一代大学生的硕士生人际自主水平相对较低。

表 5-10　不同家庭背景的硕士生自我主导力及四个维度差异显著性检验

	检验方法	自我主导力	认知自主	自我同一	人际自主	自我调控
第一代大学生（1=是，0=否）	T	-.876	.646	-.581	-1.794*	-.398
父母教养方式	F	5.442***	4.395***	5.198***	3.830***	4.449***

注：* $p<0.1$，** $p<0.05$，*** $p<0.01$，**** $p<0.001$。

父母教养方式分为以下4种类型：权威型，即尊重个性，但有限制和约束；专制型，即无视个性，要求无条件服从；纵容型，即过多温情和关爱，少限制和约束；忽视型，即缺少温情和关爱，少限制和约束。父母教养方式对硕士生自我主导力及其四个维度有显著影响，详见雷达图5-6。在父母权威型教养方式下的硕士生自我主导力值最高，专制型教养方式下的硕士生自我主导力值最低。从父母教养方式对自我主导力各维度的影响来看，权威型教养方式下的硕士生自我同一和自我调控值最高；专制型教养方式下的硕士生认知自主值最高，但是人际自主值最低；纵容型教养方式下的硕士生人际自主值最高；忽视型教养方式下的硕士生认知自主、自我同一、自我调控值最低。

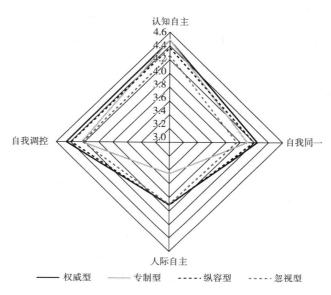

图 5-6 不同父母教养方式的硕士生自我主导力维度比较

四 学业投入差异分析

采取均值比较法，包括单因素分析法 F 或独立样本 T 检验法，分别以每天学习时间投入、参与课题项目两个学业投入因素，进行自我主导力及其四个维度的差异显著性检验，如表 5-11 所示。参加课题的硕士生自我主导力显著较高，主要在自我同一和人际自主方面发展较好。

表 5-11 不同学业投入的硕士生自我主导力及其四个维度差异显著性检验

	检验方法	自我主导力	认知自主	自我同一	人际自主	自我调控
每天学习时间投入	F	6.140****	2.825***	5.239****	4.323***	2.569***
参加课题	T	2.064**	-.355	2.394**	2.253**	1.195

注：* $p<0.1$，** $p<0.05$，*** $p<0.01$，**** $p<0.001$。

图 5-7 显示了自我主导力随学习时间增加而提高的趋势。反映出从总体趋势来看，每天学习时间投入越长的硕士生，其自我主导力越高。

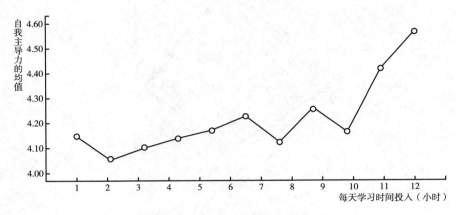

图 5-7　不同学习时间的硕士生自我主导力均值

第四节　自我主导力影响因素分析

本书在自我主导理论的指导下，把自我主导力划分为四个维度，自我主导力及其四个维度受到研究生个体特征、家庭背景、学业投入、导生互动等因素的影响需要进一步验证。

假设：硕士个体特征、家庭背景、学业投入、导生互动对自我主导力及其四个维度有显著影响。

采用多元回归分析方法对假设进行检验，得到如下回归模型：

$$SA = \beta_0 + \beta_1 \times PC + \beta_2 \times FB + \beta_3 \times AE + \beta_4 \times IMP + \varepsilon$$

SA：Self-Authorship，自我主导力及其四个维度，为因变量；

PC：Personal Characteristics，个体特征，为控制变量，包括性别（1＝男，0＝女）、年龄、年级（以硕一为参照，包括硕二、硕三 2 个虚拟变量）、读研动机（内部动机，外部动机）、学科（1＝工科，0＝

经管学科）、学位类型（1＝学硕，0＝专硕）、院校背景（含硕士背景和本科背景，1＝985 高校或 211 高校，0＝一般本科校）；

FB：Family Background，家庭背景，为自变量，包括第一代大学生（1＝是，0＝否）和父母教养方式两个自变量，其中父母教养方式以专制型为参照，包括权威型、纵容型、忽视型 3 个虚拟变量；

AE：Academic Engagement，学业投入，包括每天学习时间投入和参与课题（1＝是，0＝否）2 个自变量；

IMP：Interaction between Mentor and Postgraduate，导生互动，为因变量，包括自主支持、自主挑战、任务支持、任务挑战、行动控制 5 个变量。

图 5-8 为自我主导力影响因素分析框架图。以个体特征为控制变量，以家庭背景、学业投入为自变量，分别对自我主导力及其认知自主、自我同一、人际自主、自我调控四个维度，共 5 个因变量的多元回归分析模型。检验模型显著性和多重共线性，比较变量回归的标准化系数 β、标准误、显著性，以及各模型的拟合优度值。按标准化系数 β 大小排列，体现该因素的影响大小。因为标准化系数 β 已去除单位的影响，因而可作为自变量间解释力的比较，其绝对值越大表示自变量对因变量的影响越大。标准误反映了抽样误差的大小，描述抽样质量的好坏，即抽得的样本是否能代表总体，标准误的值越小表示抽样可信度越高。共线性诊断容差越接近 0，表明多元共线性问题越严重；方差膨胀系数值 VIF 如大于 10，表明变量间有共线性重合问题。

表 5-12 中显示了个体特征、家庭背景、学业投入、导生互动对自我主导力及其认知自主、自我同一、人际自主、自我调控四个维度的影响。结果显示，标准误大都比较小，说明抽样可信度较高。共线性诊断显示容差在 0.289～0.947，VIF 在 1.056～3.460，自变量之间没有共线性。

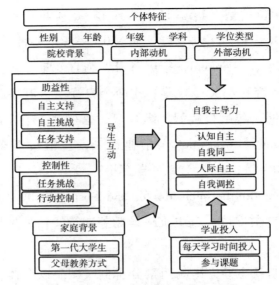

图 5-8　自我主导力影响因素分析框架

表 5-12　硕士生自我主导力及四个维度多元线性回归分析结果

		自我主导力	认知自主	自我同一	人际自主	自我调控
个体特征	男生	.093****	.083****	.052***	.093****	.041**
		(.026)	(.038)	(.037)	(.045)	(.036)
	年龄	.000	-.057**	.009	.031	.001
		(.011)	(.015)	(.015)	(.018)	(.014)
	硕二	.055***	.053**	.052**	-.003	.066***
		(.029)	(.042)	(.040)	(.049)	(.039)
	硕三	.091****	.069***	.091****	.014	.095****
		(.047)	(.068)	(.065)	(.079)	(.064)
	内部动机	.427****	.368****	.454****	.034	.424****
		(.014)	(.020)	(.019)	(.023)	(.019)
	外部动机	-.235****	-.080****	-.106****	-.368****	-.083****
		(.011)	(.016)	(.015)	(.018)	(.015)
	工科	-.060***	-.034	-.096****	.023	-.073****
		(.028)	(.040)	(.038)	(.046)	(.037)
	学硕	-.029	-.035*	-.030*	.009	-.033*
		(.024)	(.035)	(.034)	(.041)	(.033)

续表

		自我主导力	认知自主	自我同一	人际自主	自我调控
个体特征	硕士 985 高校或 211 高校	-.045*	-.027	-.058**	-.053**	.012
		(.033)	(.048)	(.046)	(.056)	(.045)
	本科 985 高校或 211 高校	.069***	.042	.053**	.071***	.030
		(.033)	(.048)	(.046)	(.056)	(.045)
家庭背景	第一代大学生	-.017	.007	-.020	-.016	-.016
		(.024)	(.035)	(.034)	(.041)	(.033)
	权威型	.096***	.076**	.113****	.008	.089***
		(.048)	(.069)	(.066)	(.080)	(.064)
	纵容型	.008	.047**	.032	-.062***	.022
		(.088)	(.128)	(.123)	(.149)	(.120)
	忽视型	.077**	.039	.103***	-.001	.083***
		(.052)	(.075)	(.072)	(.088)	(.070)
学业投入	每天学习时间投入	.070****	-.005	.088***	.068***	.038**
		(.005)	(.007)	(.007)	(.009)	(.007)
	参加课题	-.001	-.038*	.016	.023	-.015
		(.026)	(.038)	(.036)	(.044)	(.035)
导生互动	自主支持	.116****	.071**	.133****	-.022	.163****
		(.016)	(.023)	(.022)	(.027)	(.022)
	自主挑战	.045	.028	.017	.050	.031
		(.015)	(.021)	(.020)	(.024)	(.020)
	任务支持	.054**	.058**	.039*	.042	.019
		(.013)	(.018)	(.018)	(.021)	(.017)
	任务挑战	.026	.054**	-.010	-.004	.047**
		(.012)	(.017)	(.017)	(.020)	(.016)
	行动控制	-.066***	-.002	-.008	-.136****	-.024
		(.011)	(.015)	(.015)	(.018)	(.015)
样本数		2336	2336	2336	2336	2336
F 检验		56.583****	28.163****	52.296****	23.683****	47.840****
调整后的 R^2		.344	.204	.326	.176	.306

注：* $p<0.1$，** $p<0.05$，*** $p<0.01$，**** $p<0.001$。括号内为标准误。

以下分别讨论自我主导力及其认知自主、自我同一、人际自主、自我调控四个特征维度的影响因素。

一　自我主导力的影响因素

自我主导力显著受到以下变量的影响：内部动机、外部动机（负向）、自主支持、权威型父母教养方式、男生、硕三、忽视型父母教养方式、每天学习时间投入、本科高校 985 或 211 高校、行动控制（负向）、工科（负向）、硕二、任务支持、硕士 985 高校或 211 高校（负向）等，共 14 个变量。其中内部动机影响最强，β 值为 0.427。模型调整后的 R^2 为 0.344，模型具有一定解释力。

硕士个体特征中，内部动机对自我主导力影响最大，外部动机对自我主导力有显著负向影响；性别、年级、本科院校背景、学科、硕士院校背景均有一定显著影响，即男硕士自我主导力显著高于女硕士；硕三和硕二的自我主导力显著高于硕一；本科 985 高校或 211 高校的硕士自我主导力显著高于一般本科院校的硕士；工科硕士自我主导力显著低于经管学科硕士；985 高校或 211 高校硕士自我主导力显著低于一般本科院校的硕士。家庭背景中，以专制型父母教养方式为参照，权威型父母教养方式和忽视型父母教养方式的硕士自我主导力显著更高。学业投入中，每天学习时间投入对硕士自我主导力有显著正向影响。导生互动中，自主支持、任务支持对自我主导力具有显著正向影响，而行动控制则对自我主导力具有显著负向影响。

二　认知自主的影响因素

自我主导力的认知自主维度显著受到以下变量的影响：内部动机、男生、外部动机（负向）、权威型父母教养方式、自主支持、硕三、任务支持、年龄（负向）、任务挑战、硕二、纵容型父母教养方式、参加课题（负向）、学硕（负向）等，共 13 个变量。其中内部动机影响最强，β 值为 0.368。模型调整后的 R^2 为 0.204，模型具有一定解释力。硕士个体特征中，内部动机对认知自主维度影响最大，外部动机对认知自主维度有显著负向影响；性别、年龄、年级、学位类型均有一定显著影响，即男硕士认知自主维度显著高于女硕士；年长的硕士生认知自主维度显著低于年龄较小的硕士生；硕三和硕二的认知自主维度显著高于硕一；学硕的认知自主维度显著低于专硕。家庭背景中，以专制型父母教养方式为参照，权威型父母教养方式和纵容型父母教养方式的硕士认知自主维度显著更高。学业投入因素中，参加课题对硕士认知自主维度有显著负向影响。导生互动中，自主支持、任务支持、任务挑战对认知自主维度具有显著正向影响。

三　自我同一的影响因素

自我主导力的自我同一维度显著受到以下变量的影响：内部动机、自主支持、权威型父母教养方式、外部动机（负向）、忽视型父母教养方式、工科（负向）、硕三、每天学习时间投入、硕士 985 高校或 211 高校（负向）、本科 985 高校或 211 高校、男生、硕二、任务支持、学硕（负向）等，共 14 个变量。其中内部动机影响最强，β 值为 0.454。模型调整后的 R^2 为 0.326，模型具有一定解释力。硕士个体特征中，内部动机对自我同一维度影响最大，外部动机对自我同一维度有显著负向影响；学科、年级、性别、本科院校背景、硕士院校背景、学位类型均有一定显著影响，即工科硕士自我同一维度显著低于经管学科硕士；硕三和硕二的自我同一维度显著高于硕一；男硕士自我同一维度显著高于女硕士；985 高校或 211 高校硕士自我同一维度显著低于一般本科院校的硕士；本科 985 高校或 211 高校的硕士自我同一维度显著高于一般本科院校的硕士；学硕的自我同一维度显著低于专硕。家庭背景中，以专制型父母教养方式为参照，权威型父母教养方式和忽视型父母教养方式的硕士自我同一维度显著较高。学业投入中，每天学习时间投入对硕士自我同一维度有显著正向影响。导生互动中，自主支持、任务支持对自我同一维度具有显著正向影响。

四 人际自主的影响因素

自我主导力的人际自主维度显著受到以下变量的影响：外部动机（负向）、行动控制（负向）、男生、本科985高校或211高校、每天学习时间投入、纵容型父母教养方式（负向）、硕士985高校或211高校（负向）等，共7个变量。其中外部动机影响最大，β值为-0.368。模型调整后的R^2为0.176，模型具有一定解释力。硕士个体特征中，内部动机对人际自主维度影响不显著，但外部动机对人际自主维度且有显著负向影响；性别、本科院校背景、硕士院校背景均有一定显著影响，即男硕士人际自主维度显著高于女硕士；本科985高校或211高校的硕士人际自主维度显著高于一般本科院校的硕士；985本科或211本科硕士人际自主维度显著低于一般本科院校的硕士。家庭背景中，以专制型父母教养方式为参照，纵容型父母教养方式的硕士人际自主维度显著较低。学业投入中，每天学习时间投入对硕士人际自主维度有显著正向影响。导生互动中，仅行动控制对人际自主维度具有显著负向影响。

五 自我调控的影响因素

自我主导力自我调控维度显著受到以下变量的影响：内部动机、自主支持、硕三、权威型父母教养方式、外部动机（负向）、忽视型父母教养方式、工科（负向）、硕二、任务挑战、男生、每天学习时间投入、学硕（负向）等，共12个变量。其中内部动机影响最大，β值为0.424。模型调整后的R^2为0.306，模型具有一定解释力。硕士个体特征中，内部动机对自我调控维度具有显著正向影响，外部动机对自我调控维度具有显著负向影响；年级、学科、性别、学位类型均有一定显著影响，即硕三和硕二的自我调控维度显著高于硕一；工科硕士自我调控维度显著低于经管学科硕士；男硕士自我调控维度显著高于女硕士；学硕的自我调控维度显著低于专硕。家庭背景中，以专制型父母教养方式为参照，权威型父母教养方式和忽视型父母教养方式的硕士自我调控维度显著较高。学业投入中，每天学习时间投入对硕士自我调控维度有显著正向影响。导生互动中，自主支持、任务挑战对自我调控维度具有显著正向影响。

第五节　导生互动对自我主导力及其四个维度预测

在其他因素不变的情况下，探讨导生互动对自我主导力及其四个维度的预测情况。采用逐步多元回归分析，依次选取导生互动五个维度作为自变量进入回归模型中，从中找出对因变量最具预测力的自变量，建构最佳回归分析模型，没有进入回归模型的自变量对因变量没有显著的预测力。表 5-13 中显示了变量回归的非标准化系数 B 及其显著性、标准误，以及各模型的拟合优度值。结果显示导生互动的五个维度对自我主导力有预测作用，关系如下：

自我主导力 = 3.409 + 0.105 × 自主支持 + 0.040 × 自主挑战 + 0.040 × 任务支持 + 0.039 × 任务挑战 − 0.055 × 行动控制

导师的自主支持每增加 1 个单位，硕士生自我主导力增加 0.105；导师的自主挑战每增加 1 个单位，硕士生自我主导力增加 0.040；导师的任务支持每增加 1 个单位，硕士生自我主导力增加 0.040；导师的任务挑战每增加 1 个单位，硕士生自我主导力增加 0.039；导师的行动控制每增加 1 个单位，硕士生自我主导力减少 0.055。模型调整后的 R^2 为 0.102。

导生互动的自主支持、自主挑战、任务支持、任务挑战四个维度对自我主导力的认知维度有预测作用，关系如下：

自我主导力认知自主维度 = 3.405 + 0.098 × 自主支持 + 0.041 × 自主挑战 + 0.049 × 任务支持 + 0.057 × 任务挑战

表 5-13 导生互动对自我主导力及其四个维度多元回归分析结果（逐步）

		自我主导力	认知自主	自我同一	人际自主	自我调控
导生互动	自主支持	.105 ****	.098 ****	.206 ****		.190 ****
		(.018)	(.022)	(.018)		(.021)
	自主挑战	.040 **	.041 *		.046 ***	.049 **
		(.017)	(.022)		(.017)	(.022)
	任务支持	.040 ***	.049 ***	.047 ***		
		(.014)	(.018)	(.017)		
	任务挑战	.039 ***	.057 ****			.068 ****
		(.013)	(.017)			(.017)
	行动控制	-.055 ****			-.100 ****	-.034 **
		(.012)			(.016)	(.015)
常量		3.409	3.405	3.045	3.971	3.171
样本数		2336	2336	2336	2336	2336
F 检验		53.799 ****	42.618 ****	112.454 ****	22.808 ****	76.940 ****
调整后的 R^2		.102	.067	.087	.018	.115

注：* $p<0.1$，** $p<0.05$，*** $p<0.01$，**** $p<0.001$。括号内为标准误。

导师的自主支持每增加 1 个单位，硕士生自我主导力认知自主维度增加 0.098；导师的自主挑战每增加 1 个单位，硕士生自我主导力认知自主维度增加 0.041；导师的任务支持每增加 1 个单位，硕士生自我主导力认知自主维度增加 0.049；导师的任务挑战每增加 1 个单位，硕士生自我主导力认知自主维度增加 0.057。模型调整后的 R^2 为 0.067。

导生互动的自主支持和任务支持两个维度对自我主导力的自我同一维度有预测作用，关系如下：

自我主导力自我同一维度 = 3.045 + 0.206 × 自主支持 + 0.047 × 任务支持

导师的自主支持每增加 1 个单位，硕士生自我主导力自我同一维度增加 0.206；导师的任务支持每增加 1 个单位，硕士生自我主导力自我同一维度增加 0.047。模型调整后的 R^2 为 0.087。

导生互动的自主挑战和行动控制两个维度对自我主导力人际自主维度有预测作用，关系如下：

自我主导力人际自主维度 = 3.971 + 0.046 × 自主挑战 - 0.100 × 行动控制

导师的自主挑战每增加 1 个单位，硕士生自我主导力人际自主维度增加 0.046；导师的行动控制每增加 1 个单位，硕士生自我主导力人际自主维度减少 0.100。模型调整后的 R^2 为 0.018。

导生互动的自主支持、自主挑战、任务挑战、行动控制四个维度对自我主导力自我调控维度有预测作用，关系如下：

$$自我主导力自我调控维度 = 3.171 + 0.190 × 自主支持 + 0.049 × 自主挑战 + 0.068 × 任务挑战 - 0.034 × 行动控制$$

导师的自主支持每增加 1 个单位，硕士生自我主导力自我调控维度增加 0.190；导师的自主挑战每增加 1 个单位，硕士生自我主导力自我调控维度增加 0.049；导师的任务挑战每增加 1 个单位，硕士生自我主导力自我调控维度增加 0.068；导师的行动控制每增加 1 个单位，硕士生自我主导力自我调控维度减少 0.034。模型调整后的 R^2 为 0.115。

第六节　导生互动对不同自我主导力水平硕士生影响分析

假设：不同自我主导力水平的硕士受到导生互动的影响显著不同。

把样本按照自我主导力水平分成高分组和低分组两组，以自我主导力为因变量，以导生互动五个维度为自变量，采用分组逐步多元回归分析，分别生成两个最佳模型。比较变量回归的标准化系数 β 及其显著性，以及各模型的拟合优度值。

计算分界值：2336×0.5 = 1168，全样本 2336 个，50% 的观测值为 1168，取量表题项（19 项）加总后升序排列第 1168 位样本观察值（4.21）为低分临界点。然后分为两组：1 组（低分组）4.21 分以下；2 组（高分组）4.21 分及以上。分组情况如表 5-14 所示。

表 5-14　硕士生按自我主导力水平高低分组情况

	样本数	样本比例	均值	标准差
自我主导力 1 组(低分组)	1132	48.46%	3.6713	.4335
自我主导力 2 组(高分组)	1204	51.54%	4.7566	.4292
总　计	2336	100%	4.2307	.6930

假设检验结果如表 5-15 所示，异质性分析显示不同自我主导力水平的硕士受到导生互动的影响显著不同，对于自我主导力水平低分组的硕士生而言，导师自主支持的影响最为显著，标准化系数 β 值为 0.218，模型调整后的 R^2 为 0.047。对于自我主导力水平高分组的硕士生而言，导师自主挑战和任务支持对硕士生自我主导力的影响显著，标准化系数 β 值分别为 0.114 和 0.086，模型调整后的 R^2 为 0.027。说明助益性导生互动对不同自我主导力水平的硕士生的影响显著，同时也反映了因材施教的重要性，即对于自我主导力水平较低的硕士生应该以自主支持为主，而对自我主导力水平较高的硕士生应该以自主挑战为主，并辅以任务支持。

表 5-15　硕士生自我主导力水平高低分组受导生互动影响的异质性分析检验结果 (逐步)

		自我主导力 1 组(低分组)	自我主导力 2 组(高分组)
导生互动	自主支持	.218 ****	
		(.011)	
	自主挑战		.114 ****
			(.011)
	任务支持		.086 ***
			(.010)
	任务挑战		
	行动控制		

续表

	自我主导力 1 组（低分组）	自我主导力 2 组（高分组）
常量	3.319	4.468
样本数	1132	1204
F 检验	56.520****	17.971****
调整后的 R^2	.047	.027

注：* $p<0.1$，** $p<0.05$，*** $p<0.01$，**** $p<0.001$。

第七节　本章小结

通过探索性因子分析和验证性因子分析对自我主导力量表信效度进行了检验，并把自我主导力量表与创新能力、职业成熟度、学业成果（客观）进行相关分析，检验了量表的内容效度。通过描述统计、均值分析研究了硕士生自我主导力水平现状。通过多元回归分析方法，探究了硕士生的个体特征、家庭背景、学业投入、导生互动对自我主导力及其四个维度的影响情况，以及导生互动对自我主导力及其四个维度的预测、自我主导力水平不同的硕士生受到导生互动影响的异质性。

一　自我主导力的特征及量表具有较好的信效度

1. 自我主导力四个维度的特征描述

自我同一维度指个体对自己认识清晰的程度，包括自己的过去、现在、未来，自我认识的清晰性、连贯性、主动性、统一性程度，并努力达成既定目标的程度。

认知自主维度指个体拥有自己的价值观、人生观、判断标准的程度，体现了个体解决问题时的思维倾向，即是否有自己的信念、原则和判断的标准。

人际自主维度指个体善于与人交流和汲取各方面的观点，但个体的行动源于自己内心的决定，而非受他人的影响，能够独立思考和行动的程度，体现了个体在社交关系中的自主性。

自我调控维度指个体面对挑战时的自我调整和适应挑战的程度，是探索、维持、调整个体的认知自主、自我同一、人际自主的能力，是联系现在和未来的纽带。

自我主导力包含认知自主、内我同一、人际自主、自我调控四个维度，这四个维度交织在一起，密切联系又各具特色，其中自我调控是联系其他三个维度变化和发展的纽带。成熟毕业生是研究生教育的目标，即经历过研究生教育后，研究生在毕业时具备一定的创新能力和职业成熟度，并获得一些标志性的客观成果，比如公开发表论文、学科竞赛获奖、获得专利授权等，也是研究生读研的学业成果体现。

2. 自我主导力量表具有较好的信效度

自我主导力量表共有 19 个题项，包括自我同一、认知自主、人际自主、自我调控四个维度。探索性因子分析结果显示量表 KMO 为 0.916，变量旋转后的因子载荷均在 0.561～0.832，因子累计解释方差 65.47%，总量表 α 系数为 0.894，各维度 α 系数为自我调控 0.900、自我同一 0.850、人际自主 0.854、认知自主 0.776。验证性因子分析显示自我主导力测量模型与实际观察数据整体适配度较好，因素负荷量在 0.571～0.844，19 个题项中有 6 个题项的信度低于 0.5，但各维度潜在变量的组合信度均在 0.8 以上，平均变异量抽取值均大于 0.5，说明模型整体具有较为理想的信效度。

自我主导力及其四个维度均与创新能力、职业成熟度显著正相关，自我主导力及其三个维度（除了人际自主维度）均与少量高水平期刊论文成果显著正相关，说明量表具有较好的内容效度。自我主导力及其四个维度与不同类型学业成果的相关性差异较大。自我主导力与有高水平国际期刊论文、有高水平国内期刊论文无显著相关，与有一般国内期刊论文显著正相关，与获得授权专利显著负相关。但是自我主导力与有少量的高水平国际期刊论文、有少量高水平国内期刊论文显著正相关。

二　硕士生自我主导力水平现状

描述统计量显示自我主导力及其四个维度的偏度均为负值，说明自我主导力及其四个维度的值集中在高水平一边。自我主导力均值为4.231，四个维度的均值为3.895～4.443，由高到低顺序为认知自主、自我调控、自我同一、人际自主。

均值分析显示硕士个体特征、家庭背景、学业投入不同，会在自我主导力及四维度上有差异。（1）个体特征不同的硕士生自我主导力的差异较大，其中年级和性别不同的硕士生的自我主导力及其四个维度均有显著差异，即高年级硕士自我主导力及其四个维度高于低年级硕士，其中自我同一维度的差异最为显著。男硕士自我主导力及其四个维度均高于女硕士。准毕业生的自我主导力显著高于非准毕业生，并在认知自主、自我同一、自我调控三个维度上差异显著。不同学科、学位类型的硕士生在自我主导力上没有显著差异，但在个别维度上有一些差异，工科硕士生在自我同一和自我调控维度上显著低于经管学科硕士生，但工科硕士生在人际自主上显著高于经管学科硕士生；学硕的认知自主显著低于专硕；硕士生随着年龄增长自我主导力增长差异显著，主要是因为随着年龄增长自我主导力的自我同一维度增长差异显著。院校背景差异上，第一种是按985高校、211高校、一般本科院校三类比较时，自我主导力及四个维度均没有显著差异；第二种情况是把985高校和211高校合并为高水平院校考虑，然后与一般本科院校的硕士生自我主导力及其四个维度进行比较，结果显示硕士生自我主导力均无显著差异，仅在个别维度上略有显著差异，985高校或211高校的硕士自我同一水平显著低于一般本科院校硕士，而本科 985 高校或 211 高校的硕士人际自主水平显著高于一般本科院校硕士。（2）家庭背景差异方面，作为家中第一代大学生的硕士生与非第一代大学生相比自我主导力并无显著差异，但作为家中第一代大学生的硕士生人际自主显著更弱。父母教养方式对硕士生自我主导力及其四个维度有显著影响，在权威型教养方式下的硕士生自我主导力值最高，专制型教养方式下的硕士生自我主导力值最低，权威型教养方式下的硕士生自我同一和自我调控值最高；专制型教养方式下的硕士生认知自主值最高，但是人际自主值最低；纵容型教养方式下的硕士生人际自主值最高；忽视型教养方式下的硕士生认知自主、自我同一、自我调控值最低。（3）学习投入差异方面，每天投入学习时间越长的硕士生自我主导力值显著较高，而且其四个维度值也显著较高；参加课题的硕士生自我主导力显著较高，主要在自我同一和人际自主方面显著较高。

三　自我主导力影响因素

回归分析验证了本书的研究假设。（1）个体特征中内部动机对自我主导力有显著正向影响，外部动机对自我主导力有显著负向影响，性别、年级、本科院校背景、学科、硕士院校背景等因素对自我主导力均有显著影响。男生、高年级、经管学科、本科 985 高校或 211 高校、硕士一般院校的硕士生自我主导力显著较高。（2）家庭背景中父母教养方式对自我主导力有显著影响，以专制型父母教养方式为参照，权威型父母教养方式、忽视型父母教养方式对自我主导力有显著正向影响。（3）学业投入中每天学习时间对自我主导力有显著正向影响，参加课题对自我主导力没有显著影响。（4）导生互动中自主支持和任务支持对自我主导力有显著正向影响，行动控制对自我主导力有显著负向影响。自我主导力的各维度中自我同一维度是最重要的维度，受到影响的因素最多，解释变异量最高。

在其他因素不变情况下，导生互动对自我主导力有预测作用，导师的自主支持每增加 1 个单位，硕士生自我主导力增加 0.105；导师的自主挑战每增加 1 个单位，硕士生自我主导力增加 0.040；导师的任务支持每增加 1 个单位，硕士生自我主导力增加 0.040；导师的任务挑战每增加 1 个单位，硕士生自我主导力增加 0.039；导师的行动控制每增加 1 个单位，硕士生自我主导力减少 0.055。模型调整后的 R^2 为 0.102。

导生互动对自我主导力水平影响的异质性分析显示，对于自我主导力水平较低的硕士生应该以自主支持为主，而对自我主导力水平较高的硕士生应该以自主挑战为主，反映了因材施教的重要性。

第六章　自我主导力是研究生个体发展的核心质量

本书选取的研究生个体质量包括创新能力、职业成熟度、自我主导力，那么导生互动如何促进研究生个体质量发展？自我主导力在其中扮演什么角色？已有文献认为，自我主导力是大学生取得学业成果的基础，那么对于研究生来说，自我主导力是不是研究生创新能力和职业成熟度提高的基础呢？此外，在不同类型的高校中，导生互动促进研究生个体质量发展的机制是否一样呢？带着这些问题，我们在本章逐一解密。

本章通过建立结构方程模型，定量分析自我主导力的中介效应，最后对结构方程模型的稳定性进行检验。因为回归分析受到因变量或输出变量不允许有多个、中间变量不能包含在与预测因子一样的单一模型中、预测因子假设为没有测量误差等几方面的限制，而结构模型分析法则在这方面具有优势，能同时提供总体模型检验和独立参数估计检验，所以本章运用 AMOS21.0 分析软件，基于《导生互动和硕士生发展质量调查》中的数据，建立导生互动—自我主导力—创新能力—职业成熟度关系模型（Interaction between Mentor and Postgraduate-Self-Authorship-Creativity-Career Maturity Structural Equation Model，IMP-SA-CA-CM SEM），分析了自我主导力在导生互动对硕士生创新能力和职业成熟度的影响路径及其中介效应，并对 IMP-SA-CA-CM SEM 进行了多群组分析，检验模型适用于不同院校层次的稳定性，并比较嵌套模型，挑选出最优模型。

第一节　研究生个体发展质量

一　创新能力及影响因素

创新能力是评价研究生教育质量的公认标准，是衡量博士生教育质量的核心指标。个体创新能力的研究来源于心理学中对创造力的研究。20 世纪 50 年代，以吉尔福特（J. P. Guilford）为代表的心理学家在创造力研究方面取得了众多研究成果，如艾曼贝尔（Amabile）的创造力成分理论、斯滕博格（Sternberg）的创造力投资理论和奇凯岑特米哈伊（Csikszentmihalyi）的创造力系统理论等。董泽芳等（2013）强调个体创新能力的发展是智力、知识、动机、人格特征等多种因素交互作用的动态过程，指出创新能力是与社会文化、教育教学环境等交互作用所呈现的一个集合体。林崇德和辛自强（2004）将创造性人格概括为五个方面，即健康的情感、坚强的意志、积极的个性意识倾向、刚毅的性格、良好的习惯。朱红等（2011）认为创新能力（creativity，也被译为创造力）是一种提出或产生具有新颖性和适切性工作成果的能力，是各种智力因素和非智力因素的统一体。对于研究生而言，大学是个探究的场所，所以研究生学习本质上具有创新性的特点，即以问题为中心，以不确定知识为内容，以解决问题为目标，指向研究生个体创新能力的提升（李忠，2009）。陈至立（2008）认为要以增强创新能力为核心，提高研究生教育质量。对于研究生创新能力的评价是国内学者关注的热点，并主要从导师、制度、学生自身、学术交流、组织氛围等方面研究其影响因素。

朱红等（2011）主要参考了普林斯顿创造才能研究公司尤金创

造力测试题、普林斯顿人才开发公司创造性倾向测量表、威廉姆斯创造力倾向测量表以及 Jing Zhou（Texas A&M University）和 Jennifer M. George（Rice University）设计了研究生创新性能力特征量表，包括行为特征、思维特征、知识体系和人格特征 4 个维度，并使用北京大学教育学院 2010 年"首都高校学生发展调查数据"，分析了研究生创新能力现状和影响因素。数据显示，研究生读研期间在行为特征、思维特征、知识体系等维度有较大的提高，但创新能力的人格特征提高程度较低。课程参与程度和方式、导师的学术指导和生活就业关怀对研究生创新能力特征的影响相对较大。

董泽芳等（2013）对研究生创新能力的概念和要素进行了理论澄清，并通过调查对研究生创新能力现状做出基本评价和分析。提出研究生创新能力主要由建构知识、发现问题、解决问题和提升转化四个基本要素构成。设计研究生创新能力量表并发放问卷 4400 份。量表共 12 个题项，通过项目特征值分析、验证性因素分析和信效度检验，该量表具有较好的信度、区分效度和解释力。实证研究分析表明在不同性别、年龄、工作经验、年级上研究生创新能力四个要素存在显著差异，而在不同学科上不存在显著差异。

孙健伟（2012）基于团队理论、激励理论和创新理论，根据美国著名教育心理学家托拉斯对创造力自测问卷自编研究生创造力自测问卷，包含了建构知识、提出问题、分析问题、解决问题 4 个维度 20 个题项，随机抽样发放 580 份问卷。通过实证研究发现参赛动机、参加数学建模竞赛、学科竞赛的赛题内容、参赛形式和赛前指导都对研究生的创新能力有影响；而研究生的性别、专业和所在学校类别对研究生的创新能力没有显著影响。

韩民扬（2014）自行编制研究生创新能力调查问卷，创新能力包括创新的知识特征、人格特征、思维特征、行为特征 4 个维度，学习投入包括课堂与课程的学习参与、课外阅读与研究、学术活动的参与 3 个维度。分析学习投入对创新能力的影响情况，以及学习投入对研究生创新性学术成果产出的影响情况。结果发现学习投入对研究生创新能力具有显著影响。

王晓辉（2010）基于交往理论和创新理论，研究了师生关系对研究生创新能力的影响。他编制了《研究生创新能力调查问卷》，调研了 4000 名研究生，分析了师生关系对研究生创新能力特征 4 个维度的影响，即建构知识、提出问题、解决问题、突破实现。他根据师生交往中反映出的情感、态度、行为特征，把研究生师生关系分为 4 类，即专制冲突型、放任疏远型、严格被动型、民主和谐型。认为只有民主和谐的师生关系有利于激发研究生学习动机，促进研究生创新能力的培养和提高。

张雁冰（2014）借鉴组织管理领域创造力组成理论、创新能力交互理论和社会资本理论，研究了社会资本、个人进取心和领导风格对研究生创新能力的影响机制。发现当研究生拥有的同学社会资本和导师社会资本高时，研究生的创新能力最强。社会网络（结构维社会资本）对创新能力有直接的主效应，正向影响研究生创新能力。共同目标（认知维社会资本）和进取心的交互项正向影响研究生创新能力。支持型的领导风格促进个人进取心对创新能力的积极作用，而控制型领导风格会抑制这种积极影响。

孙钦娟（2013）认为，自我发展是影响研究生创新能力发展的关键，而目前硕士生的主动性不强在很大程度上影响了学习研究的成果，不利于创新能力发展，并提出创新能力的实现需要完成刺激—解释—反应的过程，其中"刺激"对应的环境要素是研究生形成知识积累和创新需求的前提，"解释"对应的导师指导是培养研究生创新思维的保障，在此基础上主体所参与的创新实践活动则使研究生创新思维转变为创新能力。

二 职业成熟度及影响因素

Super（1953）认为职业成熟度是青年在职业规划性、职业探索、职业信息、职业决策 4 个方面的发展水平，发展水平愈高就表明职业成熟度愈高。Crites（1973）认为职业成熟度是个人对做出职业决策所需条件的知晓程度，以及选择的现实性和一致性程度，包括职业认知、职业态度、职业价值观、职业选择等因素。Betz（1988）认为职业成熟度是个体完成与其职业发展阶段相适应的发展任务的程度，包括知识和态度成分。有研究表明职业成熟度与学生的自我概念（张聚华，2008）、自主人格（刘立立、缴润凯，2013）显著相关。

职业成熟度的评价具有阶段性的特点，因此学生和成人职业成熟度理论与测量均有不同（龙立荣等，2000）。在研究职业成熟度时要考虑研究对象群体的特征。杨钋等（2015）认为职业成熟度是大学生在心理层面的职业准备，包括职业目标、职业自信、职业自主、职业参照 4 个维度。杜文新认为硕士生职业成熟度是指个体在完成与其年龄相应的职业生涯任务上的心理准备程度。目前研究关注中学生和大学本科生的较多，关注研究生的相对较少，但实际上研究生个体读研期间考虑更多的是自己的职业发展和就业竞争力，所以评价研究生的职业成熟度及其影响因素就变得很有意义了。

杜文新（2008）自编了"硕士研究生职业成熟问卷"，共有 29 个题目，包括职业价值、职业自信、职业自主、职业了解、职业目标 5 个因子。选取 414 名硕士生为研究对象，从个人、家庭环境以及社会背景 3 个方面探讨硕士生职业成熟度的影响因素。自编的"硕士研究生职业成熟度问卷"具有良好的信度和效度。硕士生职业成熟度随着年级的升高而升高，但不存在显著的性别差异，父母的受教育水平、学校、专业、社会支持、社会实践等对硕士生职业成熟度影响差异显著。

孙佳峰（2012）编制了"硕士研究生职业成熟度调查问卷"，共9个因子33题项，对硕士生职业成熟度的现状及其影响因素进行研究，并在此基础上以心理行为训练的形式对硕士生职业成熟度进行干预研究。发现硕士生职业成熟度在性别差异、专业差异、生源差异上均不显著，仅在专业满意度上差异显著，对专业越满意职业成熟度越高。

王丽萍等（2015）以广东高校应届研究生500人为对象，调查分析研究生的职业成熟度水平及影响因素。发现研究生职业成熟度处于基本成熟水平，但各维度发展不均衡；不同学生个体、不同院校学生职业成熟度水平差异显著；专业满意度、学习成绩、双亲文化程度与职业、学生干部经历、社团活动经历、兼职实习对研究生职业成熟度水平有显著影响。修编的职业成熟度量表共20个题项，有5个维度，即职业倾向、职业自信、职业探索、职业目标、职业自主，总量表和5个维度的Cronbach α系数均高于0.7，因子累计方差贡献率为63.889%，量表信度较高。

苏丽萍和孙铮（2016）探讨医学硕士研究生核心自我评价、职业成熟度特点及两者间的关系。对全国7所高等学校不同类型和层次的556名硕士生进行自评式调查分析，发现硕士生核心自我评价得分在性别、年级和学位类型上的差异具有统计学意义，女生高于男生，研三高于研一、研二学生，专业学位高于科学学位研究生；医学硕士研究生核心自我评价与职业成熟度之间无论在总分，还是在各个维度上都呈正相关，而且核心自我评价对职业成熟度有显著的预测作用。

此外，还有的对研究生职业发展的研究聚焦职业适应性（唐雪梅，2010）、职业决策自我效能（郭惠静，2012）、职业价值观（张楠楠，2014）、职业能力（李力等，2014）等。总体来看，职业成熟度是一个心理学的概念，所以受心理因素影响较大，已有的研究认为学生个体的自我概念和自立人格（张聚华，2008；刘立立、缴润凯，2013）、自我同一性（李妍鑫，2012；孟超，2014）、核心自我评价（苏丽萍、孙铮，2016）、生涯控制源（王丽萍等，2015）、主动性人格（方小婷等，2017）等对职业成熟度有显著影响。

三 自我主导力的研究发现

Creamer 和 Laughlin（2005）运用定性研究方法分析了弗吉尼亚州 4 所综合大学 40 名女大学生的访谈材料。访谈问题集中在职业选择方面，研究发现，在择业情境中，自我主导力是影响学生职业选择的基础；父母是影响决策和自我主导力的关键人；当学业或职业顾问的建议和她信任人的不一致时，许多女大学生并没有把他们当作权威；有的学生拒绝善意的建议，不是因为她们真的考虑过，而是因为她们还没有开发出复杂性认知能力，无法与多样化的观点协商。

Johnson 和 Chauvin（2016）关注药学院博士生职业认同形成（Professional Identity Formation，PIF）问题，他们以玛格尔达的自我主导理论为指导，研究美国路易斯安那州泽维尔大学药学院药学学生PIF，并运用玛格尔达的学习伙伴模型设计医学院学生的学习经历以促进其 PIF。他们采用的方法是叙事研究法，即研究 41 个毕业生反思自己 PIF 和自我主导力发展的叙事描述。

Wawrzynski 使用了 Pizzolato 自我主导力量表追踪 368 名一年级大学生的自我主导力发展情况。研究了学生入学特征（种族、性别、年龄、转学状态、第一代大学生、家庭地位、高中成绩、大学入学成绩）、霍兰德人格类型、住宿情况对自我主导力的影响。运用回归分析法分析数据，发现前测时间点（秋季学期初）对自我主导有预测的学生特征变量不多，只有 ACT 成绩、霍兰德社会型人格、高年级、转学 4 个因素对 SRCS1 有显著的预期，以及性别、高中成绩、霍兰德社会型人格 3 个因素对 PVC1 有显著的预测，大学入学成绩、种族对 CAA1 有显著预测，第一代大学生、种族、转学对 PSO1 有显著预测。以学生入学特征为控制变量、以前测时间点（秋季学期初）的自我主导 STEP1 为自变量、以后测时间点（秋季学期末）的自我主导 STEP2 为因变量建立模型，发现 STEP1 对 STEP2 有显著预测，解释了 40% 的方差变化（前测 $R^2 = 0.08$，调整后的 $R^2 = 0.02$；后测 $R^2 = 0.44$，调整后的 $R^2 = 0.40$）。另外，大学入学成绩、种族、霍兰德人格类型、CAA1 对 CAA2 有显著预测，调整后的 $R^2 = 0.38$；住宿和 PVC1 对 PVC2 有显著预测，调整后的 $R^2 = 0.23$；转学和 SRCS1 对 SRCS2 有显著预测，调整后的 $R^2 = 0.36$；大学入学成绩、住宿、PSO1 对 PSO2 有显著预测，调整后的 $R^2 = 0.41$。并认为教育环境的作用（包括师生互动、职业训练选择、学术课程）对大学生自我主导的发展更有待继续深入研究的价值，因为师生互动是学业成就最大的环境影响领域，研究师生互动对大学生自我主导力的发展是抑制还是促进，能够更好地理解师生互动的作用（Wawrzynski and Pizzolato，2006）。

Creamer 设计了基于职业选择情景下的自我主导力发展量表（Career Decision Making Survey by the Phase and Dimension of Development of Self-Authouship），并选取了 183 个 IT 专业的高年级大学生为施测样本，该量表共 18 题，按照玛格尔达自我主导理论设计了 3 个维度 3 个阶段，他认为个人在进行教育决策或职业决策过程中的思考可以促进自我主导力发展，同时其表现也体现了自我主导力发展情况。由于样本量较少，量表的信效度检验数据较低，如 3 个维度（认知、内我、人际）的信度值分别为 0.59、0.61、0.71，3 个阶段（服从外部规则、十字路口、早期自我主导）的信度值分别为 0.58、0.62、0.70（Creamer et al.，2010）。

陈娜和朱红（2014）基于自我主导理论的视角分析了大学生学业参与模式对其职业成熟度的影响，发现只有弥合型的学业参与模式，其稳定、高水平的规则性参与和逐步发展的自主性参与是促进学生职业成熟度发展的关键。

张宇晴和岑逾豪（2017）使用 Creamer 等（2010）基于职业选择情景的自我主导发展量表，在中国四年级本科生中施测，并通过计算题项的九宫格得分判断个体自我主导发展水平，以及受个体特征、课外实践活动、实习、志愿者活动等因素的影响情况。结果发现，学校实践活动、志愿者服务和社会实践活动对大学生自我主导的整体发展有积极影响；志愿者活动、社会实践和工作实习对个人内在维度发展有显著积极影响；社会实践也对人际维度发展产生积极影响；母亲的最高学历对认识论维度的发展有负向影响，一个可能的原因是母亲的学历越高，知识水平越高，孩子越容易把母亲当作权威，从而依赖母亲的知识和信息，这会阻碍其认识论维度的发展。

第二节　导生互动对研究生个体发展质量的影响

一　导生互动研究方法和发现

为了深入研究导生互动对研究生个体发展质量的影响，学者从研究生个体和导师的不同视角，借鉴了自我决定理论、情境理论、互动仪式链理论等，采用了质性研究、定量研究、混合研究等多种方法。

Berk 等（2005）认为，导师"mentor"具有教育（educate）、辅导（tutor）、保护（protect）、引导（guide）等多重作用，是在医学教育中应用最广的术语，并介绍了测量导师指导情况的两个工具，用于检验导生关系（the mentor-mentee relationship）。即导师指导概况问卷（the Mentorship Profile Questionnaire，MPQ），从被指导者的角度通过描述指导关系的特征和结果进行测量；导师效能量表（the

Mentorship Effectiveness Scale，MES），以 12 题项 Likert 6 点自评式量表，评估指导者的行为特征。Yirci 等（2016）采用导师效能量表（MES），分析了土耳其工科研究生对导师指导效能的评价，并通过探索性因子分析和验证性因子分析，证明该量表具有很好的信效度。

Paglis 等（2006）分析了导师指导对博士生的影响，结果表明，有潜质的博士生会得到导师更多的指导，但是导师的指导对博士生重要的研究成果和心理成熟并没有显著的贡献。经过长达五年半的关于导师指导对"硬"学科博士生的研究成果（research productivity）、职业认同（career commitment）、自我效能（self-efficacy）的影响评价研究，发现导师指导对博士生的研究成果和自我效能有积极的影响，但是对博士生的职业认同没有显著影响。

Mainhard 等（2009）认为，导生人际关系（the supervisor-doctoral student interpersonal relationship）对于博士生培养项目来说非常重要，基于导师人际行为模型（the Model for Interpersonal Supervisor Behavior，MISB），开发了导生互动问卷（Questionnaire on Supervisor-Doctoral student Interaction，QSDI）。

Overall 等（2011）把导师自主性支持定义为导师尊重学生观点，鼓励学生开放地交流自己的想法，并且提供给学生自己做选择的机会，倡导学生独立完成科研任务，并给予及时信息反馈。学生在这种自主支持指导风格下，更容易产生较强的自主性感受、兴趣及主动性，更加有利于发挥创造性。并对博士生进行了在线问卷调查，评价导师对其的学业支持（academic support）、个人支持（personal support）、自主支持（autonomy support）和研究自我效能感（research self-efficacy）的影响。结果表明，研究生接受的导师任务相关帮助和个人支持越多，他们对导师的评估就越积极。导师鼓励学生自主思考和行动的程度（自主支持）与研究生对导师满意度并不是唯一相关的，而是预测更大的研究自我效能。高水平自主支持和学术支持的结合与高水平研究自我效能感相关，而当高水平个人支持伴随着低水平自主支持时，学生反而显示较低水平研究自我效能感。表明有效的博士生指导包括支持学生表达自己的想法并采取行动，同时提供如何完成研究任务的指导。

王茜（2013）借鉴领导风格研究、动机理论、情境理论，研究了导师指导风格对研究生创造力的影响，她发现导师指导控制型风格和支持型风格都对研究生的创造力有正向影响。其中支持型指导风格包括学术支持、人际支持、自主支持3个子维度，控制型指导风格包括指示命令和设定目标2个子维度，体现为导师设置科研绩效目标，通过发布指令、考核绩效、监督控制等指导研究生。导师的自主支持对研究生创新能力有显著预测。

檀成华（2016）构建了导师自主支持指导风格对研究生创造力影响机理模型，分析导师自主支持对研究生创造力产生影响的原因，以及学生在获得导师自主支持后带来的两个心理方面的变化，即自主性动机和创新自我效能感。调研了260名研究生，发现导师自主支持对研究生创造力有正向影响，自主性动机在导师自主支持研究生创造力中起完全中介作用，创新自我效能感在导师自主支持与研究生创造力的关系中起部分中介作用。

王凡（2015）通过实证研究得出结论，认为导师自主支持对硕士生学习投入和实现幸福感有显著的正向预测作用，学习投入起着部分中介作用。

侯志军等（2016）通过782份有效问卷，调查了研究生导师指导风格对研究生知识共享及创新的影响，研究发现理工科研究生较多感受到控制型导师指导；而文科研究生较多感受到支持型导师指导。支持型导师指导风格更能有效预测研究生知识共享及创新，而控制型导师指导风格更多地通过影响研究生的专业认同进而影响知识共享及创新。

杜芳芳（2013）以 12 名硕士生为访谈对象，通过质性研究探讨研究生个体在师生互动中的自我主体意识、归属意向与信任联结与自我同一性建构的关系，并认为个体与导师的信任联结是自我同一性发展的重要环节。

王小敏（2013）采取质的研究方法，从研究生的角度对 17 名全日制在校博士研究生进行深入访谈，结果发现研究生学术忠诚度、导师指导投入度和师生交往程度作为三大因果条件交互影响着研究生的知识产出；促进研究生知识产出的师生交往具有以强烈的学术动机和共同的学术愿景为驱动力的特点；在师生交往过程中，研究生与导师在心灵上的默契与行动上的契合度决定着其知识产出的成效，对导师的期待和共情会直接引起师生间的相互依赖。

郭瑞等（2018）在对柯林斯互动仪式链理论阐述的基础上，对 11 名专业硕士进行访谈，依照扎根理论并利用 NVivo 11 软件进行资料编码，通过对专业硕士导生关系的情感探索，归因分析其影响因素，并由此构建专业硕士导生关系互动模型。

王志专（2009）运用混合研究方法，研究了师生互动对文科研究生学习适应性的影响，他在访谈了 24 名文科硕士生的基础上，自编量表《研究生学习适应性调查表》，并发放问卷 800 份。结果发现导师对学生的指导频率、管理风格、交流内容、指导方式以及导师的人格魅力、性格脾气、敬业精神和学术水平，在师生交往过程中，与师生互动的质量有很大的相关性，良好的师生互动有助于提高文科研究生的学习适应性，而且学习动机、专业基础、家庭经济状况、家庭教养方式、学习气氛、师生互动等对文科研究生学习适应性有显著影响。

导生互动对研究生个体发展除了积极影响，还有一些消极影响也值得关注。蒙艺（2016）发现导师苛责式督导行为负向影响研究生-导师关系、内部动机和研究生创造力。刘军等（2013）发现导师采取辱虐型指导方式会破坏其与学生之间的交换关系，继而降低学生的自我效能。古继宝等（2021）认为虽然辱虐使个人产生自尊心下降、情绪疲惫，以及幸福感下降等心理资源损失，但是导师辱虐型指导方式可以发挥调节作用，加强挑战性压力源对科研绩效的积极影响。但是这种以损失学生的心理资源为代价换来的科研绩效，是否值得呢？

总体来看，导生互动情况是复杂的和变化的，概括起来包含支持、挑战、控制等维度，现有文献中导师满意度作为目前评价导生互动质量的常用指标，虽然这从管理学视角反映了导生关系质量，但还是缺乏从心理学视角且真正"以学生为中心"的导生互动质量评价指标。

二　本书导生互动研究发现

导生互动对研究生个体发展的影响是复杂的，具体见导生互动对硕士生发展影响资料矩阵表（见表 6-1），可以清晰地看到导师对研究生的影响，以及研究生的发展变化，包括自我主导力各维度、创新能力、职业成熟度、情感联系等方面的变化。从表 6-1 可以看到，助益性导生互动以学生发展为中心，注重对学生品格的培养，并为学生提供全方位、多层面的支持，其中自主支持对硕士生的影响最大，促进硕士生自我同一、认知自主、人际自主的发展，对创新能力和职业成熟度均有一定影响；自主挑战促进硕士生人际自主的发展，即对权威不要盲从，所以对创新能力有一定影响，但对职业成熟度没有影响；任务支持则是通过监督、示范和引导，保障硕士生完成学业或任务，对创新能力没有影响，但是对职业成熟度有一定影响。控制性导生互动的影响比较复杂，任务挑战会给学生带来压力，使其感觉被束缚和控制，但是如果这种压力通过自我调控而被内化，则会促进硕士生认知自主发展，所以任务挑战对自我调控和认知自主有影响，对创新能力也有影响，而且这种挑战如果引起内我的调整，及自我同一的发展，则会对职业成熟度产生影响；行动控制实际上是一种过度的人际挑战，即对导师权威的挑战，这种导师往往很强势，控制欲很强，完全以自己的任务为中心，以命令的方式指导研究生，想把研究生完全掌控在自己手里，对研究生的认知自主、人际自主发展造成很大限制，对创新能力没有直接影响，对职业成熟度有负面影响。而自我主导力作为研究生个体发展的核心质量，对创新能力和职业成熟度起着明显的中介作用。助益性互动中导师和硕士生都呈现正向的情感联系，而控制性互动中导师和硕士生则呈现负向的情感联系。表 6-1 展示了导生互动对硕士生个体发展的影响，进一步验证了修正模型。

第三节 自我主导力的中介效应分析

研究生个体发展质量中，自我主导力作为核心质量，创新能力和职业成熟度作为表观质量，它们密切相关，但是它们究竟有着怎样的关系呢？研究生教育中，导师作为第一责任人，如何通过有效的导生互动促进研究生个体发展质量提升？已有的文献认为自我主导力是学生获得学业成果（客观）的基础（Magolda，2009），如果把创新能力和职业成熟度作为研究生在导生互动中获得的学业成果，那么是否可以推测自我主导力在导生互动对创新能力和职业成熟度的影响中发挥中介作用，即导生互动需要通过促进研究生的自我主导力发展，才能有效促进研究生的创新能力和职业成熟度发展。本书基于此做出如下假设：

假设 1：导生互动直接影响硕士生的自我主导力；

假设 2：导生互动直接影响硕士生的创新能力；

表6-1 修正模型中部分导生互动对硕士生发展影响资料矩阵

发展要素	研究生感受	导师的影响
自我同一	A01 积极向上的阳光心态。知行一致,对未来有美好的预期,乐观。 A02 选择边读博士边创业更希望自己提升能力,强调学生的目标明确和努力是前提,只有这样才能得到导师的全力支持	M01 思想架构,通过经典导读和谈心,进行思维方法的引导。点燃学生学习的热情,培养他们的研究主动性。(助益性互动——自主支持)
认知自主	A01 引导我们去进行有价值的创造。得到更多人的尊重,实现自我价值,生命充实。掌握知识,语言学习能力,写作能力和文章都有了,有些底气了。 A04 我的信念就是相信科学,就是光说及用那种参加学术年会,就在实验室。 M03 学生入学时比,毕业时能明辨是非,能独立运应较复杂的工作环境。 M05 毕业时他们的心态和主动性强很多	M01 学术的诚信上的培养;手把手帮学生改论文。(助益性互动——任务支持) M01 提供物资保障,保障实验所需材料和设备;搭建交流平台,带学生参加学术年会;带学生走访企业工厂等。(助益性互动——自主支持) M03 每天汇报实验进展,学生提交实验结果报告,知道学生何时会失眠,都在老师预料中。(控制性互动——行动控制) M05 第一个学期会让学生阅读大量的外文文献,一解我的研究生第一个学期会比较不适应,后续他们都会很快适应起来。(控制性互动——任务挑战)
人际自主	A01 情绪温和。喜欢去跟导师交流,一有问题就给他打电话,感觉交流很顺畅。我们组一起做实验很舒服。在组里面跟他竞争辩比较有,会保护一些个性 A04 我去这次来就是偷偷来的,老师其实不太支持这种活动。也没有参加实习,就在实验室。去年师兄,师姐参加个招聘会都是跑出去的。(负向影响) A06 我研究好多想法都是在跟导师讨论的过程中产生的,他就像朋友一样,没有架子,很好交流 B01 在实验室里大家也不怎么交流,生怕惹祸上身。我曾经掏心窝子地跟他聊过,但是事后他也不会做任何改变,慢慢地再也不会跟老师那样交心地聊天了,他说什么就是什么,也不会去争辩啥	M01 与我们聊得挺多,包括聊社会的问题,聊反腐,宗教,网站宣传内容,认为好的东西要有一个过程,不用太悲观,没有必要太"愤青"……要重视对研究生待人接物礼仪方面的指导。出去开会的时候,鼓励研究生提问,认为"你们一个硕士生,说本身做实验都会挺辛苦了,还要我们问这些导师做什么?"他能体谅本科学生的积极性,比较全面的保障。(助益性互动——自主支持) M03 研究生的科研过程本身就是一种实习,如果本人就业方向就是本专业,不需要再另去别处实习。(控制性互动——行动控制)

续表

发展要素	研究生感受	导师的影响
自我调控	A01 个人要乐观点，没必要抱怨，因为好的东西要有一个过程，没必要太烦青。就像这个实验室，也是努力申请的结果 A02 硕士刚开始研究课题我换了五个，我觉得年轻的时候不去尝试体验失败那种辛酸的滋味，到了30或35岁以后再想折腾的时候就心有余而力不足了 A05 参加小美赛时数据用错了，很沮丧，后来调整心态熬夜重新做报告交上去后，想大哭一场 A07 压力大时自己会有小情绪，急躁起来也会和导师吵，要求调整任务安排。然后会去健身，通过运动调整自己心态	M01 我只是引导和帮助的角色，遇到困难时找我，想不通时找我。（助益性互动） M04 学生开题的时候说无论你选哪个题目太难做不出来，问我要不要换题，我跟他们说无论如何你说不去研究，就要靠学生自己决定。（助益性互动） M01 会安排他们经常做一些探索性的题目，在这个过程中寻找他们可能的，因为如果说这个题目已经确定是好的，它将来势必没有多大探索的价值。在探索的过程中也是让他成长的过程。他们可以接触很多题目，这些题目可以不断地完善他们的思想。刚开始学生可能不理解，会着急。（控制性互动——任务挑战）
创新能力	A03 好论文需要理论上和算法上的创新，我参加一个重要的会议，提交的会议论文截稿前三，不到1天就独立完成了有难度的课题项目 A02 创办咨询公司，整合专业资源和政府，市场需求匹配 A05 参加首都挑战杯大赛获奖等奖	M02 带领学生去接触最新的东西，IT业发展秒新的现状，让学生习惯接受这种学习的状态。我给他们的任务，他们会想，他们会给我很多新的东西。（控制性互动——任务挑战）
职业成熟度	A03 就想将来在大学当老师 A01 毕业后想做技术管理方面的工作，像导师那样，既是专家，也兼管理，想得到更多人的尊重 A04 我不想读博士，因为不会去当老师，怕误人子弟，可能会去做仪器检测员或维修工程师之类工作 B01 我现在也不知道自己喜欢做什么工作	M02 他立志要到高校当老师，我就会告诉他怎样才能去高校当老师，高校后老师应该具备什么素质。（助益性互动——自主支持） M01 提升研究生能力，自由选择机会，选择更自由，使得研究生拥有选择权、决定权、竞争力。帮助和引导研究生建立行业人脉。（助益性互动——自主支持）

续表

发展要素	研究生感受	导师的影响
情感联系	A01 热爱专业,尊重信任老师,以学校为荣。常主动"泡"在实验室,导师指导我们特别尽心,我们总不能"忘"设心没肺"地混日子。他有时会"母爱泛滥",就是做实验生发展,因为在这个组做实验很给力,感觉很温暖,很贴心。 A02 我很想成为他所组所有学生中的1个骄傲 A03 导师特别和蔼,和她相处特别舒服 A04 老师可能会经常夸写你,这种和老师在的活就会很频(负向影响)	M01 我考虑的是自己的学生如何能幸福。(助益性互动——自主支持) M02 看着学生从懵懂新生到毕业时自信满满的蜕变,我自己也非常激动。 A02 就像是天爷赐给我的礼物,他就像一个很美丽的蝴蝶。(助益性互动——自主支持) M03 感觉学生入学时和毕业时最大的变化是更加踏实,抗挫折能力更强了,情绪更平稳,不会因为实验成果好坏而起伏。(控制性互动——行动控制)

假设 3：导生互动直接影响硕士生的职业成熟度；

假设 4：硕士生的自我主导力直接影响其创新能力；

假设 5：硕士生的自我主导力直接影响其职业成熟度；

假设 6：硕士生的自我主导力在导生互动对其创新能力和职业成熟度的影响中均存在显著中介效应。

从导生互动对研究生自我发展的影响来看，Curtin 等（2013）发现导师支持与博士生的学术自我概念高度正相关，杜芳芳（2013）发现硕士生与导师的信任联结对硕士生自我同一性发展有重要影响。从导生互动对研究生创新能力的影响来看，岳昌君和吕媛（2015）通过实证研究发现导师对硕士生的指导会对学生创新精神的培养产生显著的积极作用，王茜等（2013）发现支持型和控制型导师指导风格均有利于研究生创造力发展。从导生互动对研究生职业准备的影响来看，刘宁宁（2021）认为导师指导会有效提高博士生回归学术职业的可能性。王传毅和李福林（2021）调查发现校内导师指导满意度与专硕生的实践创新能力和职业素养正相关。笔者通过质性研究发现，导生互动对硕士生的自我主导力、创新能力、职业成熟度影响显著，有必要通过定量研究进一步验证。因而建立假设 1~3，验证导生互动对自我主导力、创新能力和职业成熟度的直接影响效应。

燕京晶（2010）认为研究生的人格特性、认知风格、研究生导师及其所在科研团队文化都是促成研究生创造力的基本要素。孙钦娟（2013）认为自我主导力发展是促进研究生创新能力发展的关键，而目前硕士生的主动性不强在很大程度上影响了学习研究的成果，不利于创新能力发展。Creamer 等（2005）认为在择业情境中，自我主导力是影响学生职业选择的基础因素。Johnson（2016）研究发现博士生自我主导力的发展促进了他们职业认同的形成。因而建立假设 4~5，验证自我主导力对创新能力和职业成熟度的直接影响效应。

本书把自我主导力作为评价个体主体性或自主性发展的指标，导生互动包含了支持、挑战、控制等维度，已有文献缺乏对导生互动对研究生个体发展质量中自我主导力发挥中介作用的研究，但是有一些文献从支持和控制等导生互动氛围对研究生创新能力和职业成熟度的影响中，发现了研究生个体的自主性感受、自主性动机、主动性水平、自我认同等有间接作用，为深入开展本研究提供了参考和借鉴。Overall（2011）分析了博士生在导师自主支持指导风格下，更容易产生较强的自主性感受、兴趣及主动性，从而有利于创造性的发挥。檀成华（2016）发现自主性动机在导师自主支持对研究生创造力影响中起完全中介作用。石卫林和惠文婕（2018）认为导师提供给专硕生的实习情境让他们对实习价值的自我认同促进了其行为上的主动参与，从而促进了其职业能力提高。因而建立假设 6，验证自我主导力在导生互动对创新能力和职业成熟度的影响中的中介效应。

运用 AMOS 21.0 分析软件，建构 IMP-SA-CA-CM SEM，对假设进行检验并分析自我主导力的中介效应。图 6-1 为导生互动、自我主导力、创新能力、职业成熟度关系分析框架。其中导生互动五个维度为外因变量，自我主导力四个维度为中介变量，创新能力和职业成熟度为内因变量。

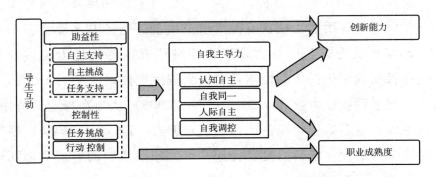

图 6-1　导生互动、自我主导力、创新能力、职业成熟度关系分析框架

运用 AMOS 21.0 分析软件，绘制 IMP-SA-CA-CM SEM 图，把数据代入 IMP-SA-CA-CM SEM 进行正态性评估，发现所有变量的偏度系数和峰度系数绝对值都小于 2，数据符合正态分布（吴明隆，2013），可以采用极大似然估计法进行适配度检验。通过模型修饰指标（Modification Indices），反复修正模型，直到模型各参数的估计值均达到了 0.05% 显著性水平，其他适配指数都通过了检验。

IMP-SA-CA-CM SEM 适配度检验结果见表 6-2，结果显示除了 χ^2 值、RMR 值、AGFI 值、NC 值四个易受样本数大小或模型复杂度影响的指标没有达到适配标准，其他适配指数都通过了检验，其中 RMSEA 值为 0.044，SRMR 值为 0.0477，TLI、CFI、IFI、GFI 的值分别为 0.944、0.948、0.948、0.907，所以本书建构的 IMP-SA-CA-CM SEM 可以获得支持，即假设模型与样本数据可以契合。

表 6-2　IMP-SA-CA-CM SEM 适配度检验摘要

统计检验量	适配的标准或临界值	检验结果数据	模型适配判断
绝对适配度指数			
χ^2 值	>0.05（未达显著水平）	5020.902（P=.000）	否
RMR 值	<0.05	0.090	否
SRMR 值	<0.05	0.0477	是
RMSEA 值	<0.08（若<0.05 优良；<0.08 良好）	0.044	是
GFI 值	>0.90 以上	0.907	是
AGFI 值	>0.90 以上	0.895	否
增值适配度指数			
NFI 值	>0.90 以上	0.937	是
RFI 值	>0.90 以上	0.932	是
IFI 值	>0.90 以上	0.948	是
TLI 值（NNFI 值）	>0.90 以上	0.944	是
CFI 值	>0.90 以上	0.948	是

续表

统计检验量	适配的标准或临界值	检验结果数据	模型适配判断
	简约适配度指数		
PGFI 值	>0.50 以上	0.800	是
PNFI 值	>0.50 以上	0.864	是
PCFI 值	>0.50 以上	0.874	是
CN 值	>200	458	是
NC 值（χ^2 自由度比）	1<NC<3，表示模型有简约适配度 NC>5，表示模型需要修正	5.499	否

表 6-3 结果显示模型中共有 19 组变量的回归路径系数的标准化估值，参数的估计值都达到了 0.05 的显著性水平，标准误也比较小。其中第 1~8 条路径系数为导生互动的五个维度潜变量对自我主导力的四个维度潜变量的回归系数；第 9~14 条路径系数为导生互动的五个维度潜变量和自我主导力的四个维度潜变量对创新能力变量的回归系数；第 15~19 条路径系数为导生互动的五个维度潜变量和自我主导力的四个维度潜变量对职业成熟度变量的回归系数。

表 6-3　IMP-SA-CA-CM SEM 路径参数估计摘要

序号	路径	标准化估计值（R）	标准误（S.E.）	显著性水平（P）
1	自主支持→自我调控	.338	.016	***
2	自主支持→自我同一	.293	.020	***
3	自主支持→认知自主	.248	.015	***
4	自主挑战→人际自主	.052	.019	.022 **
5	任务支持→自我同一	.052	.019	.014 **
6	任务挑战→自我调控	.077	.016	***
7	任务挑战→认知自主	.117	.017	***
8	行动控制→人际自主	-.150	.015	***
9	自我调控→创新能力	.366	.044	***
10	自我同一→创新能力	.193	.042	***

续表

序号	路径	标准化估计值（R）	标准误（S. E.）	显著性水平（P）
11	人际自主→创新能力	.090	.020	***
12	认知自主→创新能力	.095	.038	***
13	自主挑战→创新能力	.088	.017	.021 **
14	任务挑战→创新能力	.062	.022	***
15	自我同一→职业成熟度	.541	.019	***
16	人际自主→职业成熟度	.361	.013	***
17	认知自主→职业成熟度	-.076	.022	.003 **
18	任务支持→职业成熟度	.050	.012	.009 **
19	行动控制→职业成熟度	-.123	.008	***

注：* P<0.1，** P<0.05，*** P<0.01，**** P<0.001。

一　导生互动对自我主导力的影响

导生互动中以自主支持的影响最大，它对自我调控、自我同一、认知自主的路径系数分别为 0.338、0.293、0.248；自主挑战只对人际自主有显著影响，路径系数为 0.052；任务支持只对自我同一有显著影响，路径系数为 0.052；任务挑战对自我调控和认知自主均有显著影响，路径系数分别为 0.077、0.117；行动控制只对人际自主有显著负向影响，回归路径系数为-0.150。

二　导生互动和自我主导力对创新能力的影响

自我主导力的四个维度均对创新能力有显著影响，自我调控、自我同一、人际自主、认知自主对创新能力的回归路径系数分别为 0.366、0.193、0.090、0.095，其中自我调控对创新能力的影响最大。

导生互动中只有自主挑战和任务挑战两个维度对创新能力有影响，回归路径系数分别为 0.088、0.062。

三 导生互动和自我主导力对职业成熟度的影响

自我主导力的三个维度均对职业成熟度有显著影响，自我同一、人际自主、认知自主对职业成熟度的回归路径系数分别为 0.541、0.361、-0.076，其中自我同一对职业成熟度的影响最大，而认知自主对职业成熟度的影响是负向的。

导生互动中只有任务支持和行动控制两个维度对职业成熟度有显著影响，回归路径系数分别为 0.050、-0.123，导生互动对职业成熟度的影响小，而且行动控制的影响是负向的。

图 6-2 为 IMP-SA-CA-CM SEM，图中既包含了测量模型，又包含了结构模型，包括导生互动 5 个潜变量及自我主导力 4 个潜变量、创新能力、职业成熟度之间的回归路径系数，导生互动 24 个观察变量和自我主导力 19 个观察变量的因素负荷量，以及对应的测量误差项方差，还有导生互动 5 个潜变量之间的协方差和自我主导力 4 个潜变量的误差项之间的协方差等。

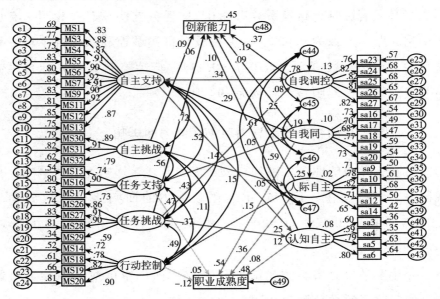

图 6-2 导生互动—自我主导力—创新能力—职业成熟度关系模型

图 6-2 中还显示了自我调控、自我同一、人际自主、认知自主、创新能力、职业成熟度的多元相关系数平方值（R^2），分别为 0.13、0.10、0.02、0.08、0.45、0.48。

利用 AMOS 21.0 对自我主导力的中介效应进行分析，并通过内建 Bootstap 法进行直接与间接效果的检验，这样可以获得显著性值（p），还可获得置信区间。Bootstap 样本数设定为 1000，区间的置信水平设定为 0.95（李茂能，2011）。如果置信区间不包含 0，则间接效应显著，非参数百分位 Bootstrap 法检验力高于 Sobel 检验力（温忠麟、叶宝娟，2014）。后面将分别分析自我主导力在 IMP-SA-CA-CM SEM 中对创新能力和职业成熟度的中介效应。

第四节　自我主导力是研究生创新能力发展的核心

自我主导力在 IMP-SA-CA-CM SEM 中对创新能力的中介效应分析结果见表 6-4，共计 8 条路径体现了自我主导力的中介效应，Bootstrap 法检验结果显示置信区间均不包含 0，显著性值均低于 0.05，间接效应均显著。导生互动的自主挑战和任务挑战两个维度对创新能力影响中，自我主导力发挥部分中介作用，中介效应分别为 5.07% 和 38.86%。导生互动的自主支持、任务支持、行动控制三个维度均需通过对自我主导力的影响，间接影响创新能力，自我主导力的中介效应为 100%。其中影响最大的为自主支持维度，它通过对自我调控、自我同一、认知自主的影响间接影响创新能力，其中介效应分别为 60.67%、27.76%、11.58%。行动控制对创新能力的影响为负效应，并且是通过对自我主导力的制约而影响了创新能力。

表 6-4　导生互动与创新能力：自我主导力的中介效应分析

中介效应路径	效应值	Boot 标准误	95%CI	显著性 （p）	中介效应 （%）
自主支持→创新能力总间接效应	.2039	.017	[.173,.237]	.002	100
自主支持→自我调控→创新能力	.1237	.024 .042	[.289,.385] [.278,.442]	.002 .004	60.67
自主支持→自我同一→创新能力	.0566	.027 .041	[.245,.351] [.120,.282]	.001 .001	27.76
自主支持→认知自主→创新能力	.0236	.027 .033	[.194,.302] [.037,.161]	.002 .003	11.58
自主挑战→创新能力总间接效应	.0047	.003	[.001,.010]	.016	5.07
自主挑战→人际自主→创新能力	.0047	.024 .021	[.006,.011] [.050,.128]	.027 .002	5.07
任务支持→创新能力总间接效应	.0101	.005	[.001,.021]	.018	100
任务支持→自我同一→创新能力	.0101	.024 .041	[.004,.098] [.120,.282]	.029 .001	100
任务挑战→创新能力总间接效应	.0394	.009	[.024,.059]	.001	38.86
任务挑战→自我调控→创新能力	.0282	.018 .042	[.044,.115] [.278,.442]	.001 .004	27.81
任务挑战→认知自主→创新能力	.0112	.023 .033	[.075,.165] [.037,.161]	.001 .003	11.05
行动控制→创新能力总间接效应	-.0135	.004	[-.022,-.007]	.001	100
行动控制→人际自主→创新能力	-.0135	.026 .021	[-.022,-.007] [.050,.128]	.001 .002	100

　　由图 6-3 可以看出自我主导力在导生互动对硕士生创新能力影响中具有显著的中介效应，其中自我主导力在自主支持对创新能力影

响中的间接效应最大，为 0.2039。该结果显示自主支持对研究生创新能力发展的重要作用，以及自我主导力作为个体发展质量的核心地位及其有效的中介作用。

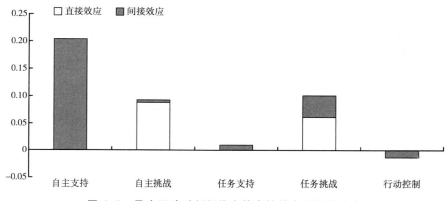

图 6-3　导生互动对创新能力的直接效应和间接效应

第五节　自我主导力是研究生职业成熟发展的核心

自我主导力在 IMP-SA-CA-CM SEM 中对职业成熟度的中介效应分析结果见表 6-5，共计 6 条路径体现了自我主导力的中介效应，Bootstrap 法检验结果显示置信区间均不包含 0，显著性值均低于 0.05，间接效应均显著。导生互动的任务支持和行动控制两个维度对职业成熟度影响中，自我主导力发挥部分中介作用，中介效应分别为 36.07% 和 30.59%。导生互动的自主支持、自主挑战、任务挑战三个维度均需通过对自我主导力的影响间接影响职业成熟度，自我主导力的中介效应为 100%。其中影响最大的为自主支持维度，它通过对自我同一、认知自主的影响间接影响职业成熟度，其中介效应分别为 113.53%、-13.53%。行动控制对职业成熟度的影响为负效应，包括直接效应和通过对人际自主制约的间接效应均为负效应，二者叠加影响职业成熟度。认知自主对职业成熟度的影响为负效应，导致自主支持→认知自主→职业成熟度和任务挑战→认知自主→职业成熟度两条路径的中介效应值均为负值。

表 6-5　导生互动与职业成熟度：自我主导力的中介效应分析

中介效应路径	效应值	Boot 标准误	95%CI	显著性（P）	中介效应（%）
自主支持→职业成熟度总间接效应	.1397	.015	[.114,.173]	.001	100
自主支持→自我同一→职业成熟度	.1586	.027 .026	[.245,.351] [.490,.588]	.001 .002	113.53
自主支持→认知自主→职业成熟度	-.0189	.027 .027	[.194,.302] [-.126,-.025]	.002 .009	-13.53
自主挑战→职业成熟度总间接效应	.0188	.009	[.003,.037]	.025	100
自主挑战→人际自主→职业成熟度	.0188	.024 .019	[.006,.101] [.325,.400]	.027 .002	100
任务支持→职业成熟度总间接效应	.0282	.013	[.002,.053]	.027	36.07
任务支持→自我同一→职业成熟度	.0282	.024 .026	[.004,.098] [.490,.588]	.029 .002	36.07
任务挑战→职业成熟度总间接效应	-.0089	.003	[-.017,-.003]	.005	100
任务挑战→认知自主→职业成熟度	-.0089	.023 .027	[.075,.165] [-.126,-.025]	.001 .009	100
行动控制→职业成熟度总间接效应	-.0542	.010	[-.073,-.035]	.003	30.59
行动控制→人际自主→职业成熟度	-.0542	.026 .019	[-.022,-.007] [.325,.400]	.003 .002	30.59

由图 6-4 可以看出自我主导力在导生互动对硕士生职业成熟度影响中具有显著的中介作用，其中自我主导力在自主支持对职业成熟

度影响中的间接效应最大，为 0.1397。该结果体现了自主支持对研究生职业成熟度发展的重要作用，以及自我主导力作为个体发展质量的核心地位及其有效的中介作用。

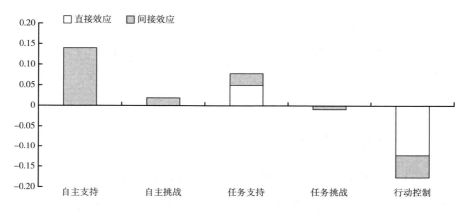

图 6-4　导生互动对职业成熟度的直接效应和间接效应

第六节　导生互动促进研究生个体发展的
模型具有普适性和有效性

本书抽取了北京 9 所高校的硕士生样本，建构了 IMP-SA-CA-CM SEM，发现导生互动、自我主导力、创新能力和职业成熟度的关系中，自我主导力具有的显著的中介效应，导生互动需要通过影响硕士生的自我主导力发展，进而影响硕士生的创新能力和职业成熟度的发展。那么该模型是否能够适用于不同层次的高校，即是否具有在不同层次高校间推广的价值是笔者感兴趣的问题。

接下来运用 AMOS 21.0 通过多群组分析，来验证 IMP-SA-CA-CM SEM 在不同层次高校的稳定性，把高校分为两个层次，即 985/211 高校组和一般本科院校组。

在多群组分析中，完成绘图、设组、导入数据后，系统可以界定的限制模型有五个：测量模型系数（Measurement weights）、结构模型系数（Structural weights）、结构模型的协方差（Structural covariance）、结构模型的残差（Structural residuals）、测量模型的残差（Measurement residuals），计算估计值，分析 5 个参数限制模型及原先的未界定参数限制模型（又称基线模型，Unconstrained）是否可以辨识和估计。检验模型适配度，比较嵌套模型适配情况，选择最优模型。

一　多群组模型设定

将基准模型与其他模型进行配对比较，称为嵌套模型（nested model）（吴明隆，2010），假定基准模型为模型 A（预设模型），各模型（B、C、D）与模型 A 比较，检验的虚无假设与对立假设如下：

虚无假设：模型 D=模型 A

对立假设：模型 D≠模型 A

如果检验的卡方值未达到 0.05 的显著性水平（$p > 0.05$），则接受虚无假设，拒绝对立假设，即两个模型之间没有差异，可视为相同模型。在检验限制模型与未限制模型差异时，使用两个模型的卡方值差异量（$\Delta \chi^2$）来判断，但是卡方值差异量和卡方值一样，易受到样本大小变化的影响，还需要参考四个较不受模型复杂度影响的适配统计量来判断，分别是 *NFI*、*IFI*、*RFI*、*TLI*，若这四个统计量的差异值的绝对值小于 0.05，则可以接受两个模型无差异的假设。另一个判别群组不变性的指标是 *CFI*，当 ΔCFI 绝对值小于 0.01 时，模型的不变性可接受（吴明隆，2013）。

竞争模型策略（competing model strategy）（吴明隆，2010）：当多个模型均适配时要选择一个最优模型，可以根据 *AIC* 指标与

$ECVI$ 指标来判别，指标值最小的模型与样本数据最为适配。

本书提出如下假设。

假设 1：在 985/211 高校和一般本科院校两个院校层次群组中，测量模型系数具有不变性；

假设 2：在 985/211 高校和一般本科院校两个院校层次群组中，结构模型系数具有不变性；

假设 3：在 985/211 高校和一般本科院校两个院校层次群组中，结构模型的协方差具有不变性；

假设 4：在 985/211 高校和一般本科院校两个院校层次群组中，结构模型残差具有不变性；

假设 5：在 985/211 高校和一般本科院校两个院校层次群组中，测量模型残差具有不变性。

在选择拟合优度指标方面，本书选择 $RMSEA$、TLI、CFI、NFI、IFI、RFI、$SRMR$、χ^2/DF 作为判断模型拟合好坏的指标，$\Delta\chi^2/DF$、P、ΔCFI、ΔTLI、ΔRFI、ΔNFI、ΔIFI 作为判断模型不变性的指标，选择 AIC、$ECVI$ 作为筛选最优模型的指标。

二 模型适配度检验

IMP-SA-CA-CM SEM 多群组分析模型适配度检验结果如表 6-6 所示，模型 M1 为基线模型，模型 M2 为测量系数相等模型，模型 M3 为结构系数相等模型，模型 M4 为结构协方差相等模型，模型 M5 为结构残差相等模型，模型 M6 为测量残差相等模型。除基准模型外，每个模型都是在前一个模型的基础上加上相应的参数限制。各模型的参数指标显示 TLI、CFI、NFI、IFI、RFI 均大于 0.90，$RMSEA$ 均小于 0.05，χ^2/DF 均小于 5，模型 M1、M2、M3、M4 的 $SRMR$ 均小于 0.05，模型 M5 和模型 M6 的 $SRMR$ 略大于 0.05，模型拟合优度均良好。

表 6-6　IMP-SA-CA-CM SEM 多群组分析模型适配度检验摘要

模型	RMSEA	TLI	CFI	IFI	NFI	RFI	SRMR	χ^2/DF
M1	.032	.939	.944	.944	.923	.916	.0488	3.447
M2	.032	.941	.944	.944	.922	.918	.0483	3.387
M3	.032	.941	.944	.944	.922	.918	.0491	3.376
M4	.032	.941	.943	.944	.922	.918	.0498	3.377
M5	.032	.941	.943	.943	.921	.918	.0502	3.369
M6	.033	.938	.939	.940	.917	.916	.0503	3.472

　　注：模型 M1：基线模型，各参数自由估计无限制；模型 M2：在模型 M1 的基础上，限制测量系数相等；模型 M3：在模型 M2 的基础上，限制结构系数相等；模型 M4：在模型 M3 的基础上，限制结构协方差相等；模型 M5：在模型 M4 的基础上，限制结构残差相等；模型 M6：在模型 M5 的基础上，限制测量残差相等。

三　模型稳定性检验

　　通过嵌套模型比较，检验模型的稳定性，检验结果如表 6-7 和表 6-8 所示。假设模型 M1 正确时，其他 5 个模型分别与之比较，5 个模型 ΔTLI、ΔRFI、ΔNFI、ΔIFI 绝对值均小于 0.05，ΔCFI 绝对值均小于 0.01，与模型 M1 相比，5 个模型的不变性可接受，假设 1、2、3、4、5 均得到验证。只有模型 M2 和模型 M3 的 P 值大于 0.05，接受虚无假设，拒绝对立假设，即两个模型之间没有差异，可视模型 M2 和模型 M3 与模型 M1 为相同模型。综合考虑，严格界定的话，只有模型 M2 和模型 M3 具有不变性，即仅假设 1 和假设 2 得到验证。即 IMP-SA-CA-CM SEM 在不同层次院校群组之间测量模型系数具有不变性，结构模型系数也具有不变性。从模型 M2 和模型 M3 的 AIC 指标与 ECVI 指标值比较来看，模型 M3 的值较小，根据竞争模型策略，当多个模型均适配时，指标值较小的模型与样本数据较为适配，即对于不同层次院校群组来说，结构系数相等模型具有不变性，且为最佳模型。

表 6-7 IMP-SA-CA-CM SEM 嵌套模型比较 1（假设模型 M1 正确）

模型	ΔX^2	P	ΔNFI	ΔIFI	ΔRFI	ΔTLI	ΔCFI	AIC	$ECVI$
M2	41.839	.607	.001	.001	-.001	-.002	.000	6731.612	2.884
M3	49.307	.619	.001	.001	-.002	-.002	.000	6723.080	2.880
M4	101.358	.005	.001	.001	-.002	-.002	-.001	6745.131	2.890
M5	120.575	.001	.001	.002	-.002	-.002	-.001	6744.348	2.890
M6	472.235	.000	.006	.006	.001	.001	-.004	7006.008	3.002

注：模型 M1：基线模型，各参数自由估计无限制；模型 M2：在模型 M1 的基础上，限制测量系数相等；模型 M3：在模型 M2 的基础上，限制结构系数相等；模型 M4：在模型 M3 的基础上，限制结构协方差相等；模型 M5：在模型 M4 的基础上，限制结构残差相等；模型 M6：在模型 M5 的基础上，限制测量残差相等。

表 6-8 IMP-SA-CA-CM SEM 嵌套模型比较 2（假设模型 M2 正确）

模型	ΔX^2	P	ΔNFI	ΔIFI	ΔRFI	ΔTLI
M3	7.468	.487	.000	.000	.000	.000
M4	59.519	.000	.001	.001	.000	.000
M5	78.736	.000	.001	.001	.000	.000
M6	430.396	.000	.005	.005	.002	.002

多群组分析显示 IMP-SA-CA-CM SEM 均具有跨院校层次的不变性，这表明自我主导力在导生互动对创新能力和职业成熟度影响中的中介效应关系具有普适性和有效性，适合推广研究。测量模型和结构模型均具有不变性，且结构模型为最优模型，说明在不同的层次院校中，导生互动、自我主导力的测量机制是相同的，导生互动、自我主导力、创新能力、职业成熟度之间的影响机制是相同的。反映了不同层次院校的硕士生具有相似的心理结构，也就是说自我主导力、导生互动、创新能力、职业成熟度各项变量每一个单位的变化在不同层次院校组群间有着相同的含义，可以进行直接的比较。

第七节　本章小结

导师的自主支持和自主挑战有力地促进了研究生自我主导力发

展，让研究生在学习和科研上充满动力和激情，研究能力逐渐培养起来，学术成果自然涌现，对未来职业发展充满信心。导师任务支持虽然是助益性互动，对职业成熟度有影响，但对自我主导力没有太大影响，对创新能力也没有直接影响。任务挑战作为控制性互动，如果能够加上正向情感联系，让研究生把压力内化为动力，则能极大地促进研究生自我主导力的发展和创新能力的提高。行动控制与研究生成长的内在需求相背离，限制了研究生自我主导力、创新能力、职业成熟度的提高，容易造成导生关系紧张和冲突。

通过大样本数据验证了自我主导力在导生互动对创新能力和职业成熟度影响中的中介作用。导生互动五个维度中影响最大的为自主支持维度，它在对创新能力和职业成熟度的影响中，自我主导力发挥完全中介作用，即它通过对自我主导力三个维度自我调控、自我同一、认知自主的影响间接影响创新能力，中介效应分别为 60.67%、27.76%、11.58%。它通过对自我主导力两个维度自我同一、认知自主的影响，间接影响职业成熟度，中介效应分别为 113.53%、−13.53%。

多群组分析显示 IMP−SA−CA−CM SEM 均具有跨院校层次的不变性，这表明自我主导力在导生互动对创新能力和职业成熟度影响中的中介效应关系在不同层次的院校中具有普适性和有效性，适合应用推广。

第七章　结论与反思

第一节　研究发现和结论

本书针对当前我国研究生教育质量保障体系中，对研究生主体性观照不够和导生互动存在困境的问题，收集了大量有关文献并进行了归纳分析，提出引入自我主导理论为基础理论，探索在导生互动情境中，研究生个体质量的内涵和特征、发展过程和影响机制，以及导生互动的特征和影响因素。本书运用混合方法研究，访谈了8名硕士生和6名导师，编制了"硕士生发展质量和导生互动调查问卷"，并成功回收来自北京市9所高校硕士生的2336份有效问卷。研究发展了自我主导力量表和导生互动量表两个量表，建构了导生研究伙伴模型、导生互动影响自我主导力发展模型、导生互动—自我主导力—创新能力—职业成熟度关系模型三个模型。

本书的主要研究发现包括以下几方面。（1）导生互动包含两类性质的五个维度，其中助益性互动包括自主支持、任务支持、自主挑战三个维度，控制性互动包括任务挑战、行动控制两个维度。助益性导生互动维度水平高于控制性导生互动水平，五个维度水平由高到低为：自主支持、任务支持、自主挑战、任务挑战、行动控制。自主支持、自主挑战、任务支持、任务挑战四个维度均与导师满意度显著正相关，行动控制维度与对导师满意度显著负相关。导师个体特征、硕士生个体特征、导生互动经历对导生互动五个维度有不同程度的影响。（2）自我主导力包含了认知自主、自我同一、人际自主、自我调控四个维度。自我主导力及其四个维度的值集中在高水平一边，四个维度水平由高到低顺序为：认知自主、自我调控、自我同一、人际自主。自我主导力及其四个维度均与创新能力、职业成熟度显著正相关，有少量的高水平国际期刊论文、高水平国内期刊论文的硕士生自我主导力显著高些。硕士生个体特征、家庭背景、学业投入、导生互动对自我主导力及其四个维度有不同程度的影响。（3）自我主导力在导生互动对研究生个体发展质量的影响中具有显著的中介效应。在导生互动对创新能力和职业成熟度影响中，自主支持通过对自我主导力的影响而间接影响创新能力和职业成熟度，自我主导力发挥完全中介作用；行动控制对创新能力和职业成熟度的影响均为负效应，一方面直接抑制职业成熟度的发展，另一方面通过对自我主导力中人际自主维度的抑制而间接制约二者的发展。

本书的主要结论包括以下几方面。（1）自我主导理论应用于研究生个体发展质量的研究，填补了研究生质量评价中培养过程质量评价研究的空白，丰富了研究生个体发展质量的内涵。自我主导力是研究生个体发展的核心质量，即经过研究生阶段的教育和学习后，研究生在定义自我信念、自我身份以及社交关系的能力三个方面得到较大的发展，具有比较清晰的价值观、信念、道德观念、处事原则、学习目标，以及具有较强的意志力、善于自我调节、善于平衡权威和自己的意见等。自我主导力发展水平标志着研究生个体发展的主动性、独立性、成熟性水平，与研究生的创新能力、职业成熟度等学业成果密切相关。自我主导力水平较高的研究生表现出具备主动学习、独立科研、为自己做决定的能力。（2）研究发展的自我主导力量表和导生互动量表两个量表比较适合中国学生的文化背景，量表具有较高的信效度，为深入研究自我主导力和导生互动提供了测量与分析的有效工具。（3）导生研究伙伴模型可以用来剖析自我主导力发展的机制，导生互动影响自我主导力发展模型和导生互动—自我主导力—创新能力—职业成熟度关系模型有可能作为提升研究生教育质量的理论依据和参照模型。为了提高导生互动质量，可以引导导师加强与研究生之间的助益性互动，同时提醒导师谨慎对待控制性互动，包括任务挑战应该适度，以及减少行为控制。

具体研究发现和结论归纳如下。

一　理论适切性：自我主导是研究生个体发展质量观的新取向

自我主导理论带来了学生观、学习观、教学观的变革。把自我主导理论引入研究生教育领域，可以适应高等教育发展历程演进的挑战，为破解研究生主体建构乏力、创新能力低迷、职业准备不足、导生关系冲突等研究生教育质量问题，提供新的理论指导和分析工具，为探究研究生个体发展质量内因和机制打开了新的视野。将自我主导理论应用于研究生个体发展质量的研究，填补了研究生质量评价中培养过程质量评价研究的空白，丰富了研究生个体发展质量的内涵，自我主导是研究生个体发展质量观的新取向（熊慧、杨钋，2018）。

1. 自我主导是研究生教育质量评价的新趋势

在高等教育普及化阶段，质量话语权更多向学习者方面集中，质量观呈现"合发展性"特征，把个性化和发展性作为质量评价标准，人才培养目标也发生了相应转变，即从"为已知社会培养人"转变为"为未知社会培养人"（胡弼成，2006）。研究生教育质量评价与保障理念，由传统的单纯重视资源投入（包括师资、科研经费、学位点等）和学术产出（包括授予学位数量、科研成果等），转向强调以学生为中心、以学习和发展为中心，突出研究生教育对研究生成长和发展带来的积极成果和变化（赵琳、王传毅，2015）。引入自我主导理论，有助于深入分析研究生个体发展质量，培养创新型人才，对提升我国研究生教育质量具有重要的理论和实践意义，是未来研究生教育质量评价的新趋势。相比本科生而言，研究生具有较强的自主能力。他们具有学习者和准研究者的双重身份，希望被作为成年人对待，得到尊重和支持，体现为对待权威意见不愿意再盲从，能够面对多样化的观点，渴望具备独立的开展研究和解决实际问题的能力，特别是在与导师的交往和互动中，他们的人际交流能力和与权威分享知识的能力可以得到充分的锻炼。正因为研究生在认知、内我、人际维度都具备了有利的发展条件，整体的自我主导力才会在读研期间得到较大发展，自我主导水平成为衡量研究生由单纯的学习者向初步的研究者转变的标志。

2. 自我主导是研究生教育内涵发展的必然追求

2014 年，全国研究生教育质量工作会议强调了新时期研究生教育内涵发展的重要性，既要以人为本，关注研究生个体的全面发展，又要从社会、经济、文化的角度出发，兼顾学术发展和社会发展。研究生个体的成长和成才是研究生教育内涵发展的"核心层"，教师则是"次内核"（英爽、梁大鹏、臧红雨，2016）。自我主导理论以"人本论"为哲学基础，把学习者作为高等教育的中心，价值取向指向学习者自我主导的发展，这是学习者内在的自身发展的实用价值。内在实用可能自然延拓至外在实用，而外在实用在出发点上就不易自觉回归内在实用（张楚廷，2012）。可见自我主导是研究生教育内涵发展的必然追求。传统中高校关注的研究生个体质量主要是研究生的学术性发展，表现为创新能力和创新成果；而研究生个人更加关注的是个人的社会性发展，表现为职业成熟度。将自我主导力作为研究生个体发展的核心质量，标志着研究生个体发展的主动性、独立性、成熟性水平，它是研究生创新能力和职业成熟的基础，是成熟毕业生的标志，自我主导力概念的引入丰富了研究生个体发展质量的内涵。

3. 自我主导是影响研究生创造力的关键

自我主导是自我发展的目标，是影响研究生创造力的关键。自我主导能力就是建构自己观点的能力，这也正是创造力在对知识创造方面的体现，研究生在面对众多学者的观点时，如果只是跟从和迎合权威观点，是不可能形成自己的观点的，创新也无从谈起。大规模的研究生质量调查发现我国研究生教育质量方面存在的首要问题是创新能力尤其是原创能力较差（袁本涛、延建林，2009），主要原因在于对研究生的主体性重视不够，研究生个体的自我发展和自我构建的能力并没有引起足够的重视（孙钦娟，2013），即自我主导力发展不足。研究生一定要有自己的价值观和认知标准，学会批判性思考，能分享权威的意见，同时又能从自己的研究体验中归纳和提升，最终形成自己的观点。同时，研究和创新的过程也将进一步促进研究生自我主导力发展。

4. 自我主导是研究生学术职业社会化的基础

从研究生学术职业社会化的过程来看，学术部落文化作为植入文化，对个体原有的沉浸文化是一种冲击，在该学术职业领域的知识技能、价值观、行为规范的刺激下，研究生通过学习、比较、吸收、内化、主导，完成从"门外汉"到胜任该领域的学者的相应角色的转变过程。个体自我主导发展的程度决定研究生学术职业社会化进程的快慢和效果。研究生在"合法的边缘性参与"（朱光明，2011）中，自我主导力发展较好的研究生学术职业社会化进程较快且效果较好，体现为形成自己的职业观，有较明确的近期学习目标和长期的职业发展目标，善于协调导师科研任务与自己发展计划之间的关系，能处理好学习科研与就业准备之间的关系，主动适应学科文化氛围，自觉积极开展学习和研究活动等，反之则会制约研究生学术职业社会化进程。

二 量表适切性：自我主导力量表和导生互动量表

本书发展了两个量表，分别是自我主导力量表、导生互动量表。两个量表都是在参考国外有关研究已有量表的基础上，结合质性研究的发现，经过汉化、初测、调试、预试、再调试的过程得到的正式量表。在量表汉化过程中，由于部分直译的题项不符合中国文化的习惯，理解起来容易出现偏差，因此对个别题项进行了意译，使之符合中国学生的理解、思维逻辑和习惯。量表的适切性主要体现在理论适切和实践适切两个方面。

1. 自我主导力量表的适切性

本书自我主导力量表一方面是与 Pizzolato 的自我主导量表四个维度相对应，但通过题项和维度命名的调整，概念更加清晰并且更适用于中国学生。另一方面，本书对玛格尔达的自我主导力的三维度概念进行了扩展，对自我主导力的各维度概念和定义进一步抽提，丰富了自我主导理论的内涵，自我主导力量表的开发为自我主导理论在质量评价实践方面的应用架起了桥梁，提高了理论的实践推广价值。自我主导力包含四个维度：自我同一维度指个体对自己认识清晰的程度，包括自己的过去、现在、未来，自我认识的清晰性、连贯性、主动性、统一性程度，并努力达成既定目标的程度；认知自主维度指个体拥有自己的价值观、人生观、判断标准的程度，体现了个体解决问题时的思维倾向，即是否有自己的信念、原则和判断的标准；人际自主维度指个体善于与人交流和汲取各方面观点，但个体的行动源于自己内心的决定，而非受他人的影响，能够独立思考和行动的程度，体现了个体在社交关系中的自主性；自我调控维度指个体面对挑战时的自我调整和适应挑战的程度，是探索、维持、调整个体的认知自主、自我同一性、人际自主的能力，是联系现在和未来的纽带。自我主导力量表共有 19 个题项，包括 5 个自我同一题项、4 个认知自主题项、5

个人际自主题项、5 个自我调控题项。探索性因子分析结果显示量表 KMO 为 0.916，变量旋转后的因子载荷均在 0.561~0.832，因子累计解释方差 65.47%，总量表和各维度的 Cronbach α 系数分别为：总量表 0.894、自我调控 0.900、自我同一 0.850、人际自主 0.854、认知自主 0.776。验证性因子分析显示自我主导力测量模型与实际观察数据整体适配度较好，因素负荷量在 0.571~0.844，19 个题项中有 6 个题项的信度低于 0.5，但各维度潜在变量的组合信度均在 0.8 以上，平均变异量抽取值均大于 0.5，说明模型整体具有较为理想的信效度。探索性因子分析和验证性因子分析显示自我主导力量表具有较好的信效度。

当前的硕士研究生具备一定的自我主导力，自我主导力及其四个维度的值集中在高水平一边。自我主导力均值为 4.231，四个维度的均值为 3.895~4.443，由高到低顺序为：认知自主、自我调控、自我同一、人际自主。四个维度中认知自主维度水平相对最高，因为研究生具有较强的学习动机和学习能力，能够主动学习和建构自己的知识体系，在文献阅读和课题研究中能够反思不同观点之间的联系，对世界的认识已经跨越了二元论的阶段，正在向多元化和相对论的阶段发展（Wankat 和 Oreovicz，1993）。自我同一维度是最重要的维度，体现了个体关于"我是谁?"的探索和认同（Magolda，2001），是对自我身份的确立，被认为是大学生发展过程中的核心问题（Evans et al.，2010），与已有理论相呼应。人际自主维度水平相对最低，可能是因为中国文化传统的影响，有研究认为东方文化崇尚集体主义（Oyserman et al.，2002），东方个体的自我更多地与他人相依（Markus 和 Kitayama，1991），所以在这样的文化背景下，硕士生个体的决定容易受到他人的影响，特别是对导师权威的依赖，或是受家长亲情的牵绊，导致独立思考和行动的水平相对较低。自我调控维度的引入，符合东方个体灵活性的特征（Kanagawa et al.，2001），即东方个体更倾向通过改变自我适应环境（Chiu et al.，1997）。

从自我主导力的影响因素来看，研究生个体特征中内部动机对自我主导力有显著的正向影响，外部动机对自我主导力有显著的负向影响，内部动机主要包括"对学术研究感兴趣""想提升自己的能力""有自信能在该学科领域取得成功""想结交更多的朋友"等，外部动机主要包括"为了实现父母的愿望""暂时不想工作所以读研""周围朋友都选择了读研"等，所以在教育中应重视研究生内部动机的培育和外部动机的内化，有助于促进硕士生自我发展，与已有研究一致（Deci et al.，1991）。学术兴趣为学习的内部动机，提高学术兴趣，可以促进研究生创新精神的培养（李雪、袁本涛，2017）。性别、年级、本科院校背景、学科、硕士院校背景等对自我主导力均有显著影响。男硕士生自我主导力显著更高，而国外已有研究并未发现大学生自我主导力在性别上有显著差异，这可能也与中西方文化差异有关。中国男性被给予更多的期望和权利，获得的支持和挑战更多，因而自主性高于女性，比如 M03 导师在访谈中明确表示"给男生定的题目难度会高于女生"。高年级硕士生自我主导力更高，进一步验证读研经历对硕士生自我主导力的影响是显著的，表明了本书研究的意义所在。经管学科硕士生、本科 985 高校或 211 高校的硕士生、一般本科院校的硕士生的自我主导力更高，量化分析的结果和质性访谈的发现一致。

家庭背景中父母教养方式对自我主导力有显著影响，以专制型父母教养方式为参照，权威型父母教养方式、忽视型父母教养方式对自我主导力有显著正向影响，主要是体现在对自我同一维度的显著影响上，与已有研究一致（王树青、陈会昌、石猛，2008）。第一代大学生因素对硕士生自我主导力没有显著影响。

学业投入中每天学习时间投入对自我主导力有显著正向影响。参加课题因素对自我主导力没有显著影响，可能是因为研究生在课题中的主导性发挥不足，只是听从导师安排去做课题任务，自我主导力并没有得到提升，具体原因有待进一步研究。

导生互动对自我主导力的影响从三个角度来体现：（1）在个体特征、家庭背景、学业投入、导生互动等综合因素影响下，自主支持和任务支持对自我主导力有显著正向影响，行动控制对自我主导力有显著负向影响，自主挑战和任务挑战对自我主导力没有显著影响。其中自主支持的影响最大，通过对自我主导力的认知自主、自我同一、自我调控三个维度的显著影响从而显著影响自我主导力。任务支持通过对自我主导力的认知自主、自我同一两个维度的显著影响从而显著影响自我主导力。行动控制通过对自我主导力的人际自主维度的显著影响从而显著影响自我主导力。可能是在当前中国研究生教育环境下，一方面过度强调导师权威，导致硕士生获得的自主挑战不足；另一方面，导师各类事务繁忙，但用于培养研究生的课题项目有限，导致硕士生获得的任务挑战不足，具体原因有待进一步研究。（2）在只考虑导生互动单一因素对自我主导力的影响时，导生互动的五个维度对自我主导力均有显著影响，其中自主支持、自主挑战、任务支持、任务挑战四个维度的影响为正向，行动控制影响为负向。（3）对于不同自我主导力水平的硕士生，导生互动五个维度对自我主导力的影响有显著差异，对于自我主导力水平较低的硕士生应该以自主支持为主，而对自我主导力水平较高的硕士生应该以自主挑战为主，并辅以任务支持，反映了因材施教的重要性。

2. 导生互动量表的适切性

本书导生互动量表一方面与理想模型相呼应，把导生研究伙伴理想模型中的假设和原则通过助益性互动的三个维度展现出来，使得助益性互动水平可以测量。另一方面依据修正模型的需要增加了控制性互动的两个维度，丰富了导生互动的理论研究，并发展了实践测量的工具，有助于研究的进一步深化。导生互动关系可以按照导生互动的中心、目标、情感差异，划分为助益性和控制性两类，共五个维度。导生互动质量可以通过五个维度来测量，即自主支持、自主挑战、任务支持、任务挑战、行动控制。

助益性导生互动包括三个维度：（1）自主支持维度，导师以研究生发展需要为中心，尊重、理解、信任、包容研究生，为研究生的自我主导力发展提供支持的程度。（2）自主挑战维度，导师以研究生发展需求为中心，引导研究生反思并建构自己的观点，为研究生自我主导力发展设置挑战的程度。（3）任务支持维度，导师以毕业任务需要为中心，帮助和督促研究生完成目标任务，为研究生的顺利毕业提供支持的程度。助益性互动量表共有 16 个题项，包括 10 个自主支持题项、3 个自主挑战题项、3 个任务支持题项。探索性因子分析结果显示量表 KMO 为 0.962，变量旋转后的因子载荷均在 0.706~0.879，因子累计解释方差 80.30%，子量表和各维度的 Cronbach α 系数分别为：子量表 0.957、自主支持 0.974、自主挑战 0.894、任务支持 0.814。验证性因子分析显示助益性互动测量模型与实际观察数据整体适配度较好，因素负荷量在 0.705~0.949，16 个题项中有 1 个题项的信度低于 0.5，但各维度潜在变量的组合信度均在 0.8 以上，平均变异量抽取值均大于 0.6，说明模型具有较为理想的信效度。

控制性导生互动包括两个维度：（1）任务挑战维度，导师以任务需要为中心，为研究生设置高难度任务目标，鼓励他们参与超出基本任务（毕业标准）的事情，对研究生自我主导力发展影响的程度。对学生自主发展会有一定约束，但若被引导内化为学生自己成长的目标，也会促进自主发展。（2）行动控制维度，导师以任务需要为中心，以是否符合导师要求为标准，限制研究生自我主导力发展的程度。控制性互动量表共有 8 个题项，包括 4 个任务挑战题项、4 个行动控制题项。探索性因子分析结果显示量表 KMO 为 0.855，变量旋转后的因子载荷均在 0.682~0.898，因子累计解释方差 73.61%，子量表和各维度的 Cronbach α 系数分别为：子量表 0.874、行动控制 0.876、任务挑战 0.880。验证性因子分析显示控制性互动测量模型与实际观察数据整体适配度较好，因素负荷量在 0.586~0.922，8 个题项中有 2 个题项的信度低于 0.5，但各维度潜在变量的组合信度均在 0.8 以上，平均变异量抽取值均大于 0.6，说明模型具有较为理想的信效度。

当前硕士生在导生互动中，自主支持、自主挑战、任务支持、任务挑战四个维度值集中在高水平一边，而行动控制维度值集中在低水平一边。助益性导生互动均值为 4.492，控制性导生互动均值为 3.123，五个维度的均值在 2.632~4.694，五个维度差异较大，其中助益性导生互动维度水平高于控制性导生互动水平，五个维度水平由高到低依次为：自主支持、任务支持、自主挑战、任务挑战、行动控制。

导生互动的维度发现和量表的开发，为解决指导理念不当（王晓辉，2010）、师生关系冷漠（管岭，2009）、师生权利不平等（刘平，2013）、导生目标不一致（张青，2015）等影响导生互动质量的困境，提供了理论指导和实践方法。（1）引入了理想化的指导理念，即以学生为中心的指导理念，以学生发展为目标的培养目标。这是符合高等教育演进历程的趋势的，即在高等教育大众化阶段，高等教育的质量观由原来的"合规定性"向"合需要性""合发展性"转变，这将导致高等教育的价值取向更加重视学生的主体性构建、自我的发展、潜力的培养，以适应未来未知社会的需要，学习者个人价值的实现是衡量质量的主要标准（胡弼成，2006；章竞、廖湘阳，2014；韩映雄、李华萍，2009）。（2）提出助益性互动对研究生个体发展质量具有显著正向影响，因此提高互动质量的关键是导师加强与研究生的助益性互动，包括尊重、理解、信任、包容研究生，为研究生的发展提供思想、情感、平台、物质等全方位的支持。前提是导师与研究生要有明确一致的互动目标，在互动目标不一致的情况下，要通过加强沟通、交流、协商来调节，以期达成新的一致目标。强调了导生互动中沟通的重要性，即以平等对话为基本途径，以相互理解为前提，以共同体验为基础（李毅弘，2008），与已有研究一致。（3）指出控制性互动对研究生个体发展质量影响具有复杂性，要结合研究生特点，给予任务挑战要适当，比如对于学科成就信心较高、学术兴趣浓厚的研究生而言，提出高水平的科研成果要求有利于其自我主导力发展以及创新能力和职业成熟度的提高。但是过度的任务挑战以及互动中的负向情感联系，容易演变成对研究生的行动控制，制约研究生的自我发展，限制其创新能力和职业成熟度的提高，严重的甚至会激发导生冲突或导致研究生读研失败（退学）。有研究认为制约和谐导生关系生成的深层矛盾是当前阻碍研究生教育质量提升的关键，表现为三个方面的平衡困境：充分培养与过度使用、有力影响与过度控制、师生有情与师生有别（刘志，2018），导生互动维度的划分和可量化量表为破解这一困境提供了解决办法。通过助益性互动充分培养研究生，并与研究生建立正向情感联系，研究生在互动中能够与导师权威平等对话、分享观点、构建自己的知识体系，具备一定的独立研究能力，在此基础上以任务挑战引导研究生向更高的研究目标迈进，成为导师的得力研究伙伴，这种"使用"的前提是要先"培养"。如果仅仅以任务为中心，驱使研究生出成果，这种通过行动控制的过度"使用"则难以实现培养的目标，也容易造成导生关系紧张和培养质量下降。

硕士生更多希望得到导师的尊重、理解、信任、包容，而最不希望导师控制他们的行动。

从导生互动的影响因素来看，导师个体特征中，女导师、讲师对硕士生的自主支持显著更高。年轻导师给予硕士生的自主挑战、任务支持、任务挑战显著更高。可能是因为年轻导师年龄与硕士生更接近，也出于其自身发展的需要，他们思想更开放，通过"同伴效应"的示范作用，更容易与硕士生达成一致目标，所以更倾向于鼓励硕士生反思和建构自己的观点，并在帮助和督促硕士生完成毕业任务的基础上，对硕士生提出更高的具有挑战性的研究目标，具体原因有待进一步研究。

硕士个体特征中，个人动机、性别、年级、学科、学位类型、院校背景等对导生互动具有显著影响，其中内部动机影响最显著，对自主支持、自主挑战、任务支持、任务挑战四个维度有显著正向影响，外部动机对任务支持、任务挑战、行动控制三个维度有显著正向影响。说明内部动机越强的研究生越会积极地与导师进行助益性互动，而外部动机越强的研究生越会与导师之间形成控制性互动。这为研究生招生工作提供了遴选依据，即招生面试时，应尽量选择读研内部动机强的研究生，包括有强烈的学术研究兴趣、学科成就信心、能力提升愿望等。

男硕士生获得的自主支持显著低于女硕士生，但是任务挑战、行动控制显著高于女生；工科硕士获得的自主挑战、任务支持、任务挑战、行动控制显著高于经管学科硕士，与已有研究一致；学硕获得的任务挑战显著高于专硕；高年级硕士获得的任务支持显著高于低年级硕士，与硕一比较，硕二获得任务挑战显著高些，但行动控制显著低；985高校或211高校的硕士行动控制显著低于一般本科院校的硕士；本科985高校或211高校的硕士获得的自主支持显著低于本科一般院校硕士，行动控制显著高于本科一般院校硕士。说明应该对男硕士生、工科硕士多一些助益性互动，少一些控制性互动。

导生互动经历中，导师与研究生的月面谈频率应该在1次及以上，保证师生之间必要的交流，这是保障导生互动质量的基础。导师指导风格对导生互动质量影响较为重要，以放任型指导风格为参照，支持型指导风格对自主支持、自主挑战、任务支持、任务挑战有显著正向影响；控制型指导风格对自主支持有显著负向影响，对任务支持、任务挑战、行动控制有显著正向影响。师生互为一选的经历容易形成助益性导生互动关系，可以提升导生互动质量，促进研究生自我主导力发展。

为了提高导生互动质量，可以引导导师增强对研究生的自主支持、自主挑战、任务支持、任务挑战，减少行动控制。

三 模型适切性：三个重要模型

本书建构了三个重要模型，分别是导生研究伙伴模型（理想模型）、导生互动影响自我主导力发展模型（修正模型）、导生互动—自我主导力—创新能力—职业成熟度关系模型。前两个模型是通过质性研究发现并建构的模型，并在少量访谈个案分析中进行了验证，而最后一个模型则是通过大样本数据定量分析建构并验证的模型，同时也是对质性发现的量化验证。三个模型在理想、实际、核心三个层面均具有适切性。

1. 导生研究伙伴模型与理想状态的导生互动适切

前提是导师和研究生在确认培养/学习目标上面达成了一致，即培养/成为具有竞争力的幸福的人。导师认为培养研究生达到该目标，最重要的是培养研究生的自我主导力，而不是单纯地形成学术成果，使得研究生具备长期发展的潜质。导师会真诚对待和接纳研究生，并给予全方位支持，包括思想上引导、学业上指导、情感上支持。研究生明确自己的学习目标和导师的培养目标的一致性，同时也能清楚意识到自己的实际能力和目标之间差异。在导师的包容和支持下，研究生可以有安全感地、真诚地、自如地与导师交流互动。导师及时了解研究生的学习体验，帮助研究生进行自我调节，不断巩固研究生的价值观，从而全身心投入学习和科研中。导师的自主支持和自主挑战对于研究生来说是助益性导生互动，有力地促进了研究生自我发展，作为研究生核心质量的自我主导力提高了，研究生在学习和科研中都充满了动力和激情，枯燥的实验也变得有趣起来，研究能力逐渐提高，学术成果自然涌现，对未来职业发展充满信心。

理想模型完全以"学生为中心"，与玛格尔达的学习伙伴模型完全契合，具有罗杰斯（Rogers，2004）的非指导性教学模式的特点，导生互动关系具有鲜明的助益性特征。理想模型中，助益性互动完全以研究生发展需要为中心，导师充分尊重和信任研究生，并给予力所能及的包容和支持，导生容易共情，研究生产生舒服、温暖、安全、自由等正向情感，研究生在互动中就会越主动，导生互动对其来说越具有助益性，包括自主支持、自主挑战、任务支持。理想模型体现了教与学非对称的特点，教是为了不教，学是为了更好地学；教以学的需要为前提，学并不以教的需要为前提（张楚廷，2012）。已有的研究生学术共同体为建立理想的导生研究伙伴模式奠定了组织基础（钟贞山、孙梦遥，2013；江涛、杨兆山，2014；边国英，2007）。二者的区别在于，前者是以学术成果为目标，以任务为中心；而后者则是以发展为目标，以学生为中心，可以在研究生学术共同体的基础上，把促进研究生的自我主导力发展作为导生共同的目标，因为学术成果只是学生发展的一种体现形式，而不应是唯一形式，片面追求学术成果反而会使研究生因迷失自我而逃离科研（娄雨、毛君，2017）。

2. 导生互动影响自我主导力发展模型与实际情景适切

该模型是理想模型结合现实情境，并"嫁接"自我决定理论研究中关于控制型领导风格的研究进行修正的模型，使得模型与实际情境更适切。现实中导师和研究生在培养和学习目标上往往不一致，研究生往往在导师的权威压制下，与导师互动呈现控制性的特征。控制性导生互动在一定情况下会转化成助益性导生互动，即通过影响自我主导力的自我调控维度，促使研究生调整自己的学习目标，并通过与导师沟通和协商达成新的互动目标，导生互动关系在一个新的平衡中发挥助益性影响，即促进研究生自我主导力发展。但是，如果自我调控后仍然无法达成一致互动目标，控制性导生互动对自我主导力产生制约影响，甚至导致互动关系终止（换导师、休学或退学）。在实际的导生互动情境中，师生见解、观点不一致是普遍存在的，只有通过加强沟通和交流，双方在学习或研究情境中不断探讨、协调、论证，最终达成一致。这个过程本身就是研究生以任务为载体进行知识建构和意义采择的过程，在这个过程中研究生心理经历了平衡—失衡—再平衡—再失衡的变化，自我主导力得以发展，这与凯根（Kegan，1982）的结构-发展理论对意义采择过程的描述完全一致。

在理想模型中导生互动是完全助益性的，而在修正模型中在助益性导生互动的基础上引入了控制性导生互动，包括任务挑战和行动控制。控制性互动倾向于以任务需要为中心，容易令研究生产生被控制的感觉，在互动中主动性下降，被动参与任务，对导师产生疏离、害怕、紧张等负向情感。助益性导生互动有力地促进了研究生自我的发展，而控制性导生互动对研究生个体发展的影响是复杂的。控制性导生互动中的任务挑战在以任务需要为中心的取向上水平较高，在情感联系上为负向但水平较低且具有可变性，这种挑战会对研究生产生外在压力，但是也会促进研究生在认知方面的自主发展，从而激发创新。但因为任务负荷超出研究生毕业的标准，所以会让研究生产生被控制的感觉，如果获得导师的正向情感支持，通过自我调控，把任务挑战内化为自主挑战，则会极大地促进研究生自我主导力的发展；但是如果与导师的情感联系为负向，任务挑战就会趋同于行动控制。控制性导生互动中的行动控制在以任务需要为中心的取向上水平较高，而与导师的负向情感联系水平也较高，体现为导师只重视任务成果，而忽视学生发展，会让研究生有强烈的被控制感，觉得自己只是导师安排做实验的工具，甚至失去了对学习或研究意义的追求，严重制约研究生自我主导力发展。可见，任务挑战作为控制性互动，如果能够加上正向情感联系，让研究生把压力内化为动力，则能极大地促进研究生自我主导力的发展和创新能力的提高；而行动控制与研究生成长的内在需求相背离，限制了研究生自我主导力、创新能力、职业成熟度的提高，容易造成导生关系紧张和冲突。

在理想模型中自我主导力包含自我同一、认知自主、人际自主三个维度，而在修正模型中自我主导力增加了自我调控维度。自我调控具有重要的协调作用，一方面促进控制性导生互动向助益性导生互动转变，另一方面是自我主导力中联系其他三个维度变化和发展的纽带。

3. 导生互动—自我主导力—创新能力—职业成熟度关系模型与质量核心适切

该模型体现了自我主导力在导生互动对个体发展质量影响中的核心地位，即具有显著的中介作用。（1）在导生互动对创新能力的影响中，自主支持、任务支持、行动控制三个维度需通过对自我主导力的影响，间接影响创新能力，自我主导力发挥完全中介作用；在自主挑战和任务挑战两个维度对创新能力影响中，自我主导力发挥部分中介作用。（2）在导生互动对职业成熟度影响中，导生互动自主支持、自主挑战、任务挑战三个维度只可通过对自我主导力的影响而间接影响职业成熟度，自我主导力发挥完全中介作用；在任务支持和行动控制两个维度对职业成熟度影响中，自我主导力发挥部分中介作用。（3）行动控制对创新能力和职业成熟度的影响均为负效应，一方面直接抑制职业成熟度的发展，另一方面通过对自我主导力中人际自主维度的抑制而间接制约二者的发展。（4）多群组分析显示导生互动—自我主导力—创新能力—职业成熟度关系模型具有跨院校层次的不变性，这表明自我主导力在导生互动对创新能力和职业成熟度的影响中发挥的中介效应，在不同层次院校中具有普适性和有效性，适合应用推广。

导生互动影响自我主导力发展模型可以用来剖析自我主导力发展的机制，导生互动影响自我主导力发展模型、导生互动—自我主导力—创新能力—职业成熟度关系模型有可能作为提升研究生教育质量的理论依据和参照模型。

提高研究生个体发展质量的关键在于提高导生互动质量。为了提高导生互动质量，可以引导导师加强与研究生之间的助益性互动，即提升导师对研究生的自主支持、自主挑战、任务支持，引导导师客观对待控制性互动，包括提供适度的任务挑战和减少行为控制，以便提升研究生培养质量，同时规范研究生教育的过程管理。在导师与研究生的学术交往中，导师利用自身的有利地位主动积极地与研究生建立和谐的导生协作的学术交往。导师要成为导生良好互动环境的创造者、交流机会的提供者、导生良性互动的组织者以及学生发展的指导者和促进者。导生互动中研究生并不是被动地接受指导，而是要在学习和研究过程中，努力探索，大胆创新，在发现问题，有所疑惑的基础上主动寻求导师的指导。在与研究生的交往中，导师要了解研究生的思想状态，纠正其错误观念，帮助研究生解决困难，以便研究生能安心专注于学业。导师要注意观察研究生的生活、学习、爱好和习惯等，加深对研究生的了解。导师要指导帮助研究生产出创新成果，让研究生产生成就感与自豪感，体验创新带来的物质与精神的满足，强化研究生创新的动机。只有在了解其个性倾向和认知特点的基础上，导师才能对研究生做出积极、正确的预期，进而形成导生之间的积极心理互动，构建和谐的心理契约关系（余雅菲，2016）。

第二节　研究创新和贡献

本书有助于理解导生互动对研究生个体发展质量的影响过程，深

化对自我主导力在其中的重要作用和地位的认识，有助于建构相应的
测量方法和影响模型。本书研究的创新和贡献主要体现在理论、实
践、研究方法、政策四个方面。

一 理论方面的贡献

本书拓展了自我主导理论的应用范畴，将其应用范围由国外延伸
到国内，将研究对象由本科生拓展到研究生，并在研究情景中增加了
导师和研究生互动这一全新的情景。本书采用自我主导理论的视角，
研究我国研究生的成长和发展，通过质性研究和定量研究对自我主导
力的维度特征进行了归纳，抽提出概念和定义，丰富了自我主导理论
的内涵。将自我主导力作为研究生个体发展的核心质量，是对研究生
个体质量评价研究的深化。同时，参考自我主导理论中学习伙伴模
型，本书建立了导生研究伙伴模型，探究了导生互动的特征和内涵，
以及导生互动对研究生成长的影响，加深了被喻为"黑箱"的导生
玄妙关系的研究。

二 实践方面的贡献

本书修订了导生互动量表、自我主导力量表两个量表，建立了
导生研究伙伴模型、导生互动影响自我主导力发展模型、导生互
动—自我主导力—创新能力—职业成熟度关系模型三个模型，经过
检验，量表具有较好的信效度，模型具有较好的普遍性和适用性，
为深入研究导生互动对研究生的成长和发展的影响提供了测量工具
和分析模型。

三 研究方法方面的贡献

本书研究方法由单一的质性研究或量化研究，扩展到二者紧密结
合的混合方法研究；研究视角由单一的研究生视角或导师视角，扩大

到成对导生的视角，以硕士生为主，以对应导师为辅，互相佐证谈话内容；研究数据来源多样化，包括质性访谈材料和大样本问卷调查数据，问卷调查采用客观题项和开放题项结合；研究数据分析手段多样化，运用 Nvivo 11.0、SPSS 21.0、AMOS 21.0 等软件，通过多种分析工具，提高数据分析质量；从数据收集、整合、分析等各方面注重通过三角互证原则的应用，保障研究结论的信度和效度。

四 政策方面的贡献

将学生发展理论应用于研究生质量评价和保障，丰富了学生发展理论的实用价值，同时也为研究生质量保障提供了新的视野和理论依据；导生互动对研究生个体发展质量的影响机制，体现了自我主导力作为研究生个体发展核心质量的重要性，指明了改进研究生教育管理工作的途径。

第三节 研究不足和未来研究方向

本书还存在不足，也为以后的进一步深入研究指明了方向。

（1）问卷发放量有限，比如抽样的 985/211 高校按高考录取排名看为三类高校，并不是一类高校，可能在 985/211 高校代表性上会有不足，可以进一步扩大样本量，推广研究结果的适用性。

（2）自我主导力的发展是一个动态过程，而本书是以当前在校硕士生为研究对象，使用的是截面数据，可以进一步开展跟踪访谈，关注每个学期研究生的变化，并采取前测和后测比较的方法进一步深化研究。还可以对毕业后的研究生进行跟踪研究，了解自我主导力作为潜在质量对研究生长远发展的影响。

（3）模型基于质性研究建立，关注的是导生互动对自我主导力影响的单向因果关系，但并不排除导生互动和自我主导力之间存在双向因果的可能性，这可作为未来的研究方向，比如通过实验设计来进一步验证。

（4）本书的研究对象仅限于硕士生，可以把研究对象扩展到博士生，检验研究结果，比较异同。探究导生互动影响硕士生分流培养的机制，即针对不同读研目标的硕士生，导师如何定位其培养目标和制定指导策略，既满足研究生个性化成长的需要，又满足国家和社会对创新型人才的需求，提高导生互动质量，从整体上提高研究生培养质量。

第四节 政策建议

一 自我主导理论影响研究生教育观念革新

自我主导理论带来了学生观、学习观、教学观的变革，把自我主导理论引入研究生教育领域，可以适应高等教育发展历程演进的挑战，为破解研究生主体建构乏力、创新能力低迷、职业准备不足、导生关系冲突等研究生教育质量问题，提供了新的理论指导和分析工具，为我们探究研究生个体发展质量内因和影响机制打开了一个新的视野。

引入自我主导理论是对中国传统的忠孝文化观念的冲击和革新。在家庭文化方面，忠孝文化强调子女要服从父母，"听话"是衡量好孩子的标准；而自我主导理论强调的是"自主"，认为成长的标志是"独立自理"，在家庭方面表现为生活独立。在学校教育方面，教育者对于学生来说是作为专家和权威的存在，学生习惯了听取和服从权威。在工作领域，等级观念森严，领导就是权威，下级要服从上级。现实中，服重权威的观念影响至深，中国研究生教育环境需要改变，其中迫切需要转变的就是观念。研究生需要转变观念，毕竟研究生不同于本科生，具有学习者和研究合作者的双重身份，要克服对导师的畏惧心理和盲从心态，学会平等地和导师交流，分享权威观点，表达自己的观点；导师需要转变观念，不能把研究生当作私产、家奴、科研工具，而要尊重、关心、帮助他们，促进其自主性的发展，尽可能减少对研究生的束缚，关注研究生价值观的培育，引导研究生建构自己的知识体系；学校需要转变观念，不能仅仅把科研成果作为衡量研究生质量好坏的单一标准，而应该促进研究生自我主导力的发展，包括认知、内我、人际等多维度的全面发展。

二　自我主导理论影响研究生教育中角色转变

我国研究生培养单位应该考虑引入自我主导理论，运用于研究生教育的微观层面，关注读研经历对研究生个体发展的影响，探寻促进研究生培养质量提高的规律和途径。

在自我主导理论的视野下，知识、自我、导生互动等概念都会得到更新和发展。知识被看作复杂的和社会建构的，不再只是跟从学术权威的意见和声音，而是可以通过自己的实践去提炼和创造的；自我被看作建构知识的中心，认知的发展和自我同一性的发展交织在一起；在导生互动中，导师和研究生互相尊重并表达各自的意见，共同建构意义，导师与研究生共同发展。

在自我主导理论框架下，导师和研究生的角色要发生相应的改变。导师角色由控制者和管理者转变为支持者和引导者。导师提供的支持可以包括：确信学生有认知的能力，在招生的时候对研究生有充分的了解，有互信的基础；为研究生创造丰富的学习机会，包括提供科研课题平台、组织参加业内的学术交流会、提供校外实习的机会等，使学生在具体经历中学习，异质化的环境是促进研究生自我发展的机会和挑战。研究生角色由跟从者转变为主导者，有明确的学习目标，积极参与学习和科研活动，会尊重权威意见，但不盲目服从和依赖导师，学习倾听自己内在的声音，学习以平等的身份与权威对话和分享知识，学习独立工作和承担责任，自主探索和努力主宰自己的发展道路。

三　导生研究伙伴模型促进导师立德树人职责的落实

自我主导力作为研究生个体发展的核心质量，不可能在短短的 2 年或 3 年内完全发展起来，玛格尔达在长期的跟踪访谈研究中，发现 20~30 岁是自我主导发展的关键，但一般在 40 岁左右才可能发展到最高阶段，达到完全自我主导。

本书的研究结果表明，研究生阶段是自我发展的重要阶段，理想的导生研究伙伴模型以研究生的发展需要为中心，导师尊重、理解、信任、包容研究生，引导研究生反思并建构自己观点，为研究生自我主导力的发展提供挑战和支持，可以很好地促进研究生个体发展的核心质量——自我主导力的发展，从而使之具备长期发展的潜质、创新能力、解决实际问题的能力。修正的导生互动影响自我主导力发展模型更接近现实情境，促进理想模型在研究生教育中进行推广，但是这需要得到导师的支持和认同，即需要加强对典型案例的宣传和对导师的培训，鉴于导师都是成年人并且已经形成稳定的价值观和指导风格，改变起来难度会比较大，这对研究生教育管理部门来说是一个挑战。

美国医学院校协会（Association of American Medical Colleges，AAMC）的做法值得借鉴，即通过建立导学关系框架（A Framework for Aligning the Graduate Student Mentor-mentee Relationship），倡导建立积极的导生关系（AAMC，2017）。导师签署承诺书，将给予研究生支持、公平、方便、鼓励和尊重，培养研究生的专业信心，促进其智力发展、形成批判性思维、增强好奇心和创造力，并随着学生进入职业生涯，将继续投入关心；研究生签署承诺书，对成功完成学位负有首要责任，将保持高度的专业精神、自我激励、主动、敬业、科学的好奇心和道德标准，包括遵守机构和研究团队的标准，为一个包容的研究环境做出贡献。导学关系框架明确了导师和学生之间的权利、义务、行动准则等，可以更好地规范导师指导研究生的工作，落实导师立德树人的职责，保障研究生培养质量。

1. 导生互动有"度"

导生互动有"度"是指为了促进导师与研究生间的助益性互动，可以围绕深度、广度、温度三个方面进一步完善相关制度，规范研究生教育的过程管理，提高导生互动质量。导生互动要有"深度"，即导师加强与研究生之间的思想互动，令其有较高的思想境界和人生追求，增强其自信心，提高学习研究主动性。导生互动要有"广度"，即导师要成为良好互动环境的创造者、良性互动的组织者、学生发展的指导者和促进者，为研究生的发展提供多样化选择的机会，促进他们反思自己的价值观。导生互动要有"温度"，即加强情感互动，加深对研究生的了解，帮助研究生解决困难，安抚其焦躁情绪，以便研究生能安心学业，进而形成师生之间和谐的心理契约关系（余雅菲，2016）。

2. 导生互动有"界"

导生互动有"界"是指导师与研究生间的控制性互动要适当，可以通过法规、制度、协议等方式划清导生互动的权利和责任界限。导师要求与研究生意愿、能力相冲突，就会造成"过度使用"或"过度控制"的倾向，不利于研究生可持续发展（刘志，2018）。可以从导生关系法治化的角度，强调研究生的学术受导权，导师不能把研究生作为"廉价劳动力"或"私人劳动力"任意支配和使用（马焕灵，2019）。可以借鉴国外大学对导师伦理的规定，把导师立德树人职责标准细化，如美国一些大学明确规定"导师取笑、贬低或辱骂研究生都属于歧视和骚扰行为"（姚琳琳，2019）。可以在确定导生关系之初签订有关协议，在导生权利义务上达成共识，明确互动的界限，如美国医学院校协会的导生关系平衡框架协议，导师承诺将给予研究生支持、公平、方便、鼓励和尊重等；研究生承诺对完成学位负有首要责任，将保持高度的专业精神和道德标准，遵守机构和研究团队的标准等（AAMC，2017）。

3. 导生互动有"助"

导生互动有"助"是指学校和学院建立导生互动协调和监督机制，当研究生和导师之间有不满或冲突时，可以寻求第三方的帮助和仲裁，及时有效调解导生矛盾。虽然国内高校在研究生管理方面已有研究生院、研工部、研工组、辅导员等机构和管理队伍，但是还未形成有效的导生互动关系监督和反馈机制。可以借鉴墨尔本大学的经验，通过研究生研究中心、研究生协会、咨询委员会等机构以及"改进研究生指导与培训"平台，为导师和研究生提供帮助和指导（申超、邢宇，2019）。

四　完善研究生培养和管理制度

有研究认为中美导师制度的差异在于以学生为中心的实践程度（庞海芍、张毅鑫，2017）。其实在我国目前整体研究生教育中以学生为中心的实践程度都是不够的，需要从管理系统上进一步完善各项制度，推进"以学生为中心"理念的落实，包括导师培训、导师指导绩效评价、优秀导师评选、研究生综合素质评价、研究生奖助管理、研究生质量监测报告等制度。建立导生互评和反馈机制，引导和营造全员育人氛围，建立以促进研究生发展为中心的研究生教育质量文化。

1. 完善硕士生评价体系

自我主导力在导生互动影响硕士生创新能力和职业成熟度的发展中发挥着重要的中介作用，揭示了导生互动影响硕士生中长期发展的机制，强调了自我主导力是衔接院校培养过程（以导生互动来衡量）和培养结果（硕士生学术成果和职业发展）的关键环节，也是导生互动发挥作用的核心机制。传统的单纯以学术成果来考察硕士生培养质量的评价体系亟须改革，这种做法会让硕士生失去对学习和研究意义的追求，甚至会导致导生矛盾加剧和学生心理失衡。高校应该完善研究生评价体系，对硕士生个体发展质量进行全面评价，把自我主导力发展水平纳入其中，既关心其创新能力的提高，也关心其职业成熟度水平；既包括客观的学业成绩和科研绩效，也包括主观的自我发展水平报告，以及各评价指标之间的关系。教育的价值最终体现在促进人的发展，关注硕士生自我主导力的发展，回归育人的初心，会形成科研成果，学生也会对职业发展满意，一切水到渠成。

2. 完善导师评价体系

导生互动与自我主导力发展的密切联系，意味着提高导生互动质量可以成为促进新时代硕士生个体质量发展的主要抓手之一。高校应该完善导师评价体系，从以下几个方面改进：改革导师评价制度，在落实导师立德树人任务的评价指标中，除了现有的导师满意度评价外，纳入两性五维导生互动评价和硕士生个体发展质量评价，这两个显示育人过程质量和育人结果质量的指标，可以打破导师重科研、轻育人的思维惯性，鼓励导师主动调整指导风格，引导导生关系向平等和谐的方向发展，增强学生的研究主动性和独立性，重视提高研究生的人际自主水平；建立正面和反面典型的导生互动案例库，倡导助益性导生互动，尤其是自主支持和自主挑战对研究生发展的重要影响，并提醒导师重视导生互动中的群体差异，加强对新生、工科硕士生的助益性互动，同时减少对工科硕士生的行动控制；加强毕业生追踪调查反馈，促进导师对硕士生在职业准备方面的关注和支持。

3. 建立硕士生个体发展质量和导生互动质量动态监测机制

高校应该加大学生发展导向的高等教育质量评价与监控活动及其

体系建设力度，加强对学生发展潜力的测量与评价（章竞、廖湘阳，2014）。自我主导力量表、两性五维导生互动量表等为完善硕士生培养的过程质量和结果质量评价提供了测量工具支持。建立硕士生个体发展质量和导生互动质量动态监测机制，可以营造以学生为中心的研究生教育质量文化。学校可以定期开展调查，建立相关数据信息库，形成导生互动协调和监督机制，有效调节导生关系。可以有针对性地对出现异常导生互动水平（比如行动控制水平偏高）或自我主导力发展水平滞后的硕士生进行访谈，将其列入重点关注台账，同时根据情况约谈其导师，对发现的问题进行及时诊断，对导生互动关系进行协调，严重的可以建议调换导师，避免导生冲突激化。通过这种定向地干预，促进导师指导更加科学化、个性化、精细化，提升导生互动质量，从而进一步提高硕士生个体发展质量，实现研究生教育高质量发展的目标。

综上，随着研究生招生规模的不断扩大，2019 年中国高等教育毛入学率 51.60%，已经进入普及化阶段，而研本比达到 16.37%，研究生教育在规模上已迈入大众化阶段，未来 15 年将是我国研究生教育由大到强的关键转型期。规模是基础，研究生教育的大众化首先体现在硕士层次，研究生教育高质量发展将反哺科技进步与经济增长，加速社会主义现代化强国的建成（马永红、马万里，2021）。我国研究生教育正处于实现从规模化发展向高质量提升、从内涵性建设向卓越化构建的历史性转折和划时代跨越的重要时期（黄宝印，2020）。《教育部关于全面落实研究生导师立德树人职责的意见》指出，研究生导师是我国研究生培养的关键力量，研究生导师必须把立德树人作为首要职责，做研究生成长成才的指导者和引路人，为实现"两个一百年"奋斗目标、实现中华民族伟大复兴的中国梦，着力培养德才兼备的高层次专门人才。良好的师生互动有助于弥合师生之间的知识鸿沟，促进教学相长和教育质量提升，师生互动有助于内化学生的人生目标并提升实现目标的动机，专业和职业发展互动以及情感和心理发展互动更有助于增进师生情谊和互动的深度（夏国萍，2019）。在研究生教育高质量发展中，新的研究生教育质量保障体系应充分重视研究生的主体性，作为研究生教育质量保障体系中的微观基础，导师不应再片面一味追求研究生发表论文，而更应充分认识到研究生自我主导力发展的重要性，将其作为研究生个体发展核心质量目标去设法培养和提高，让"工具人"和"功利人"的培养目标被"生命人"和"个性人"取代（胡弼成、周珍，2017），只有这样，研究生教育才能回归"育人为本"和"人的发展为本"的初心，从本质上促进研究生教育的内涵发展。

附　录

附录 A　硕士生访谈提纲

1. 研究生个人信息包括年级、生源、家庭情况、培养类型、读研期间学业成果、获奖情况、本科情况、考研情况、对导师评价、未来规划等。

2. 为什么选择读研（读研动机）？

3. 期望在研究生期间的收获？

4. 可否分享你在读研期间最重要经历（最好的/最糟糕的/最大的挫折等）？并请谈谈经历的感受和对自己的影响。

5. 可否分享一下你和导师互动的细节，比如导师给了你哪些支持？是否有挑战性的任务？导师对你最大的影响是什么？

6. 在读研期间还有哪些人对自己影响较大？

7. 你觉得跟本科相比，自己变化最大的是在哪方面？

8. 对于未来是否有明确的规划？这个规划是如何形成的？

9. 请对自己读研期间的收获和变化做一个简单的总结。

10. 请受访研究生填写问卷并探讨问卷合理性（预试开始阶段）。

附录 B　导师访谈提纲

1. 导师基本信息包括院系、年龄、职称、教育背景、研究方向、承担课题、所获荣誉、指导研究生数量、其中毕业生数量、指导的学生发展现状等。

2. 您如何评价研究生质量？认为自己的学生能获得研究生国家奖学金关键原因是什么？

3. 您喜欢什么样的学生？您认为研究生应该具备哪些基本素质？

4. 您是如何培养学生的学术兴趣和调动他们科研积极性的？

5. 您指导研究生的内容包括哪些？您会给研究生设置哪些挑战性的任务？

6. 您会给研究生提供哪些支持？

7. 您是如何看待研究生科研、实习、就业的关系？

8. 您认为研究生期间学生最需要学习和提升的是哪些能力？您在培养中考虑学硕和专硕的区别吗？您是如何进行分类培养的？

9. 您觉得自己带的研究生毕业时和入学时相比最大的变化是什么？

10. 您认为目前该如何有效发挥导师的作用？谈谈您对完善学校研究生教育管理工作的建议。

11. 请对您的指导理念做一下总结。

附录 C 硕士生发展质量和导生互动调查问卷

硕士生发展质量和导生互动调查

亲爱的同学：您好！

非常感谢您能在百忙之中参与本次"硕士生发展质量与导生互动调查"。所有问题都无所谓对错，请您按客观实际填写。您填答的信息仅供研究之用，我们将严格遵守《中华人民共和国统计法》予以保密，不会以任何形式公开您的个人信息。谢谢您的支持！

研究生发展质量研究课题组
2018 年 6 月

问 1. 您所在的高校名称：＿＿＿＿＿＿＿＿＿＿＿＿＿

问 2. 您目前就读年级为：①硕一　②硕二　③硕三

问 3. 您是否今年的应届毕业生：①是　②否

问 4. 您的年龄：＿＿＿＿＿＿＿＿（岁）

问 5. 您的性别：①男　　②女

问 6. 您本科就读学校为：

①985 高校　②非 985 的 211 高校　③普通高校　④其他＿＿＿

问 7. 您的专业所属学科

①工学　②管理学　③经济学　④理学　⑤法学　⑥文学　⑦教育学

⑧医学　⑨农学　⑩艺术学　⑪哲学　⑫历史学　⑬军事学

问 8. 您攻读的学位类型　①学术硕士　②专业硕士

问 9. 您是否获得过国家奖学金　①是　②否

问 10. 您是否家中第一代大学生　①是　②否

问 11. 父母对您的教养风格主要为：

①权威型（尊重个性，但有限制和约束）

②专制型（无视个性，要求无条件服从）

③纵容型（过多温情和关爱，少限制和约束）

④忽视型（缺少温情和关爱，少限制和约束）

问 12. 您读研的动因：（请在相应数字上打"√"）

	1 非常不符合—6 非常符合					
1 为了实现父母的愿望	1	2	3	4	5	6
2 老师建议我读研	1	2	3	4	5	6
3 暂时不想工作所以读研	1	2	3	4	5	6
4 周围朋友都选择了读研	1	2	3	4	5	6
5 为了更具有就业竞争力	1	2	3	4	5	6
6 我有自信能在该学科领域取得成功	1	2	3	4	5	6
7 为了多学习些东西	1	2	3	4	5	6
8 对学术研究感兴趣	1	2	3	4	5	6
9 想结交更多的朋友	1	2	3	4	5	6
10 想提升自己的能力	1	2	3	4	5	6

问 13. 自我评价，目前的状态符合的是：（请在相应数字上打"√"）

	1 非常不符合—6 非常符合					
1 我有自己的信念，并很清楚自己为什么持有这样的信念	1	2	3	4	5	6
2 我经常花很长时间去思考我的原则和道德以及原因	1	2	3	4	5	6
3 我认为花时间去判断我的人生意义和处事原则是什么很重要	1	2	3	4	5	6
4 即使与那些普遍共识的观点相悖，我仍然坚信自己的观点	1	2	3	4	5	6
5 我不是按照别人的标准，而是按照自己认为重要的标准来衡量自己	1	2	3	4	5	6

续表

	1 非常不符合—6 非常符合					
6 我有自己的价值观,这是我做事情时判断是非对错的依据	1	2	3	4	5	6
7 我不喜欢和那些与自己观点不同的人讨论问题	1	2	3	4	5	6
8 在面对人生重要抉择时,我倾向于听取权威的意见,即使与我自己的想法不一致	1	2	3	4	5	6
9 我容易被那些很有主见的人影响	1	2	3	4	5	6
10 我是那种朋友做什么我就跟着做什么的人	1	2	3	4	5	6
11 我经常会因为朋友或家人的反对而改变自己的主意	1	2	3	4	5	6
12 当我的看法和大部分人不一致时,我就会害怕说出来	1	2	3	4	5	6
13 对我来说在有争议的问题上发表自己的意见是很困难的	1	2	3	4	5	6
14 当有违父母对我的期望时,我就很难遵从自己的本心下决定	1	2	3	4	5	6
15 我很在意别人对我的看法	1	2	3	4	5	6
16 我知道自己想成为什么样的人,并一直在努力	1	2	3	4	5	6
17 我很清楚自己的优势和不足是什么	1	2	3	4	5	6
18 我一直在做自己感兴趣的事	1	2	3	4	5	6
19 我会制订一个专门的计划去实现自己设立的目标	1	2	3	4	5	6
20 我是个做事主动的人	1	2	3	4	5	6
21 我是个能够进行自我激励的人	1	2	3	4	5	6
22 我相当肯定我有能力去实现自己设立的目标	1	2	3	4	5	6
23 遇到困难时,我相信自己能够依靠个人的力量取得成功	1	2	3	4	5	6
24 我相信自己能有效处理突发情况	1	2	3	4	5	6
25 当事情变糟糕时,我会努力调整自己的情绪,保持头脑冷静	1	2	3	4	5	6
26 我擅长把大问题/目标分解为小问题/目标,逐步去解决/实现	1	2	3	4	5	6
27 遇到困难和挫折时,我会调整自己的心态,设想事情可能会向好的方面发展	1	2	3	4	5	6
28 我毫不在意别人对我的看法	1	2	3	4	5	6

问 14. 读研期间平均每天学习的时间是多少小时？_____

问 15. 读研期间您的学业成果数（论文以第一作者或者导师为第一作者、自己为第二作者为准，专利和竞赛排名前三）（请在相应数字上打"√"）

	（1 表示 0 项—6 表示 5 项及以上）					
高水平国际期刊论文（含 SCI、EI、SSCI、AHCI 期刊）（篇）	1	2	3	4	5	6
中文核心期刊（篇）	1	2	3	4	5	6
一般国内期刊（篇）	1	2	3	4	5	6
省部级学科竞赛获奖（项）	1	2	3	4	5	6
取得专利授权（项）	1	2	3	4	5	6
作为核心成员参加并完成课题项目（项）	1	2	3	4	5	6

问 16. 您在科研或成果方面的平均贡献率（输入 0 到 100 的数字）

课题研究中	_____
发表论文中	_____

有参加课题或发表论文的请填写，如无可跳过。

问 17. 对自己的创新能力进行评价：（请在相应数字上打"√"）

	（1 非常不符合—6 非常符合）					
1. 我有信心能够创新地解决问题	1	2	3	4	5	6
2. 我觉得自己擅长想出新的点子	1	2	3	4	5	6
3. 我可以想办法使其他人的创意更完善	1	2	3	4	5	6
4. 我擅长想出新的方法来解决问题	1	2	3	4	5	6
5. 我具有很好的批判性思维	1	2	3	4	5	6
6. 我具有努力坚持解决难题的素质	1	2	3	4	5	6
7. 我喜欢探索复杂新奇的事物	1	2	3	4	5	6
8. 我能够进行客观的自我批评，具有成熟的自我反思能力	1	2	3	4	5	6
9. 我具有丰富的想象力和创造力	1	2	3	4	5	6

问 18. 对自己职业发展的思考：（请在相应数字上打"√"）

	（1 非常不符合—6 非常符合）					
1 我会按照父母和朋友建议选择职业	1	2	3	4	5	6
2 如果我选择了一个父母不赞同的职业,我将来会后悔	1	2	3	4	5	6
3 我会选择父母和朋友建议的职业	1	2	3	4	5	6
4 没有家人和朋友的支持,我很难决定要从事什么工作	1	2	3	4	5	6
5 我希望选择有社会声望的职业,不管我的兴趣和能力怎样	1	2	3	4	5	6
6 只要能挣到很多钱,我不在乎选择什么样的职业	1	2	3	4	5	6
7 我担心选择的职业不能使自己变得更好	1	2	3	4	5	6
8 我不确定我是否能够在自己选择的职业上取得成功	1	2	3	4	5	6
9 我对自己和自己的能力缺少信心	1	2	3	4	5	6
10 不论我多努力地尝试,我或许得不到自己心仪的工作	1	2	3	4	5	6
11 在我感兴趣的职业领域内,我喜欢读那些成功人士的事迹	1	2	3	4	5	6
12 我愿意学习我感兴趣的职业领域中成功人士的经验,希望自己像他们一样	1	2	3	4	5	6
13 我喜欢和校友讨论学业和未来职业	1	2	3	4	5	6
14 我希望通过职业咨询来进一步了解自己的职业兴趣和性格特点	1	2	3	4	5	6
15 我已经有一个明确的职业目标	1	2	3	4	5	6
16 虽然以后我可能改变想法,但现在我已经选定了一个吸引我的职业	1	2	3	4	5	6
17 对于将来做什么工作,我已做了决定	1	2	3	4	5	6
18 我会按自己的标准来选择职业	1	2	3	4	5	6
19 不管别人说什么,我都会选择一个我喜欢的职业	1	2	3	4	5	6
20 为了过上属于自己的生活,我会根据自身信念来选择职业	1	2	3	4	5	6

问 19. 您希望的毕业时起始年薪：（万元/年）＿＿＿＿＿＿＿＿＿

问 20. 您硕士毕业后打算：

①继续读博深造　②就业　③创业　④其他＿＿＿＿＿＿＿＿

问 21. 您和现有导师互选的情况是：

①互为第一选择　②导师不是我的第一选择，但是我自己主动联系的

③均非第一选择，学院调剂分配　④其他＿＿＿＿＿＿＿＿

问 22. 您导师年龄：（岁）＿＿＿＿＿＿＿＿＿

问 23. 您导师性别：

①男　　②女

问 24. 您导师职称：

①教授　②副教授　③讲师

问 25. 导师和您进行面谈的频率约为每月：

①不到 1 次　②1~2 次　③3~4 次　④5~6 次　⑤7 次及以上

问 26. 请根据您的感受，对您与导师的互动情况进行评价：（请在相应数字上打"√"）

	(1非常不符合—6非常符合)					
1 给我提供机会和选择权	1	2	3	4	5	6
2 理解、信任、接受我	1	2	3	4	5	6
3 鼓励我毫无顾虑地说出自己的想法	1	2	3	4	5	6
4 对我完成研究任务有信心	1	2	3	4	5	6
5 鼓励我提问并耐心细致地回答我的问题	1	2	3	4	5	6
6 确认我真正明白自己必须完成的研究任务和目标	1	2	3	4	5	6
7 把我当作独立的人，关心和尊重我	1	2	3	4	5	6
8 愿意倾听我想做的事情并分享我的感受	1	2	3	4	5	6
9 在建议我做的事情前会先了解我对该事情的看法	1	2	3	4	5	6
10 我非常喜欢他/她和我说话的方式	1	2	3	4	5	6
11 在具体的任务中启发我反思自己的价值观	1	2	3	4	5	6
12 当我遇到困难时，表达同情并尽量帮助我	1	2	3	4	5	6

	（1 非常不符合—6 非常符合）				
13 包容我在研究过程中的失败和错误	1	2	3	4	5	6
14 主要以命令的方式指导我	1	2	3	4	5	6
15 为我决定毕业论文方向和选题	1	2	3	4	5	6
16 为我制订研究计划和期限	1	2	3	4	5	6
17 监督我任务完成进度	1	2	3	4	5	6
18 当我不按要求做或犯错时会惩罚我	1	2	3	4	5	6
19 要求我经常帮他/她做一些和研究无关的私事	1	2	3	4	5	6
20 经常对我的工作给予严厉的批评	1	2	3	4	5	6
21 要求我假期也必须在学校做研究	1	2	3	4	5	6
22 不允许我在校外实习	1	2	3	4	5	6
23 要求我清晰理解和把握所参与科研项目的总体目标、研究任务和研究意义	1	2	3	4	5	6
24 要求我清楚了解并严格遵守学术规范要求	1	2	3	4	5	6
25 安排我同时参与多项任务（科研项目或学科竞赛），需要我提高效率	1	2	3	4	5	6
26 给我安排的任务是我不了解的方向，需要我扩展学习领域	1	2	3	4	5	6
27 给我安排的任务超出我现有知识储备，需要我自学相关知识和技能	1	2	3	4	5	6
28 给我安排的任务是我没有做过的，需要我突破原来的思维框架	1	2	3	4	5	6
29 对我提出要求较高（如发表高水平论文），我会努力去完成	1	2	3	4	5	6
30 鼓励我与他/她争论问题和表明我自己的观点	1	2	3	4	5	6
31 鼓励我对已有的研究结论提出质疑	1	2	3	4	5	6
32 鼓励我从多个导师那里寻求意见并形成自己的观点	1	2	3	4	5	6
33 引导我客观看待社会现象，并要有自己的是非判断标准	1	2	3	4	5	6
34 引导我反思自己的近期目标和长远发展规划是否一致	1	2	3	4	5	6

问 27. 您对导师指导风格的评价：

①支持型 ②控制型 ③放任型

问 28. 您对读研经历的满意度

	［输入 0 到 100 的数字］
1 对导师指导	_____
2 对自己发展现状	_____
3 对教学和管理	_____
4 对生活和服务	_____
5 对学习科研条件	_____

问 29. 记得导师对您说过的印象最深的话是： _____

问 30. 您读研期间最大的收获是： _____

问卷到此结束，感谢您的参与！祝您学业顺利！心想事成！

附录 D　导生互动量表信效度检验

运用探索性因子分析、验证性因子分析、相关分析等，对导生互动量表的信效度进行了验证。

一　导生互动量表探索性因子分析

在质性研究的基础上，设计了包含 34 个指标的导生互动量表，采用 6 分制计分方式，导生互动量表分为 2 个子量表，即助益性导生互动量表和控制性导生互动量表。并选择 9 个高校硕士生施测，回收整理后有效样本 2336 个，把 2336 个样本随机分成 2 组，第 1 组 1153 个样本，第 2 组 1183 个样本，选取第 1 组样本，考虑到两个子量表的性质不同，所以分别对导生互动的两个子量表做探索性因子分析。根据各题项的因子贡献率，并结合题项的实践意义，对题项进行有效删减，最终确定比较适合的助益性导生互动量表 16 个题项，控制性导生互动量表 8 个题项。

（一）助益性导生互动子量表探索性因子分析

助益性导生互动量表顺利提取三个公因子，即自主支持、自主挑战、任务支持，因子分析 KMO 检测结果为 0.962，Barlett 球形检验显著。因子分析的结果如附表 D-1 所示，各题项的总体信度达 0.957，三个因子的信度分别为 0.974、0.894、0.815，均说明因子分析结果解释力较强，可信度较高；三个因子对解释方差变异的贡献率分别为 47.41%、17.48%、15.41%，对总体方差的解释力达 80.30%。

附表 D-1　助益性导生互动量表因子分析

因子	因素	F1	F2	F3	信度
自主支持	7 把我当作独立的人，关心和尊重我	.879	.261	.152	0.974
	9 在建议我做的事情前会先了解我对该事情的看法	.860	.252	.177	
	12 当我遇到困难时，表达同情并尽量帮助我	.856	.283	.192	
	5 鼓励我提问并耐心细致地回答我的问题	.854	.270	.190	
	11 在具体的任务中启发我反思自己的价值观	.853	.273	.196	
	3 鼓励我毫无顾虑地说出自己的想法	.828	.293	.128	
	6 确认我真正明白自己必须完成的研究任务和目标	.828	.272	.249	
	13 包容我在研究过程中的失败和错误	.818	.259	.208	
	4 对我完成研究任务有信心	.809	.285	.206	
	1 给我提供机会和选择权	.798	.250	.186	
自主挑战	30 鼓励我与他/她争论问题和表明我自己的观点	.354	.812	.229	0.894
	31 鼓励我对已有的研究结论提出质疑	.384	.811	.239	
	32 鼓励我从多个导师那里寻求意见并形成自己的观点	.346	.807	.123	
任务支持	15 为我决定毕业论文方向和选题	.095	.074	.870	0.815
	16 为我制订研究计划和期限	.224	.200	.849	
	17 监督我任务完成进度	.318	.230	.706	
因子贡献率		47.41%	17.48%	15.41%	0.957

注：因子提取方式：主成分法；旋转方式：最大方差法。

（二）控制性导生互动子量表探索性因子分析

控制性导生互动量表顺利提取两个公因子，即任务挑战和行动控制，因子分析 KMO 检测结果为 0.855，Barlett 球形检验显著。两个因子对解释方差变异的贡献率分别为 36.86%、36.75%，对总体方差的解释力达 73.61%。各个变量旋转后的因子载荷均在 0.682~0.898；各题项的总体信度达 0.874，两个因子的信度分别为 0.876、0.880，均说明因子分析结果解释力较强，可信度较高。具体结果如附表 D-2 所示。

附表 D-2 控制性导生互动量表因子分析

因子	因素	F1	F2	信度
行动控制	20 经常对我的工作给予严厉的批评	.882	.204	0.876
	19 要求我经常帮他/她做一些和研究无关的私事	.840	.194	
	18 当我不按要求做或犯错时会惩罚我	.806	.200	
	14 主要以命令的方式指导我	.798	.179	
任务挑战	28 给我安排的任务是我没有做过的，需要我突破原来的思维框架	.222	.898	0.880
	27 给我安排的任务超出我现有知识储备，需要我自学相关知识和技能	.209	.889	
	26 给我安排的任务是我不了解的方向，需要我扩展学习领域	.274	.853	
	29 对我提出要求较高（如发表高水平论文），我会努力去完成	.104	.682	
因子贡献率		36.86%	36.75%	0.874

注：因子提取方式：主成分法；旋转方式：最大方差法。

二 导生互动量表验证性因子分析

鉴于导生互动是本书研究的关键变量，研究使用 AMOS 21.0 软件，选用第 2 组 1183 个样本，对上述结果进行验证性因子分析，以确定导生互动测量模型的信效度情况，以及导生互动维度建构的适切性和真实性。考虑到两个子量表的性质不同，所以分别对导生互动的两个子量表做验证性因子分析。

（一）助益性导生互动子量表验证性因子分析

根据上述因子分析结果，以模型中 16 个题项的得分为内因变量（观察变量），以 3 个代表助益性导生互动维度的潜在变量和 16 个误差变量为外因变量，使用极大似然估计法（ML）进行参数估计。

助益性导生互动测量模型适配度结果见附表 D-3，主要指标均达到模型可以接受的标准，包括 *RMSEA*、*GFI*、*AGFI*、*SRMR*、*TLI*、*CFI*、*NFI*、*RFI*、*IFI*、*CN* 等，而卡方值等于 634.625，显著性概率值 $p = 0.0000 < 0.05$、卡方自由度比 $= 6.283 > 3$、*RMR* 为 0.083，这三项没有通过严格的适配度检验，本书的测量模型观测值为 1183，远超过 250，并且观测变量为 16 个，在此标准上卡方值期望 p 值很容易显著，因此仍然认为理论模型与实际数据能够契合。整体而言，验证性因子分析模型与实际观察数据整体适配度较好，显示测量模型适配度良好。

附表 **D-3**　助益性导生互动测量模型适配度检验摘要

统计检验量	适配的标准或临界值	检验结果数据	模型适配判断
绝对适配度指数			
χ^2值	P>0.05（未达显著水平）	634.625 $p = 0.0000 < 0.05$	否
RMR 值	<0.05	0.083	否
SRMR 值	<0.05	0.0439	是
RMSEA 值	<0.08（若<0.05 优良；<0.08 良好）	0.067	是
GFI 值	>0.90 以上	0.936	是
AGFI 值	>0.90 以上	0.913	是
增值适配度指数			
NFI 值	>0.90 以上	0.968	是
RFI 值	>0.90 以上	0.963	是
IFI 值	>0.90 以上	0.973	是
TLI 值（*NNFI* 值）	>0.90 以上	0.968	是
CFI 值	>0.90 以上	0.973	是
简约适配度指数			
PGFI 值	>0.50 以上	.695	是
PNFI 值	>0.50 以上	.815	是
PCFI 值	>0.50 以上	.819	是
CN 值	>200	234	是
NC 值（χ^2自由度比）	1<NC<3,表示模型有简约适配度 NC>5,表示模型需要修正	6.283	否

助益性导生互动测量模型验证性分析结果见附表 D-4，在模型的内在质量方面，估计参数均达到显著水平，因素负荷量在 0.705 ~ 0.949，16 个题项中有 1 个题项的信度系数低于 0.5，但各维度潜在变量的组合信度系数均在 0.8 以上，平均变异量抽取值均大于 0.6，说明模型具有较为理想的信效度。

附表 D-4　助益性导生互动测量模型验证性分析信效度检验

维度	测量指标	效度系数 (R)	信度系数 (R^2)	组合信度	平均变异量抽取值
自主支持	1 给我提供机会和选择权	.882	.695	0.9764	0.8055
	3 鼓励我毫无顾虑地说出自己的想法	.866	.778		
	4 对我完成研究任务有信心	.918	.749		
	5 鼓励我提问并耐心细致地回答我的问题	.900	.843		
	6 确认我真正明白自己必须完成的研究任务和目标	.917	.811		
	7 把我当作独立的人，关心和尊重我	.882	.841		
	9 在建议我做的事情前会先了解我对该事情的看法	.920	.846		
	11 在具体的任务中启发我反思自己的价值观	.890	.793		
	12 当我遇到困难时，表达同情并尽量帮助我	.930	.864		
	13 包容我在研究过程中的失败和错误	.865	.749		
自主挑战	30 鼓励我与他/她争论问题和表明我自己的观点	.892	.795	0.9207	0.7960
	31 鼓励我对已有的研究结论提出质疑	.903	.816		
	32 鼓励我从多个导师那里寻求意见并形成自己的观点	.780	.609		
任务支持	15 为我决定毕业论文方向和选题	.730	.533	0.8416	0.6435
	16 为我制订研究计划和期限	.949	.900		
	17 监督我任务完成进度	.705	.498		

助益性导生互动测量模型如图 D-1 所示，所有误差变异量均为正数，没有违反模型辨认规则。验证性因素分析模型中所有题项（观察变量）

均落入理论模型的因素上，说明该模型有良好的区别效度。也就是说，测量模型的因子提取和结构模型质量、信效度均比较理想，与实际数据适配度也很好，能够有效刻画助益性导生互动的各维度结构情况。

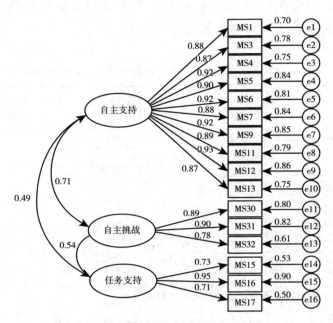

图 D-1　助益性导生互动测量模型

（二）控制性导生互动子量表验证性因子分析

根据上述因子分析结果，以模型中 8 个题项的得分为内因变量（观察变量），以 2 个代表控制性导生互动维度的潜在变量和 8 个误差变量为外因变量，使用极大似然估计法（ML）进行参数估计。

控制性导生互动测量模型适配度结果见附表 D-5，主要指标均达到模型可以接受的标准，包括 RMSEA、GFI、AGFI、SRMR、TLI、CFI、NFI、RFI、IFI、CN 等，而卡方值等于 80.540，显著性概率值 $p = 0.0000 < 0.05$，卡方自由度比 = 4.239 > 3，RMR 为 0.065，这三项没有通过严格的适配度检验，本书的测量模型观测值为 1183，远超过 250，并且观测变量为 8 个，在此标准上卡方值期望 p 值很容易显著，因此仍然认为理论模型与实际数据能够契合。整体而言，验证性因素分析模型与实际观察数据整体适配度较好，显示测量模型适配度良好。

附表 D-5　控制性导生互动测量模型适配度检验摘要

统计检验量	适配的标准或临界值	检验结果数据	模型适配判断
绝对适配度指数			
χ^2 值	$p>0.05$（未达显著水平）	80.540 $p=0.0000<0.05$	否
RMR 值	<0.05	0.065	否
SRMR 值	<0.05	0.0261	是
RMSEA 值	<0.08（若<0.05优良；<0.08良好）	0.052	是
GFI 值	>0.90 以上	0.983	是
AGFI 值	>0.90 以上	0.968	是
增值适配度指数			
NFI 值	>0.90 以上	0.987	是
RFI 值	>0.90 以上	0.980	是
IFI 值	>0.90 以上	0.990	是
TLI 值（NNFI 值）	>0.90 以上	0.985	是
CFI 值	>0.90 以上	0.990	是
简约适配度指数			
PGFI 值	>0.50 以上	.519	是
PNFI 值	>0.50 以上	.669	是
PCFI 值	>0.50 以上	.672	是
CN 值	>200	443	是
NC 值（χ^2自由度比）	$1<NC<3$，表示模型有简约适配度 $NC>5$，表示模型需要修正	4.239	否

　　控制性导生互动测量模型验证性分析结果见附表 D-6，在模型的内在质量方面，估计参数均达到显著水平，因素负荷量在 $0.586\sim0.922$，8 个题项中有 2 个题项的信度系数低于 0.5，但各维度潜在变量的组合信度均在 0.8 以上，平均变异量抽取值均大于 0.6，说明模型具有较为理想的信效度。

附表 D-6　控制性导生互动测量模型验证性分析信效度检验

维度	测量指标	效度系数（R）	信度系数（R^2）	组合信度	平均变异量抽取值
行动控制	14 主要以命令的方式指导我	.701	.492	0.8835	0.6565
	18 当我不按要求做或犯错时会惩罚我	.802	.643		
	19 要求我经常帮他/她做一些和研究无关的私事	.820	.672		
	20 经常对我的工作给予严厉的批评	.905	.819		
任务挑战	26 给我安排的任务是我不了解的方向，需要我扩展学习领域	.860	.739	0.8928	0.6813
	27 给我安排的任务超出我现有知识储备，需要我自学相关知识和技能	.922	.850		
	28 给我安排的任务是我没有做过的，需要我突破原来的思维框架	.890	.792		
	29 对我提出要求较高（如发表高水平论文），我会努力去完成	.586	.343		

　　控制性导生互动测量模型如图 D-2 所示，所有误差变异量均为正数，没有违反模型辨认规则。验证性因素分析模型中所有题项（观察变量）均落入理论模型的因素上，说明该模型有良好的区别效度。也就是说，测量模型的因子提取和结构模型质量、信效度均比较理想，与实际数据适配度也很好，能够有效刻画控制性导生互动的各维度结构情况。

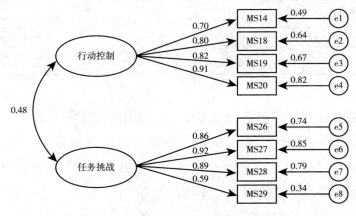

图 D-2　控制性导生互动测量模型

附录 E 自我主导力量表信效度检验

运用探索性因子分析、验证性因子分析、相关分析等，对自我主导力量表的信效度进行验证。

一 自我主导力量表探索性因子分析

本书在第二章质性研究的基础上，设计了包含 28 个题项的自我主导量表，采用 6 分制计分方式，并选择 9 个高校硕士生施测，回收整理后有效样本 2336 个，把 2336 个样本随机分成 2 组，第 1 组 1153 个样本，第 2 组 1183 个样本，选取第 1 组样本，对自我主导量表 28 个题项做探索性因子分析。根据各题项的因子贡献率，并结合题项的实践意义，对题项进行有效删减，最终确定比较适合的 19 题项的量表，其中反向计分题 5 项，顺利提取四个公因子，即自我调控、人际自主、自我同一、认知自主，因子分析结果见附表 E-1，KMO 检测结果为 0.916，Barlett 球形检验显著；四个因子对解释方差变异的贡献率分别为 19.05%、16.96%、16.17%、13.30%，对总体方差的解释力达 65.48%。各个变量旋转后的因子载荷均在 0.561~0.832；各题项的总体信度达 0.894，四个因子的信度分别为 0.900、0.854、0.850 和 0.776，均说明因子分析结果解释力较强，可信度较高。具体结果如附表 E-1 所示。

附表 E-1 自我主导力探索性因子分析结果

因子	因素	F1	F2	F3	F4	信度
自我调控	25 当事情变糟糕时，我会努力调整自己的情绪，保持头脑冷静	.825	.140	.203	.188	0.900
	27 遇到困难和挫折时，我会调整自己的心态，设想事情可能会向好的方面发展	.814	.063	.269	.136	

续表

因子	因素	F1	F2	F3	F4	信度
自我调控	24 我相信我能有效处理突发情况	.748	.119	.269	.247	0.900
	26 我擅长把大问题/目标分解为小问题/目标,逐步去解决/实现	.702	.072	.422	.170	
	23 遇到困难时,我相信自己能够依靠个人的力量取得成功	.688	.053	.331	.223	
人际自主	11* 我经常会因为朋友或家人的反对而改变自己的主意	.092	.832	.017	.068	0.854
	10* 我是那种朋友做什么我就跟着做什么的人	.175	.797	.041	.110	
	9* 我容易被那些很有主见的人影响	-.002	.787	.093	.075	
	12* 当我的看法和大部分人不一致时,我就会害怕说出来	.102	.781	.063	.060	
	14* 当有违父母对我的期望时,我就很难遵从自己的本心下决定	-.006	.742	.031	-.010	
自我同一	19 我会制订一个专门的计划去实现自己设立的目标	.280	.013	.788	.117	0.850
	18 我一直在做自己感兴趣的事	.159	.072	.776	.187	
	20 我是个做事主动的人	.365	.124	.717	.136	
	16 我知道自己想成为什么样的人,并一直在努力	.320	.052	.637	.263	
	17 我很清楚自己的优势和不足是什么	.378	.054	.561	.283	
认知自主	5 我不是按照别人的标准,而是按照自己认为重要的标准来衡量自己	.192	.189	.214	.765	0.776
	4 即使与那些普遍共识的观点相悖,我仍然坚信自己的观点	.058	.054	.151	.764	
	6 我有自己的价值观,这是我做事情时判断是非对错的依据	.374	.066	.126	.719	
	3 我认为花时间去判断我的人生意义和处事原则是什么很重要	.195	.006	.203	.637	
因子贡献率		19.05%	16.96%	16.17%	13.30%	0.894

注：* 为反向计分题项；因子提取方式：主成分法；旋转方式：最大方差法。

二　自我主导力量表验证性因子分析

鉴于自我主导力是本书的关键变量，研究使用 AMOS 21.0 软件，选用第 2 组 1183 个样本，对上述结果进行验证性因子分析，以确定自我主导力分析模型的信效度情况，以及自我主导力维度建构的适切性和真实性。根据上述因子分析结果，以模型中 19 个题项的得分为内因变量（观察变量），以 4 个代表自我主导力维度的潜在变量和 19 个误差变量为外因变量，使用极大似然估计法（ML）进行参数估计。

自我主导力测量模型适配度结果见附表 E-2，主要指标均达到模型可以接受的标准，包括 RMSEA、GFI、AGFI、SRMR、TLI、CFI、NFI、RFI、IFI、CN 等，而卡方值等于 905.394，显著性概率值 $p = 0.0000 < 0.05$，卡方自由度比 $= 6.201 > 3$，RMR 为 0.058 这三项没有通过严格的适配度检验，本书的测量模型观测值为 1183，远超过 250，并且观测变量为 19 个，在此标准上卡方值期望 p 值很容易显著，因此仍然认为理论模型与实际数据能够契合。整体而言，验证性因子分析模型与实际观察数据整体适配度较好，显示测量模型适配度良好。

附表 E-2　自我主导力测量模型适配度检验摘要

统计检验量	适配的标准或临界值	检验结果数据	模型适配判断
绝对适配度指数			
χ^2 值	$p > 0.05$（未达显著水平）	905.394 （$p = 0.0000 < 0.05$）	否
RMR 值	<0.05	0.058	否
SRMR 值	<0.05	0.0396	是
RMSEA 值	<0.08（若<0.05 优良；<0.08 良好）	0.066	是
GFI 值	>0.90 以上	0.922	是
AGFI 值	>0.90 以上	0.899	否

续表

统计检验量	适配的标准或临界值	检验结果数据	模型适配判断
增值适配度指数			
NFI 值	>0.90 以上	0.923	是
RFI 值	>0.90 以上	0.910	是
IFI 值	>0.90 以上	0.935	是
TLI 值（NNFI 值）	>0.90 以上	0.924	是
CFI 值	>0.90 以上	0.935	是
简约适配度指数			
PGFI 值	>0.50 以上	.709	是
PNFI 值	>0.50 以上	.788	是
PCFI 值	>0.50 以上	.798	是
CN 值	>200	229	是
NC 值（x^2自由度比）	1<NC<3，表示模型有简约适配度 NC>5，表示模型需要修正	6.201	否

　　自我主导力测量模型验证性分析结果见附表 E-3，在模型的内在质量方面，估计参数均达到显著水平，因素负荷量在 0.571~0.844，19 个题项中有 6 个题项的信度低于 0.5，但各维度潜在变量的组合信度均在 0.8 以上，平均变异量抽取值均大于 0.5，说明模型整体具有较为理想的信效度。

附表 E-3　自我主导力测量模型验证性分析信效度检验

维度	测量指标	效度系数（R）	信度系数（R^2）	组合信度	平均变异量抽取值
认知自主	3 我认为花时间去判断我的人生意义和处事原则是什么很重要	.637	.405	0.8026	0.5095
	4 即使与那些普遍共识的观点相悖，我仍然坚信自己的观点	.571	.326		
	5 我不是按照别人的标准，而是按照自己认为重要的标准来衡量自己	.790	.624		
	6 我有自己的价值观，这是我做事情时判断是非对错的依据	.826	.682		

续表

维度	测量指标	效度系数（R）	信度系数（R^2）	组合信度	平均变异量抽取值
人际自主	9* 我容易被那些很有主见的人影响	.708	.501	0.8321	0.5052
	10* 我是那种朋友做什么我就跟着做什么的人	.772	.595		
	11* 我经常会因为朋友或家人的反对而改变自己的主意	.844	.712		
	12* 当我的看法和大部分人不一致时,我就会害怕说出来	.695	.483		
	14* 当有违父母对我的期望时,我就很难遵从自己的本心下决定	.639	.408		
自我同一	16 我知道自己想成为什么样的人,并一直在努力	.742	.550	0.8429	0.5184
	17 我很清楚自己的优势和不足是什么	.708	.501		
	18 我一直在做自己感兴趣的事	.668	.446		
	19 我会制订一个专门的计划去实现自己设立的目标	.779	.607		
	20 我是个做事主动的人	.698	.487		
自我调控	23 遇到困难时,我相信自己能够依靠个人的力量取得成功	.762	.580	0.9052	0.6565
	24 我相信我能有效处理突发情况	.837	.701		
	25 当事情变糟糕时,我会努力调整自己的情绪,保持头脑冷静	.831	.691		
	26 我擅长把大问题/目标分解为小问题/目标,逐步去解决/实现	.801	.641		
	27 遇到困难和挫折时,我会调整自己的心态,设想事情可能会向好的方面发展	.818	.669		

　　自我主导力测量模型如图 E-1 所示,所有误差变异量均为正数,没有违反模型辨识规则。验证性因素分析模型中所有题项(观察变量)均落入理论模型的因素上,说明该模型有良好的区别效度。也就是说,测量模型的因子提取和结构模型质量、信效度均比

较理想，与实际数据适配度也很好，能够有效刻画自我主导力维度结构情况。

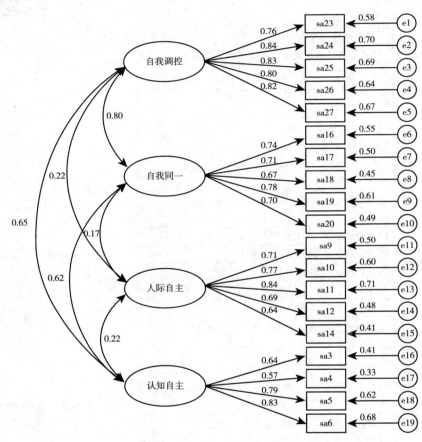

图 E-1 自我主导力测量模型

参考文献

[1] 安黎黎：《混合方法研究的理论与应用》，华东师范大学，硕士学位论文，2010。

[2] 鲍威：《未完成的转型：高等教育影响力与学生发展》，教育科学出版社，2014。

[3] 鲍威、陈亚晓：《经济资助方式对农村第一代大学生学业发展的影响》，《北京大学教育评论》2015年第2期。

[4] 北京大学项目组：《2011年度首都高校学生发展状况监测调查分析报告》，中共北京市委教育工作委员会，2011。

[5] 北京大学项目组：《2012年度首都高等教育质量与学生发展监测项目年度报告——博士生》，中共北京市委教育工作委员会，2012。

[6] 边国英：《学术文化的影响因素分析——〈学术部落与学科领地〉述评》，《北京大学教育评论》2007年第4期。

[7] 伯顿·克拉克：《探究的场所——现代大学的科研和研究生教育》，王承绪译，浙江教育出版社，2001a。

[8] 伯顿·克拉克：《研究生教育的科学研究基础》，王承绪译，浙江教育出版社，2001b。

[9] 蔡华俭、林永佳、伍秋萍等：《网络测验和纸笔测验的测量不变性研究——以生活满意度量表为例》，《心理学报》2008年第2期。

［10］ 蔡翔、吕芬芬：《研究生导师类型及"导师—研究生"互动模式分析》，《现代教育管理》2010 年第 10 期。

［11］ 岑逾豪：《大学生成长的金字塔模型——基于实证研究的本土学生发展理论》，《高等教育研究》2016 年第 10 期。

［12］ 岑逾豪、孙晓凤：《寓学生发展于研究生教学——学习伙伴模型在硕士研究生课程中的应用》，《学位与研究生教育》2014 年第 9 期。

［13］ 陈洪捷等：《博士质量：概念、评价与趋势》，北京大学出版社，2010。

［14］ 陈洪捷：《知识生产模式的转变与博士质量的危机》，《高等教育研究》2010 年第 1 期。

［15］ 陈娜、朱红：《大学生学业参与模式对其职业成熟度的影响——基于自我主导理论的视角》，《教育发展研究》2014 年第 21 期。

［16］ 陈向明：《质的研究方法与社会科学研究》，教育科学出版社，2000。

［17］ 陈至立：《以增强创新能力为核心提高研究生教育质量》，《人民日报》2008 年 1 月 16 日。

［18］ 程代展：《我的反思》，2019 年 6 月 17 日，http://blog.sciencenet.cn/blog-660333-632832.html。

［19］ 程世英、刘春琼：《论师生交往的主体间性困境——基于自我心理学的视角》，《教学与管理》2015 年第 21 期。

［20］ 程涛：《大学生认知方式及父母教养方式与应对方式之间关系的研究》，山东师范大学，硕士学位论文，2004。

［21］ 程永波、廖晓玲：《论研究生教育质量观与发展目标模式》，《学位与研究生教育》2003 年第 8 期。

［22］ 董泽芳、何青、张惠：《我国研究生创新能力的调查与分析》，

《学位与研究生教育》2013 年第 2 期。

[23] 杜芳芳:《师生互动与个体自我同一性建构》,中国青年政治学院,硕士学位论文,2013。

[24] 杜高明:《教育与人的发展新论》,《教育评论》2009 年第 2 期。

[25] 杜文新:《硕士研究生职业成熟度的问卷编制及相关因素探讨》,上海师范大学,硕士学位论文,2008。

[26] 方小婷、叶宝娟、杨强等:《主动性人格对大学生职业决策困难的影响:职业生涯探索与职业成熟度的中介作用》,《心理发展与教育》2017 年第 5 期。

[27] 方展画、薛二勇:《高等教育质量评估中的学生参与——以北欧五国为例》,《教育研究》2007 年第 1 期。

[28] 冯斌、刘培森、郑小林等:《研究生发展质量影响因素调查与分析》,《中国高教研究》2013 年第 2 期。

[29] 傅维利、张恬恬:《关于师生互动类型划分的研究》,《教育理论与实践》2007 年第 5 期。

[30] 弓思源、胥兴春:《始成年期自我同一性发展特点及影响因素》,《心理科学进展》2011 年第 12 期。

[31] 龚艺华:《四种不同类型父母教养方式对个体成就动机水平的影响》,《中国临床康复》2006 年第 46 期。

[32] 古继宝、常倩倩、吴剑琳:《博士生压力源与科研绩效的关系研究》,《高教探索》2021 年第 7 期。

[33] 管岭:《试论研究生培养过程中师生互动关系》,《西南民族大学学报》(人文社科版)2009 年第 9 期。

[34] 郭丛斌、闵维方、刘钊:《保研学生与考研学生教育产出的比较分析——以北京高校硕士研究生为例》,《教育研究》2015 年第 3 期。

[35] 郭惠静:《硕士研究生职业决策自我效能、社会支持和职业决

策困难的关系研究》，华中师范大学，硕士学位论文，2012。

[36] 郭金山：《西方心理学自我同一性概念的解析》，《心理科学进展》2003 年第 2 期。

[37] 郭金山、车文博：《自我同一性与相关概念的辨析》，《心理科学》2004 年第 5 期。

[38] 郭瑞、王梅、马韶君：《专业硕士导生关系的归因分析——基于 NVivo11 的质性研究》，《高教探索》2018 年第 9 期。

[39] 郭艳利：《近十年来我国研究生教育质量保障体系研究综述》，《学位与研究生教育》2014 年第 6 期。

[40] 韩民扬：《学习投入对研究生创新能力的影响研究》，南京大学，硕士学位论文，2014。

[41] 韩映雄、李华萍：《从大众到普及过程中高等教育质量话语权的变化》，《教师教育研究》2009 年第 5 期。

[42] 何佳：《硕士研究生学习投入现状的实证研究》，江西师范大学，硕士学位论文，2015。

[43] 侯志军、何文军、王正元：《导师指导风格对研究生知识共享及创新的影响研究》，《学位与研究生教育》2016 年第 2 期。

[44] 胡弼成：《高等教育质量观的演进》，《教育研究》2006 年第 11 期。

[45] 胡弼成、周珍：《教育的元价值探析》，《高教探索》2017 年第 6 期。

[46] 黄宝印、黄海军：《加快发展高质量研究生教育战略意义的认识与思考》，《中国高教研究》2020 年第 4 期。

[47] 黄宝印、徐维清、张艳等：《加快建立健全我国学位与研究生教育质量保证和监督体系》，《学位与研究生教育》2014 年第 3 期。

[48] 黄海涛：《学生学习成果评估：美国高等教育质量保障研究》，

教育科学出版社，2014。

[49] 黄雪梅、王占军：《美国博士生学术职业社会化影响因素——个体、学科文化与制度三维分析》，《江苏高教》2017 年第 9 期。

[50] 江涛、杨兆山：《构建师生学术共同体的实践探索——以东北师范大学的文科研究生培养为例》，《黑龙江高教研究》2014 年第 7 期。

[51] 蒋家琼：《研究生体验调查：英国研究生参与教育质量保障的基本途径》，《高等教育研究》2014 年第 6 期。

[52] 卡尔·R. 罗杰斯：《个人形成论：我的心理治疗观》，杨广学、尤娜、潘福勤译，中国人民大学出版社，2004。

[53] 克利夫顿·康拉德等：《美国如何培养硕士研究生》，袁本涛、刘帆等译，北京大学出版社，2016。

[54] 克里斯汀·仁、李康：《学生发展理论在学生事务管理中的应用——美国学生发展理论简介》，《高等教育研究》2008 年第 3 期。

[55] 孔祥沛：《基于江苏高校的研究生教育质量评价实证研究》，南京航空航天大学，博士学位论文，2011。

[56] 黎军、李璧强：《研究生教育质量观的价值冲突与整合》，《中国高教研究》2009 年第 5 期。

[57] 李瑾瑜：《布贝尔的师生关系观及其启示》，《西北师大学学报》（社会科学版）1997 年第 1 期。

[58] 李莉：《我国教育学硕士研究生的就读体验研究》，华东师范大学，硕士学位论文，2014。

[59] 李力、颜勇、王林军：《以职业能力为导向的专业学位研究生培养模式研究与实践》，《职业教育研究》2014 年第 5 期。

[60] 李茂能：《图解 AMOS 在学术研究中的应用》，重庆大学出版

社，2011。

[61] 李明磊、周文辉、黄雨恒：《博士生对培养过程满意吗？——基于数据监测视角》，《研究生教育研究》2017 年第 5 期。

[62] 李晓文：《自我（Self）心理学对精神分析学说的发展》，《心理科学》1996 年第 5 期。

[63] 李旭：《研究生"三助群体"学习性投入调查研究》，浙江师范大学，硕士学位论文，2014。

[64] 李雪、袁本涛：《以学术兴趣发展为核心的博士生激励策略研究》，《中国高教研究》2017 年第 4 期。

[65] 李妍鑫：《青年期自我同一性、生涯社会支持对职业成熟度的影响研究》，陕西师范大学，硕士学位论文，2012。

[66] 李艳、马陆亭、赵世奎：《博士学位论文质量及其影响因素研究》，《江苏高教》2015 年第 2 期。

[67] 李毅弘：《互动与对话：研究生德育中的师生关系》，《学位与研究生教育》2008 年第 12 期。

[68] 李忠：《从维持性到创新性——研究生学习方式的转化》，《中国高教研究》2009 年第 7 期。

[69] 林崇德、辛自强：《关于创新人才培养的心理学思考》，《国家教育行政学院学报》2004 年第 4 期。

[70] 林小英：《分析归纳法和连续比较法：质性研究的路径探析》，《北京大学教育评论》2015 年第 1 期。

[71] 刘春惠、王战军：《基于学位类型的研究生教育质量评价》，《学位与研究生教育》2012 年第 2 期。

[72] 刘聪慧、王永梅、俞国良等：《共情的相关理论评述及动态模型探新》，《心理科学进展》2009 年第 5 期。

[73] 刘得格、黄晓治、张梦华：《网络调查和纸笔调查法对比研究——以领导成员交换与员工离职意向关系为例》，《商业研

究》2014 年第 9 期。

[74] 刘贵华、孟照海：《论研究生教育的发展逻辑》，《教育研究》2015 年第 1 期。

[75] 刘虹：《大众化背景下研究生教育质量观探析》，西北大学，硕士学位论文，2008。

[76] 刘军、廖振宇、高中华：《高校导师辱虐型指导方式对研究生自我效能的影响机制研究》，《管理学报》2013 年第 6 期。

[77] 刘立立、缴润凯：《自我概念、自立人格与师范生教师职业成熟度的关系》，《心理发展与教育》2013 年第 3 期。

[78] 刘宁宁：《回归还是逃离：博士生学术职业取向的变化及其影响因素》，《重庆高教研究》2021 年第 6 期。

[79] 刘平：《硕士生师生关系研究》，南京大学，硕士学位论文，2013。

[80] 刘朔、陆根书、席酉民等：《对我国硕士研究生学习经验的调查分析》，《复旦教育论坛》2006 年第 3 期。

[81] 刘小瑜、张保林：《基于 SEM 视角的教育投入要素对研究生质量作用机理分析》，《统计与信息论坛》2009 年第 12 期。

[82] 刘妍、罗宝丽：《谈皮亚杰的发生认识论对现代教育教学的意义》，《湖北经济学院学报》（人文社会科学版）2007 年第 8 期。

[83] 刘映婷：《硕士研究生对导师指导的体验研究》，湖南大学，硕士学位论文，2014。

[84] 刘志：《研究生教育中和谐导生关系何以可能?》，《学位与研究生教育》2018 年第 10 期。

[85] 龙立荣、方俐洛、凌文辁：《职业成熟度研究进展》，《心理科学》2000 年第 5 期。

[86] 娄雨、毛君：《谁会成为研究者？——从"逃离科研"看博士生为何选择或放弃科研工作》，《教育学术月刊》2017 年第

6 期。

[87] 陆根书、胡文静：《师生、同伴互动与大学生能力发展——第一代与非第一代大学生的差异分析》，《高等工程教育研究》2015 年第 5 期。

[88] 罗伯特·凯根：《发展的自我》，韦子木译，浙江教育出版社，1999。

[89] 马焕灵：《导生关系转型：传统、裂变与重塑》，《国家教育行政学院学报》2019 年第 9 期。

[90] 马永红、马万里：《高等教育普及化背景下研究生教育发展阶段划分与走向思考——基于国际比较视角》，《中国高教研究》2021 年第 8 期。

[91] 马子悦、张力玮：《卓越之路：教师、学生与学科文化——访巴黎高等商学院（HEC Paris）金融硕士专业常务主任奥利维尔·博飒德》，《世界教育信息》2017 年第 12 期。

[92] 满晶、马欣川：《罗杰斯"以学生为中心"的教学思想述评》，《外国教育研究》1993 年第 3 期。

[93] 梅红、宋晓平：《研究生教育外部质量保障体系建设思考》，《研究生教育研究》2012 年第 6 期。

[94] 蒙艺：《研究生–导师关系与研究生创造力：内部动机的中介作用及督导行为的决定作用》，《复旦教育论坛》2016 年第 6 期。

[95] 孟超：《自我同一性视角下的大学生职业成熟度发展》，《课程教育研究：学法教法研究》2014 年第 19 期。

[96] 庞海芍、张毅鑫：《中美博士生导师制度比较及对我国的启示》，素质教育与一流大学建设——中国高等教育学会大学素质教育研究分会 2017 年年会暨第六届大学素质教育高层论坛，中国江苏南京，2017。

[97] 彭贤、李海青：《人际关系心理学》，清华大学出版社、北京交

通大学出版社，2013。

[98] 皮亚杰：《结构主义》，倪连生、王琳译，商务印书馆，1984。

[99] 齐放：《20 世纪西方主要教育哲学流派关于师生关系的论述及其启示》，《外国教育研究》1999 年第 6 期。

[100] 任洁、冯国文：《自我发展教育的理论与实践》，《教育研究》2006 年第 8 期。

[101] 荣泰生：《AMOS 与研究方法（第 2 版）》，重庆大学出版社，2010。

[102] 邵娟：《高等教育质量管理中学生参与评价的研究述评》，《中国高等教育评估》2008 年第 4 期。

[103] 申超、邢宇：《如何建设研究生导师队伍？——基于墨尔本大学的案例考察》，《学位与研究生教育》2019 年第 9 期。

[104] 沈文钦：《博士培养质量评价：概念、方法与视角》，《北京大学教育评论》2009 年第 2 期。

[105] 石磊：《研究生教育质量评价与质量保障体系研究》，中国科学技术大学，博士学位论文，2010。

[106] 石卫林、惠文婕：《校企双导师制更有助提高全日制专硕生职业能力吗》，《中国高教研究》2018 年第 10 期。

[107] 石艳：《师生互动过程中的自我生成》，《广西社会科学》2004 年第 4 期。

[108] 史静寰：《走向质量治理：中国大学生学情调查的现状与发展》，《中国高教研究》2016 年第 2 期。

[109] 史秋衡、王爱萍：《高等教育质量观：从认识论向价值论转变》，《厦门大学学报》（哲学社会科学版）2010 年第 2 期。

[110] 苏丽萍、孙铮：《医学硕士研究生核心自我评价与职业成熟度的相关性研究》，《中国高等医学教育》2016 年第 10 期。

[111] 孙佳峰：《硕士研究生职业成熟度现状调查与干预研究》，辽

宁师范大学，硕士学位论文，2012。

[112] 孙佳琪：《基于自我主导的大一新生学习适应研究》，北京工业大学，硕士学位论文，2015。

[113] 孙健伟：《学科竞赛对研究生创新能力的影响研究》，南昌大学，硕士学位论文，2012。

[114] 孙钦娟：《基于自我发展理论的研究生创新能力培养研究》，北京工业大学，硕士学位论文，2013。

[115] 檀成华：《导师自主支持对研究生创造力的影响机制研究》，中国科学技术大学，硕士学位论文，2016。

[116] 唐雪梅：《硕士研究生职业适应性研究》，西南交通大学，硕士学位论文，2010。

[117] 唐涌：《混合方法研究——美国教育研究方法论的新取向》，《外国教育研究》2015年第2期。

[118] 陶西平：《涌动的潮流——关注当代世界教育改革的动向》，《世界教育信息》2014年第2期。

[119] 滕兆玮：《大学生人际交往状况及其与家庭教养方式的关系研究》，南京师范大学，硕士学位论文，2005。

[120] 王传毅、李福林：《实习如何"赋能"专业学位硕士研究生——基于研究生满意度调查》，《中国高教研究》2021年第10期。

[121] 王东芳：《博士教育中的师生关系：学科文化视角的解读》，《比较教育研究》2015年第6期。

[122] 王凡：《教师自主支持和研究生实现幸福感的关系：学习投入的中介作用》，广西大学，硕士学位论文，2015。

[123] 王国红：《硕士研究生导师指导存在的问题及对策分析》，华东师范大学，硕士学位论文，2016。

[124] 王丽萍、罗发恒、戴育滨等：《生涯控制源对研究生职业成熟

度发展的影响》，《高等农业教育》2015 年第 10 期。

[125] 王丽萍、谢小凤、陈莹颖等：《研究生职业成熟度及影响因素研究》，《学位与研究生教育》2015 年第 10 期。

[126] 王茜：《导师指导风格对研究生创造力的影响研究》，中国科学技术大学，博士学位论文，2013。

[127] 王树青：《青少年自我同一性的发展及其与父母教养方式的关系》，山东师范大学，硕士学位论文，2004。

[128] 王树青、陈会昌、石猛：《青少年自我同一性状态的发展及其与父母教养权威性、同一性风格的关系》，《心理发展与教育》2008 年第 2 期。

[129] 王孙禹、袁本涛、赵伟：《我国研究生教育质量状况综合调研报告》，《中国高等教育》2007 年第 9 期。

[130] 王小敏：《研究生教育中师生交往对研究生知识产出的影响研究》，华中科技大学，硕士学位论文，2013。

[131] 王晓辉：《师生关系对研究生创新能力的影响研究》，华中师范大学，硕士学位论文，2010。

[132] 王燕华：《从工具理性走向交往理性——研究生"导学关系"探析》，《研究生教育研究》2018 年第 1 期。

[133] 王战军：《学位与研究生教育评价理论与方法》，高等教育出版社，2012。

[134] 王战军、李明磊：《研究生质量评估：模型与框架》，《高等教育研究》2012 年第 3 期。

[135] 王战军、乔伟峰：《中国高等教育质量保障的新理念和新制度》，《清华大学教育研究》2014 年第 3 期。

[136] 王至元、陈晓希：《从结构主义到建构主义——皮亚杰发生认识论介绍之一》，《哲学动态》1983 年第 2 期。

[137] 王志专：《师生互动对文科研究生学习适应性的影响研究》，

河北大学，硕士学位论文，2009。

[138] 温忠麟、叶宝娟：《中介效应分析：方法和模型发展》，《心理科学进展》2014 年第 5 期。

[139] 吴明隆：《结构方程模型——AMOS 的操作与应用（第 2 版）》，重庆大学出版社，2010。

[140] 吴明隆：《结构方程模型——Amos 实务进阶》，重庆大学出版社，2013。

[141] 吴岩主编《国际高等教育质量保障体系新视野》，教育科学出版社，2014。

[142] 夏国萍：《美国威廉姆斯学院师生互动的基本特点与保障机制》，《比较教育研究》2019 年第 2 期。

[143] 夏甄陶、李景源、刘奔：《评皮亚杰的〈发生认识论原理〉》，《哲学研究》1985 年第 3 期。

[144] 项贤明：《教育与人的发展新论》，《教育研究》2005 年第 5 期。

[145] 肖川：《教育必须关注完整的人的发展》，《清华大学教育研究》2001 年第 3 期。

[146] 解启健：《学业困难学生自我主导力与压力应对关系的研究——以西交利物浦大学为例》，《江苏师范大学学报》（哲学社会科学版）2017 年第 2 期。

[147] 解启健：《自我主导力理论在高等教育领域的应用与发展》，《江苏高教》2017 年第 7 期。

[148] 熊慧、杨钋：《基于自我主导理论的导生互动关系研究：质性分析视角》，《学位与研究生教育》2020 年第 9 期。

[149] 熊慧、杨钋：《自我主导：研究生个体发展质量观新取向》，《学位与研究生教育》2018 年第 12 期。

[150] 熊慧、杨钋：《自我主导力视角下导生互动影响硕士生个体发

展质量的实证研究》，《学位与研究生教育》2023 年第 4 期。

[151] 薛天祥主编《研究生教育学》，广西师范大学出版社，2001。

[152] 燕京晶：《中国研究生创造力考察与培养研究》，中国科学技术大学，博士学位论文，2010。

[153] 杨颉：《对研究生教育的扩招以及发展的若干思考》，《中国高教研究》2004 年第 5 期。

[154] 杨钋、范皑皑、徐薇：《职业成熟度、职业准备与职业选择：大学三年级学生发展的主题词》，《教育与经济》2015 年第 5 期。

[155] 姚琳琳：《美国研究生导师的指导职责、伦理规范及启示》，《学位与研究生教育》2019 年第 9 期。

[156] 叶子、庞丽娟：《师生互动的本质与特征》，《教育研究》2001 年第 4 期。

[157] 英爽、梁大鹏、臧红雨：《研究生教育内涵发展：当前需求和实践主题》，《研究生教育研究》2016 年第 5 期。

[158] 尤莉：《第三次方法论运动——混合方法研究 60 年演变历程探析》，《教育学报》2010 年第 3 期。

[159] 于晓敏、赵瑾茹、武欣：《高校研究生师生关系现状与影响的调查研究——基于 3 所高校的实证分析》，《天津大学学报》（社会科学版）2017 年第 2 期。

[160] 余雅菲：《论导师与研究生间的心理契约与利益交换关系》，西北大学，硕士学位论文，2016。

[161] 袁本涛、延建林：《我国研究生创新能力现状及其影响因素分析——基于三次研究生教育质量调查的结果》，《北京大学教育评论》2009 年第 2 期。

[162] 袁振国：《高等教育大众化之后需要怎样的质量观——大学变革的历史轨迹与启示之二》，《中国高等教育》2016 年第

Z3 期。

[163] 岳昌君、吕媛：《硕士研究生创新精神特征及影响因素分析》，《复旦教育论坛》2015 年第 6 期。

[164] 约翰·W. 克雷斯威尔：《混合方法研究导论》，李敏谊译，格致出版社、上海人民出版社，2015。

[165] 约翰·W. 克雷斯威尔、薇姬·L. 查克：《混合方法研究：设计与实施（原书第 2 版）》，游宇、陈福平译，重庆大学出版社，2017。

[166] 张楚廷：《教与学非对称性》，《大学教育科学》2012 年第 5 期。

[167] 张楚廷：《有关高等教育哲学的几个问题》，《高等教育研究》2012 年第 1 期。

[168] 张华峰、郭菲、史静寰：《促进家庭第一代大学生参与高影响力教育活动的研究》，《教育研究》2017 年第 6 期。

[169] 张华峰、赵琳、郭菲：《第一代大学生的学习画像——基于"中国大学生学习发展和追踪调查"的分析》，《清华大学教育研究》2016 年第 6 期。

[170] 张剑、张建兵、李跃等：《促进工作动机的有效路径：自我决定理论的观点》，《心理科学进展》2010 年第 5 期。

[171] 张剑、张微、宋亚辉：《自我决定理论的发展及研究进展评述》，《北京科技大学学报》（社会科学版）2011 年第 4 期。

[172] 张静：《导师与研究生之间的和谐关系研究》，《中国高教研究》2007 年第 9 期。

[173] 张聚华：《大学生自我概念与其职业成熟度的相关研究》，西南大学，硕士学位论文，2008。

[174] 张乐平、温馨、陈小平：《全日制专业硕士学位论文的形式与标准》，《学位与研究生教育》2014 年第 5 期。

［175］张楠楠：《研究生专业承诺、职业价值观与职业决策自我效能的关系研究》，河北师范大学，硕士学位论文，2014。

［176］张青：《我国硕士研究生导学互动关系研究》，华东师范大学，硕士学位论文，2015。

［177］张日昇、陈香：《青少年的发展课题与自我同一性——自我同一性的形成及其影响因素》，《河北大学学报》（哲学社会科学版）2001年第1期。

［178］张升堂、刘音：《我国研究生质量问题及解决方法评议》，《中国地质教育》2010年第1期。

［179］张雁冰：《社会资本对研究生创新能力的影响研究》，中国科学技术大学，博士学位论文，2014。

［180］张宇晴、岑逾豪：《大学生自我主导发展水平及影响因素探究——以职业选择为场域》，《吉林省教育学院学报》2017年第3期。

［181］章兢、廖湘阳：《以学生发展为导向　建立高等教育质量评价与监控体系》，《中国高等教育》2014年第1期。

［182］赵军、周玉清：《研究生教育质量概念研究新视野》，《学位与研究生教育》2011年第6期。

［183］赵琳、王传毅：《以"学"为中心：研究生教育质量评价与保障的新趋势》，《学位与研究生教育》2015年第3期。

［184］赵燕梅、张正堂、刘宁等：《自我决定理论的新发展述评》，《管理学报》2016年第7期。

［185］郑和钧、郑卫东：《中国自我心理学研究的现状与展望》，《心理科学》2007年第5期。

［186］郑中华、王战军、翟亚军：《研究生个体培养质量的评估模型》，《学位与研究生教育》2011年第5期。

［187］钟贞山、孙梦遥：《创新能力培养视域下的研究生学术共同体

建设》，《研究生教育研究》2013 年第 4 期。

[188] 仲雪梅：《我国研究生学习投入的影响因素分析》，华东师范大学，硕士学位论文，2011。

[189] 周天梅、杨小玲：《论罗杰斯的创造观与创新教育》，《外国教育研究》2003 年第 11 期。

[190] 朱爱红、聂爱民、张继红：《基于学习档案的研究生教学评价模式研究与实践》，《学位与研究生教育》2011 年第 10 期。

[191] 朱光明：《走进"学术部落"——透视研究生学术论文写作现象》，《学位与研究生教育》2011 年第 6 期。

[192] 朱红、李文利、左祖晶：《我国研究生创新能力的现状及其影响机制》，《高等教育研究》2011 年第 2 期。

[193] 朱红、李雪凝：《我国高校学生工作与学生发展的关联性——实证研究发现了什么》，《高等教育研究》2011 年第 8 期。

[194] 朱艳春：《学术型硕士研究生课堂体验调查研究》，湖南大学，硕士学位论文，2014。

[195] AAMC, Compact Between Biomedical Graduate Students and Their Research Advisors, 2017.

[196] Abel, V. Z., Self-authorship in Undergraduate Students in a Blended-learning Multicultural Course, Iowa State University Master thesis, 2011.

[197] Abes, E. S., Jones S. R., Meaning-Making Capacity and the Dynamics of Lesbian College Students' Multiple Dimensions of Identity, *Journal of College Student Development*, 2004, 45 (6): 612-632.

[198] Abes, E. S., The Dynamics of Lesbian College Students' Multiple Dimensions of Identity, Ohio State University, 2003.

[199] ACPA, *American College Personnel Association*: *The Tomorrows*

Higher Education, 2005.

[200] Adams, G. R. , *Adolescent Identity Formation*, London: SAGE publications, 1992.

[201] AEHE, *Assessing Meaning Making and Self-Authorship*: *Theory*, *Research*, *and Application*, Wiley Online Library, 2012.

[202] ANU, Postgraduate Survey of Student Engagement (POSSE), http: //unistats. anu. edu. au/surveys/posse/2010.

[203] Astin, A. W. , What Really Matters in General Education: Provocative Findings from a National Study of Student Outcomes: Address Presented at the Association of General and liberal Studies Meeting, Seattle, 1991.

[204] Baumrind, D. , Current Patterns of Parental Authority, *Developmental Psychology*, 1971, 4 (1p2): 1-103.

[205] Berk, R. A. , Janet B. , Rosemary M. , et al. , Measuring the effectiveness of faculty mentoring relationships, *Academic Medicine*, 2005, 80 (1): 66-71.

[206] Betz, N. , *The assessment of career development and maturity* NJ: Erlbaum, 1988: 77-136.

[207] Black, A. E. , Deci E. L. , The Effects of Instructors' Autonomy Support and Students' Autonomous Motivation on Learning Organic Chemistry: A Self-determination Theory Perspective, *Science Education*, 2000, 84 (6): 740-756.

[208] Bradley, M. , Postgraduate Taught Experience Survey Report 2017, 2017.

[209] Burns, R. , Lamm R. , Orientations to Higher Degree Supervision: A Study of Supervisors and Students in Education, *Supervision of Postgraduate Research in Education*, 1999: 55-74.

[210] Carpenter, A. M., Peña, E. V., Self-authorship Among First-generation Undergraduate Students: A Qualitative Study of Experiences and Catalysts, *Journal of Diversity in Higher Education*, 2017, 10 (1): 86-100.

[211] Chickering, A. W., Reisser, L., *Education and Identity*, San Francisco: Jossey-Bass Publishers, 1993.

[212] Chiu, C. Y., Dweck, C. S., Tong, Y. Y., et al., Implicit Theories and Conceptions of Morality, *Journal of Personality & Social Psychology*, 1997, 73 (5) (5): 923-940.

[213] Creamer, E. G., Laughlin, A., Self-Authorship and Women's Career Decision Making, *Journal of College Student Development*, 2005, 46 (1): 13-27.

[214] Creamer, E. G., Magolda, M. B. B., Yue, J., Preliminary Evidence of the Reliability and Validity of a Quantitative Measure of Self-Authorship, *Journal of College Student Development*, 2010, 51 (5): 550-562.

[215] Crites, J. O., Career Maturity, *Ncme Measurement in Education*, 1973, 4: 8.

[216] Curtin, N., Stewart, A. J., Ostrove, J. M., Fostering Academic Self-concept: Advisor Support and Sense of Belonging Among International and Domestic Graduate Students, *American educational research journal*, 2013, 50 (1): 108-137.

[217] Deci, E. L., Ryan, R. M., Self-Determination Theory: A Macrotheory of Human Motivation, Development, and Health, *Canadian Psychology*, 2008, 49 (3): 182-185.

[218] Deci, E. L., Vallerand, R. J., Pelletier, L. G., et al., Motivation and Education: The Self-Determination Perspective, *Educational*

Psychologist, 1991, 26 (3&4): 325-346.

[219] Evans, N. J., Forny, D. S., Guido, F. M., et al., *Student Develpoment in College: Theory, research and practice*, 2nd ed. San Francisco: Jossey-Bass, 2010.

[220] Evans, N. J., *Perry's Theory of Intellectual and Ethical Development*, Student Develpoment in College, San Francisco: Jossey-Bass, 2010.

[221] Festiger, L. A., *A Theory of Cognitive Dissonance*, London: Tavistock, 1957.

[222] Hofer, B. K., Personal Epistemology Research: Implications for Learning and Teaching, *Educational Psychology Review*, 2001, 13 (4): 353-383.

[223] Ignelzi, M. G., Development and Assessment of Self-Authorship: Exploring the Concept Across Cultures (review), *Journal of College Student Development*, 2011, 52 (4): 503-505.

[224] Jang, H., Reeve, J., Ryan, R. M., et al., Can self-determination Theory Explain What Underlies the Productive, Satisfying Learning Experiences of Collectivistic Ally Oriented Korean Students?, *Journal of Educational Psychology*, 2009, 101 (3): 644-661.

[225] Johnson, J. L., Chauvin, S., Professional Identity Formation in an Advanced Pharmacy Practice Experience Emphasizing Self-Authorship, *American Journal of Pharmaceutical Education*, 2016, 80 (10): 1-11.

[226] Kanagawa, C., Cross, S. E., Markus, H. R., "Who Am I?" The Cultural Psychology of the Conceptual Self, *Personality & Social Psychology Bulletin*, 2001, 27 (1): 90-103.

［227］ Kegan, R. , *In over Our Heads: The Mental Demands of Modern Life* , Cambridge: Harvard University Press, 1994.

［228］ Kuh, G. D. , Cruce, T. M. , Shoup, R. , et al. , Unmasking the Effects of Student Engagement on First-Year College Grades and Persistence, *The Journal of Higher Education* , 2008, 79 (5): 540-563.

［229］ Lechuga, V. M. , Faculty-graduate Student Mentoring Relationships: Mentors' Perceived Roles and Responsibilities, *Higher Education* , 2011, 62 (6): 757-771.

［230］ Lydell, L. , Assessing Outcomes in Graduate Education, *On the Horizon* , 2008, 16 (2): 107-117.

［231］ Magolda, M. B. B. , A Constructivist Revision of the Measure of Epistemological Reflection, *Journal of College Student Development* , 2001, 42 (6): 520-534.

［232］ Magolda, M. B. B. , Developing Self-Authorship in Graduate School, *New Directions for Higher Education* , 1998, 101: 41-54.

［233］ Magolda, M. B. B. , Helping Students Make Their Way to Adulthood: Good Company for the Journey, *About Campus* , 2002, 6 (6): 2-9.

［234］ Magolda, M. B. B. , Interview Strategies for Assessing Self-Authorship: Constructing Conversations to Assess Meaning Making, *Journal of College Student Development* , 2007, 48 (5): 491-508.

［235］ Magolda, M. B. B. , King, P. M. , *Learning Partnerships: Theory and Models of Practice to Educate for Self-Authorship* , Sterling: VA: Stylus, 2004.

［236］ Magolda, M. B. B., King, P. M., Taylor, K. B., et al., Decreasing Authority Dependence During the First Year of College, *Journal of College Student Development*, 2012, 53 (3): 418-435.

［237］ Magolda, M. B. B., *Making Their Own Way: Narratives for Transforming Higher Education to Promote Self – development*, Sterling: VA: Stylus, 2001.

［238］ Magolda, M. B. B., Promoting Self-Authorship to Promote Liberal Education, *Journal of College and Character*, 2009, 10 (3): 1-6.

［239］ Magolda, M. B. B., Self-Authorship, *New Directions for Higher Education*, 2014, 2014 (166): 25-33.

［240］ Magolda, M. B. B., Self-authorship: The Foundation for Twenty-First-century Education, *New Directions for Teaching and Learning*, 2007, 109: 69-83.

［241］ Magolda, M. B. B., The Activity of Meaning Making A Holistic Perspective on College Student Development, *Journal of College Student Development*, 2009, 50 (6): 621-639.

［242］ Magolda, M. B. B., Three Elements of Self-Authorship, *Journal of College Student Development*, 2008, 49 (4): 269-284.

［243］ Mainhard, T., van der Rijst R., van Tartwijk J., et al., A Model for the Supervisor-doctoral Student Relationship, *Higher Education*, 2009, 58 (3): 359-373.

［244］ Marcia, J. E., Development and Validation of Ego-identity Status, *Journal of Personality and Social Psychology*, 1966.

［245］ Markus, H. R., Kitayama S., Culture and the Self: Implications for Cognition, Emotion, and Motivation, *Psychological Review*, 1991, 98 (2): 224-253.

[246] McGowan, A. L., Impact of One-Semester Outdoor Education Programs on Adolescent Perceptions of Self-Authorship, *Journal of Experiential Education*, 2016, 39 (4): 386-411.

[247] Nolan-Arañez, S. I., Ludvik, M. B., Positing a Framework for Cultivating Spirituality Through Public University Leadership Development, *Journal of Research in Innovative Teaching & Learning*, 2018, 11 (1): 94-109.

[248] Oldham, G. R., Cummings, A., Employee Creativity: Personal and Contextual Factors at Work, *Academy of Management Journal*, 1996, 39 (3): 607-634.

[249] Overall, N. C., Deane, K. L., Peterson, E. R., Promoting Doctoral Students' Research Self-efficacy: Combining Academic Guidance with Autonomy Support, *Higher Education Research & Development*, 2011, 30 (6): 791-805.

[250] Oyserman, D. M., Coon, H., Kemmelmeier, M., Rethinking Individualism and Collectivism: Evaluation of Theoretical Assumptions and Meta-analyses, *Psychological Bulletin*, 2002, 128 (1): 3-72.

[251] Paglis, L. L., Green, S. G., Bauer, T. N., Does Adviser Mentoring Add Value? A Longitudinal Study of Mentoring and Doctoral Student Outcomes, *Research in Higher Education*, 2006, 47 (4): 451-476.

[252] Pascarella, E. T., Terenzini, P. T., *How College Affects Students: A Third Decade of Research*, San Francisco, CA: Jossey-Bass, 2005.

[253] Pizzolato, J. E., Assessing Self-authorship, San Francisco: Jossey-Bass, 2007: 31-42.

[254] Pizzolato, J. E., Coping With Conflict: Self-Authorship, Coping,

and Adaptation to College in First-Year, High-Risk Students, *Journal of College Student Development*, 2004, 45 (4): 425-442.

[255] Pizzolato, J. E., Creating Complex Partnerships: A Multiple Study Investigation into Self-authorship, Michigan State University Doctoral dissertation, 2005.

[256] Pizzolato, J. E., Developing Self-Authorship: Exploring the Experiences of High-Risk College Students, *Journal of College Student Development*, 2003, 44 (6): 797-812.

[257] Roark, M. L., Challenging and Supporting College Students, *NASPA Journal*, 1989, 26 (4): 314-319.

[258] Roskies, A. L., Don't Panic: Self-Authorship Without Obscure Metaphysics, *Philosophical Perspectives*, 2012, 26: 323-342.

[259] Ryff, C. D., Happiness Is Everything, or Is It? Exporations on the Meaning of Psychological Well-being, *Journal of Personality & Social Psychology*, 1989, 57 (6): 1069-1081.

[260] Sandars, J., Jackson, B., Self-authorship Theory and Medical Education: AMEE Guide No. 98, *Medical Teacher*, 2015, 37 (6): 521-532.

[261] Schoper, S. E., *A Narrative Analysis of The Process of Self-Authorship for Student Affairs Graduate Students*, University of Maryland Doctoral dissertation, 2011.

[262] Slight, C., Postgraduate Research Experience Survey Report 2017, 2017.

[263] Soenens, B., Vansteenkiste, M., Antecedents and Outcomes of Self-Determination in 3 Life Domains: The Role of Parents' and Teachers' Autonomy Support, *Journal of Youth & Adolescence*, 2005, 34 (6): 589-604.

[264] Springer, K. W. , Hauser, R. M. , An Assessment of the Construct Validity of Ryff's Scales of Psychological Well-Being: Method, Mode, and Measurement Effects, *Social Science Research*, 2006, 35 (4): 1080-1102.

[265] Strayhorn, T. L. , Making a Way to Success: Self-Authorship and Academic Achievement of First-Year African American Students at Historically Black Colleges, *Journal of College Student Development*, 2014, 55 (2): 151-167.

[266] Su, S. K. , Chiu, C. , Hong, Y. , et al. , Self-organization and Social Organization: U. S. and Chinese Constructions, NJ, US: Lawrence Erlbaum Associates Publishers, 1999.

[267] Super, D. E. , A Theory of Vocational Development, *American Psychologist*, 1953 (8): 185-190.

[268] Tetley, J. , An Investigation of Self-authorship, Hope, and Meaning in Life among Second-year College Students, The George Washington University Doctoral dissertation, 2010.

[269] Titchener, E. , *Elementary Psychology of the Thought Processes*, New York: Macmillan, 1990.

[270] Torres, V. , Hernandez, E. , The Influence of Ethnic Identity on Self-Authorship: A Longitudinal Study of Latino/a College Students, *Journal of College Student Development*, 2007, 48 (5): 558-573.

[271] Torres, V. , Influences on Ethnic Identity Development of Latino College Students in the First Two Years of College, *Journal of College Student Development*, 2003, 44 (4): 532-547.

[272] Wankat, P. , Oreovicz, F. S. , Models of Cognitive Development: Piaget and Perry, *Teaching Engineering*, New York: McGraw-

Hill, 1993.

[273] Wawrzynski, M. R. , Pizzolato, J. E. , Predicting Needs: A Longitudinal Investigation of the Relation between Student Characteristics, Academic Paths, and Self-Authorship, *Journal of College Student Development*, 2006, 47 (6): 677-692.

[274] Williams, G. C. , Deci, E. L. , Internalization of Biopsychosocial Values by Medical Students: A Test of Self-determination Theory, *J Pers Soc Psychol*, 1996, 70 (4): 767-779.

[275] Wood, P. , Kitchener, K. S. , Jensen, L. , *Considerations in the Design and Evaluation of a Paper-and-Pencil Measure of Epistemic Cognition*, N. J: Erlbaum, 2002.

[276] Yirci, R. , Karakose, T. , Uygun, H. , et al. , Turkish Adaptation of the Mentorship Effectiveness Scale: A Validity and Reliability Study, *Eurasia Journal of Mathematics Science & Technology Education*, 2016, 12.

[277] Zhang, L. , A Comparison of U. S. and Chinese University Students' Cognitive Development: The Cross-Cultural Applicability of Perry's Theory, *The Journal of Psychology*, 1999, 133 (4): 425-439.

后 记

道可道，非常道。

——《道德经》

能够用语言表达出来的道，都不是永恒的、终极的道。很多事情，除了要靠理论知识来支撑，更多地需要个人在社会实践中慢慢感悟，优质导生关系的建设亦是如此。

笔者努力从一个旁观者的角度，试图去理智客观地探究两方面的"导"之道，即研究生个体发展质量的规律——自我主导发展之道，以及导师指导研究生的规律——导生相处之道。然而每个研究生个体的独特性，也预示每对导生微观教育基础的多样性，期待本书的出版能够抛砖引玉，对各位研究生、导师、研究生教育管理者在教育实践中有所启发和帮助。

从2019年博士毕业至今，已经过去5年了。原以为自己因为转岗而淡出了导生互动和研究生个体质量发展研究，没想到随着研究生的不断扩招，研究生质量下滑、导生冲突加剧、学位贬值、研究生就业难等话题依旧是社会关注的热点。研究生质量保障体系中，尽管学术质量的监管不断加强，但是导生不和谐的事件屡屡见诸热搜，优质导生关系建设任重道远，也许自己的研究在这方面还有一些价值。于是，在导师杨钋老师的多次催促下，在同门师妹的带动下，在社会科学文献出版社郭峰老师的帮助下，笔者终于下定决心重新整理 5 年前的博士学位论文并全面改写成书出版，也算对自己苦心煎熬 6 年的博士生涯有个交代，对博士毕业 5 年的自己留个纪念。

熊　慧

2024 年 7 月

图书在版编目（CIP）数据

"导"之道：解密研究生教育中优质导生关系 / 熊慧著 . -- 北京：社会科学文献出版社，2024.8.
（创新教育文库）. -- ISBN 978-7-5228-3991-2

Ⅰ . G645.6

中国国家版本馆 CIP 数据核字第 20244H6S94 号

创新教育文库

"导"之道：解密研究生教育中优质导生关系

著　　者 / 熊　慧

出 版 人 / 冀祥德
组稿编辑 / 任文武
责任编辑 / 郭　峰
责任印制 / 王京美

出　　版 / 社会科学文献出版社·生态文明分社（010）59367143
　　　　　 地址：北京市北三环中路甲 29 号院华龙大厦　邮编：100029
　　　　　 网址：www.ssap.com.cn
发　　行 / 社会科学文献出版社（010）59367028
印　　装 / 三河市龙林印务有限公司

规　　格 / 开　本：787mm×1092mm　1/16
　　　　　 印　张：22.25　字　数：296 千字
版　　次 / 2024 年 8 月第 1 版　2024 年 8 月第 1 次印刷
书　　号 / ISBN 978-7-5228-3991-2
定　　价 / 98.00 元

读者服务电话：4008918866